中浦院书系·**大讲堂**系列

总主编 冯俊

城乡统筹与农村改革发展

余 佶 编

人民出版社

《中浦院书系》**总序**

　　中国浦东干部学院（简称中浦院，英文名称为 China Executive Leadership Academy, Pudong, 缩写为 CELAP）是一所国家级干部教育院校，是由中共中央组织部管理的中央直属事业单位，地处上海市浦东新区。2003 年开始创建，2005 年 3 月正式开学，上海市委、市政府对于学院的建设和发展给予了大力支持。学院按照胡锦涛总书记提出的"努力把学院建设成为进行革命传统教育和基本国情教育的基地、提高领导干部素质和本领的熔炉以及开展国际培训交流合作的窗口"、"联系实际创新路、加强培训求实效"的办学要求，紧紧围绕党和国家的工作大局，依托长三角地区丰富的革命传统资源和现代化建设实践资源，把党性修养与能力培养、理论培训和实践体验相结合，紧扣改革开放的时代精神、经济社会发展的重大问题和干部工作的实际需要，着力推进自主选学制、课程更新制、案例教学制、社会师资制建设，着力提高培训质量，增强培训的针对性和实效性，走出了一条具有自身特色和优势的培训新路，从而在国家级干部教育培训格局中发挥着不可替代的独特作用，得到广大干部的好评和社会的广泛认可。

《中浦院书系》是基于学院办学特点而逐步形成的，也是过去几年教学成果的积累。为适应干部教育培训改革创新的要求，学院在培训理念、教学布局、课程设计、教学方式方法等方面进行了一系列的新探索，提出并构建了"忠诚教育、能力培养、行为训练"的教学布局。忠诚教育，就是要对干部进行党的理想信念教育和世界观、人生观、事业观教育，教育干部忠诚于党的事业，忠诚于国家和人民的利益，忠诚于领导者的使命和岗位职责，围绕马克思主义中国化的最新成果开展基本理论教育。能力培养，就是要着力培养干部领导现代化建设的本领。建院以来，学院着力加强领导干部推动科学发展、促进社会和谐能力的培训，尤其在改革创新能力、公共服务能力、社会管理能力、国际交往能力、群众工作能力、应急管理能力、媒体应对能力等方面形成了独具特色的系列课程。行为训练，就是通过必要的角色规范和行为方式训练，对领导干部进行岗位技能、行为品格、意志品质和心理素质的训练，比如时间管理技巧、情绪控制方法、媒体应对技术等，通过采取近似实战特点的行为训练，提高学员的工作技巧和岗位技能。学院在办学实践中逐步构建起课堂讲授、互动研讨、现场教学三位一体，案例教学、研究式教学、情景模拟式教学等相得益彰的培训特点。

《中浦院书系》包括了学院在教学科研过程中形成的如下几个系列。

"大讲堂系列"。对学院开设的讲座课程进行专题整理，形成了《改革开放实践与中国特色社会主义理论体系》、《干部教育培训的改革与创新》、《经济全球化与对外开放》、《资源节约型、环境友好型社会建设》等专题。学院特别强调开放式办学，坚持"专兼结合、以兼为主"的原则，从国内外选聘具有丰富领导经验的官员、具有较高学术造诣的专家学者以及具有丰富管理经验的企业家作为学院的兼职教师，尤其注重聘请那些干过事情、干好事情的人来培训正在干事情的人。目前，学院已形成500余人的相对稳定、不断优化的兼职教师队伍，成为培训的主力军。大讲堂系列所选入的专题讲座，只是部分专、兼职教师的精彩演讲，这些讲座内容不仅对广大领导干部的学习具有参考价值，而且对那些热衷于思考当代中国社会热点问题的人也有启发作用。

"案例系列"。案例教材是开展案例教学的基本条件。为促进案例教学，学院立足于构建有中浦院特色的案例教学模式和干部教育的案例库。目前已经完成了包括《领导决策案例》、《高效执行案例》、《领导沟通案例》、《组织文化案例》、《组织变革案例》、《危机管理案例》、《教育培训案例》、《领导者心理调适案例》八本案例集。建院五年来，学院非常重视开发、利用和积累鲜活的和富有中国特色的案例，把案例开发和教学紧密结合起来，初步形成了案例开发与应用的新机制。学院通过公开招标，设立了十多个教学案例研究开发课题，并将案例及时运用到教学中去，"危机决策流程模拟"等一批案例教学课程受到学员普遍欢迎。2009 年，学院设立了"改革开放经典案例研究"专题项目，"基层党建优秀案例征集与评奖活动"，采取与社会各方面力量合作的方式，进一步丰富了学院教学案例库。

"论坛系列"。学员在干部培训中的主体地位越来越受到重视，在各专题班次上我们组织学员围绕主题展开讨论，变学员为教员，成为中浦院课堂的主角，形成了具有中浦院品牌特色的"学员论坛"。比如，省部级干部"应对金融危机、保持经济平稳较快增长"专题研究班，"建设社会主义新农村"专题班，"现代城市领导者"专题培训班，还有西部大开发、东北等老工业基地振兴、中部崛起等区域经济社会发展专题研究班，面向中央直属机关机要人员、档案局长的密码工作、档案工作专题培训班，等等。参加这些特色专题班的学员，熟悉其所在领域的工作，对问题有独到的见解，他们走上讲坛，作出精彩的演讲，既活跃了学院培训工作的氛围，也为学院今后的相关培训提供了鲜活的素材。

"研究报告系列"。学院提出"科研支撑和服务教学"的发展战略，鼓励教师积极参与科研工作，组织了系列研究报告的编撰工作。如：《中国领导学研究（2006—2008）》、《中国干部教育培训发展报告·2009》、《公共危机管理典型案例·2009》等，这些研究报告是我们追踪学术前沿，进行理论探索的结晶。

在我们未来的发展中，也许还会增加国外学术成果的翻译系列和当代中国研究的英文系列，待成熟之后逐步推出。

总之,《中浦院书系》是一个开放式的为干部教育培训服务的丛书系列,是体现中国浦东干部学院特色的学术成果集。参与书系编写工作的不仅仅是中浦院的教研人员,而且包括社会各界关心中浦院发展的领导、学者和实践者。当然,还有学院的学员、兼职老师以及很多关心支持中浦院工作的人士,他们为书系的出版也做了大量工作,不能一一列举,在此一并致谢。这项工程得到了人民出版社领导、编辑的大力支持,他们为书系出版付出了辛勤的劳动,在此表示衷心的感谢。

中国浦东干部学院常务副院长

冯　俊

2010 年 1 月

中浦院书系

《中浦院书系 · 大讲堂系列》**序**

　　站在中浦院大讲堂上的，是一批从国内外选聘的具有丰富领导经验的政府官员、具有较高学术造诣的专家学者、具有丰富管理经验的知名企业家以及为我国经济社会发展作出突出贡献的先进模范人物。目前学院已形成了 500 余人的相对稳定、不断优化的兼职教师队伍，90% 的讲座课程由兼职教师担任。正是这些专家型的领导和领导型的专家，在中国浦东干部学院这个创新型干部教育培训院校的大讲台上，展现了他们对推动科学发展和构建和谐社会的高度关注、深度思考、积极探索和深入实践，其中部分精彩演讲汇辑成了这套《中浦院书系 · 大讲堂系列》丛书。

　　《中浦院书系 · 大讲堂系列》丛书围绕改革开放进程中的重大理论与现实问题，集中反映了我国经济社会发展的新理论、新知识和新实践。丛书涉及中国特色社会主义理论、科学发展的问题与实践、国企改革与发展、金融改革与风险防范、自主创新政策与实践、循环经济与低碳经济、城市规划与城市建设、政府职能转变与社会发展、依法治国的理论与实践、党建改革与创新、区域协调发展政策与实践、城乡一体化与新农村建设、社会主义文化发展与繁荣、产业经济发展与创新、国际形势与国家安全、经济全球化与对外开放、干部教育培训的改革与创新、领导力提升与建设等多个专题，既是对我国改革开放和各项事业发展实践的梳理和经验总结，又是对我国经济社会发展重点、难点、焦点问题的理论探索和理性分析，对今后改革开放的实践活动具有一定的指导和借鉴意义，同时也为干部教育培训提供了非常宝贵和重要的辅助教材。

《中浦院书系·大讲堂系列》中的每一个专题和每一篇文稿，都是根据演讲人的现场录音整理出来的，因此具有较强的可读性。阅读其中的段落和文字，就如同坐在中浦院的教室里，倾听大师、领导、专家和先进模范人物们娓娓道来，聆听他们的真知灼见，体会他们的真情实感，感受他们的深度思考，学习他们的实践经验。

感谢曾经站在中浦大讲堂上的每一位领导、专家和战斗在一线的实践者，感谢他们为我国干部教育培训事业作出的贡献。特别要感谢人民出版社为出版本系列丛书作出了大量的卓有成效的努力。

丛书中如有不当之处，敬请批评指正。

中国浦东干部学院常务副院长

冯 俊

2010 年 1 月

目录

农村**改革发展**的形势任务和总体思路

陈锡文

讲座时间： 2008 年 11 月 15 日

作者简历： 陈锡文，男，（ 1950 — ），江苏丹阳人，出生于上海市。现任中央财经领导小组办公室副主任、中央农村工作领导小组办公室主任。1968 年下乡到黑龙江生产建设兵团。1978 年从黑龙江考入中国人民大学农业经济系学习。大学毕业后先后在中国社会科学院农业经济研究所、国务院农村发展研究中心、国务院发展研究中心工作。2000 年 11 月起任国务院发展研究中心副主任。后任中央财经领导小组办公室副主任、中央农村工作领导小组办公室主任。参与起草了自 20 世纪 80 年代中期以来的大部分有关农业和农村政策的中央文件。兼任中国人民大学、中国农业大学、南京农业大学等多所大学的教授和博士生导师。

内容提要： **本文全方位深刻解读了党的十七届三中全会通过的《中共中央关于推进农村改革发展若干重大问题的决定》（以下简称《决定》）。首先，对当前农村改革发展形势作出总体判断，认为农村的体制改革已经取得了重大突破，但是还有待完善。其次，深刻剖析了推进农村改革发展的总体思路和战略布局，即今后 12 年农村改革发展的总体思路是把社会主义新农村建设作为战略任务，把走中国特色农业现代化道路作为基本方向，把形成城乡经济社会发展一体化新格局作为根本要求。再次，强调准确把握当前我们所处的发展阶段以及充分认识推进农村改革对于全局的重大意义。**

党的十七届三中全会后，中央对贯彻落实全会通过的《中共中央关于推进农村改革发展若干重大问题的决定》（以下简称《决定》）高度重视，胡锦涛总书记在三中全会的闭幕式上专门就如何贯彻落实全会的《决定》作出了明确的部署。会议结束以后，中央又研究了贯彻三中全会的重大《决定》，实际上作出了几项重要的安排，其中一项安排就是举办全国县委书记培训班。在此我想谈三个问题：第一个问题是关于对当前农村改革发展形势的总体判断；第二个问题是三中全会《决定》中关于推进农村改革发展的总体思路和战略布局；第三个问题是怎么准确地把握当前我们所处的发展阶段以及充分认识推进农村改革对于全局的重大意义，供大家做参考。

一 | 关于对当前农村改革发展形势的总体判断

关于对当前农村改革发展形势的总体判断是《决定》中很重要的内容之一，认清楚当前农村改革发展的形势对于我们安排好下一步的工作，认真地去推进贯彻落实《决定》的意义是非常重大的。农村改革的形势我想讲这么几点：第一点是关于改革的情况。我想，大家都是从 30 年农村改革过来的，对这一点都比较了解。从改革的情况来看，我自己觉得可以有这样一个判断，就是农村的体制改革已经取得了重大突破，但是还有待完善。应该说，30 年来农村改革一直没有止步，从最开始确立以家庭经营承包为基础到现在，已经在若干重大环节上取得了明显进展。

第一个环节就是在经营制度方面。大家都知道农村改革是从突破人民公社的大一统的高度集中统一的集中管理体制入手的，也就是一开始被大家叫做"双包到"或者叫"包产到户"。了解这段过程的人大概都比较清楚，真正的所谓"包产到户"其实在农村搞的时间很短，覆盖的面也很小，后来迅速发展为农民叫做的"大包干"，文件里叫做"包干到户"。"包产到户"与"包干到户"这两种形式实际上是有着很明显的巨大落差，在"包产到户"的情况下农民承包的是土地上产出的产量。比如说，我向生产队承包 5 亩地，如果在正常情况下，平均年产量是 800 斤，那年终就应该拿出 4000 斤粮食，这 4000 斤粮食我应该把它交给生产队，生产队根据我完成的任务给我记工分，到年底给我分口粮，这种形式叫"包产到户"。毫无疑问，大家能看出在"包产到户"的情况下生产队仍然是一个基本的核算单位，它仍然承担着统一核算、统一分配的工作。但是，与"包干到户"很不一样，农民讲的三句话：是"包干到户"交够国家的，留足集体的，剩下都是自己的。那么，在"包干到户"这个情况下，同样我包 5 亩地，那就没必要再给我规定要产出多少粮，它只是按照平均每亩地所承担的国家征购任务。比如说，如果 1 亩地 200 斤公粮，我在合同上只要注明我应该交给国家 1000 斤公粮，同时给生产队交我们叫"提留"那部分款，就是生产队运行所需要的公积金、公益金、集体管理费。如果说，1 亩地 200 块钱，那么 5 亩地交 1000 块钱。我把这些粮食这些钱交够了以后，至于我这地上生产什么、生产多少，生产队并不管我，我的报酬就和我剩下的很有关系，这个形式在最开始的时候，农民和干部就把它叫做"简单、明了、好办"，但实际上它的意义远远超过这些。一个最大意义就是它使得生产队不再成为统一经营、统一核算、统一分配的主体，没有必要再去进行核算，这个变化是大的。实际上就像大家所了解的，如果现在仍然实行"包产到户"，那么说人民公社的体制还在，但就是因为农民在这个改革的初始阶段，实际上已经把"包产到户"改为了"包干到户"，人民公社的体制能在改革的初期被迅速地取消。

大家都了解了，实行双包到户的初期理论上争论很激烈，到底是姓"社"还是姓"资"的问题，一直争论到 1982 年年底，思想认识趋于统一，所以在中共中央 1983 年的 1 号文件中就对家庭承包经营下了定义。1983 年 1 号文件明确指出，家庭联产承包责任制，是党领导下的农民的伟大创造，是马克思主义合作制理论在我国的最新实践，这样就把"包产到户"姓"社"姓"资"的问题解决

重点提示

1983 年 1 号文件明确指出，家庭联产承包责任制，是党领导下的农民的伟大创造，是马克思主义合作制理论在我国的最新实践，这样就把"包产到户"姓"社"姓"资"的问题解决了。

了。同时，也根据这样的一个情况，1983 年的 1 号文件进一步指出，农村的改革应该是沿着两个方向继续推进：第一个就是要普遍地实行联产承包的责任制；第二个就明确指出，要改革镇社一体的人民公社体制；最终，要实现撤社改乡。所以从 1984 年开始，中央就正式部署了关于撤销人民公社、建立乡（镇）政府的重大部署。我想大家都能理解的是如果不实行"包干到户"，这一步是走不出去的。因此，从经济学的意义讲，实行"包干到户"，绝不是一个操作简便的问题，而更深层次的是，它最终破除了农业生产中高度集中的计划经济体制。不仅如此，农民在"包干到户"的情况下对于土地的经营自主权大大地提高了，原来在"包产到户"的情况下种什么，种多少，还得由队里安排。但在"包干到户"情况下，这地怎么种，很大情况下取决于农民自己，他只要能够完成国家任务，而且交给生产队的提留（也可以用现金），他实际上对这 5 亩地怎么进行生产有了更大的自主权。正是在这个意义下，出现了两个现象：一个现象就是农民在"包干到户"下，生产积极性极大地提高了，因为他的利益在里面。第二个现象就是市场资源配置机制开始在农业中起作用了。农民在完成了国家任务之后，可以根据市场的需求来配置他所承包的土地。所以在非常短的时间内大家就能看到，农村实行家庭经营承包制后，各类农产品都迅速地增长。比如说，刚才讲到最早实行"大包干"的安徽省凤阳县小岗村。1980 年我曾在那个村调查过，在那个村住了 18 天，农民讲起来非常感叹，自从实行合作制之后，小岗村这个生产队每年的粮食产量就是两万多斤不到三万斤，但是实行"大包干"之后第一年产量就突破了十万斤。所以，这种形式尽管我们的理论家专家还在争论姓"社"姓"资"，但对农民来说，不推自广，迅速地在全国普遍实行。小岗村当年在搞"大包干"的时候也是承担了很大的风险的。农民根据自己的经验，感觉到如果实行"大包干"，那对人民公社制度是一个颠覆，很可能政治上会出问题，因此大家都知道小岗村的农民曾经自己签了一个合同，是说"大包干"的形式是我们自己的选择，如果因为搞了"大包干"，政府要把我们的队长、会计抓去坐牢的话，那么我们剩下的 15 户人家把他们 3 户人家的孩子供养到 18 岁。这件事情被县里知道了，县委书记亲自跑到小岗村去劝说，怎么劝，农民也不听，结果答应农民自己搞一年。后来大家知道，中央也肯定了农民的这个伟大创举，所以这件事情就迅速地在全国推开了。我想特别强调家庭经营对于改革的重大意义，它在于以后农村也好、城市也好，发生的一系列改革，都是在家庭承包经营基础上才展开的。用现在的话说，农民家庭的经营自主权实际上确立了其在农业中的经营主体地位。对于市场经济来讲，其实就是一个微观主体，如果没有活跃的自主的这样一个微观主体，是不可能有市场经济的。追根溯源，2008年是整个中国改革开放30年，邓小平早就讲过，中国的改革是从农村开始的，而农村的改革实际上是从破除人民公社的经营体制开始的。但是，把经营体制破除之后，实际上我们得到的是可以发展市场经济最基本的基础，那就是农村的家庭经营机制。对这一点，我觉得还是应该予以充分的肯定。

当然，农村改革并没有以取得家庭经营承包地位的确立之后就停止，实际上一直在不停地向前推进，在家庭经营普遍化以后，推进的第二步改革就是改革农产品流通体制。这当然有一系列的背景在里面：一个就是我们过去的农产品流通体制。一方面是建立在计划经济的体制之下的，另一方面是建立在短缺经济的背景之下，主要的农产品供给明显不足。所以，国家在20世纪50年代初采取统购统销的政策，很多同志都知道我们国家最早统购统销的农产品是棉花。第二个品种是粮食。但是，这个体制缺乏活力，农业的增产一直处在徘徊状态，而经济社会的发展、人民生活水平的提高对农业又提出了越来越高的要求，于是就出现了明显的供不应求。这样，统派购的农产品的范围就不断地扩大，于是就陷入了一种恶性循环：什么产品缺，就对什么产品实行统派购。一旦列入统派购，农民就没有积极性，产品就更缺，所以统派购的

重点提示

我想特别强调家庭经营对于改革的重大意义，它在于以后农村也好、城市也好，发生的一系列改革，都是在家庭承包经营基础上才展开的。用现在的话说，农民家庭的经营自主权实际上确立了其在农业中的经营主体地位。对于市场经济来讲，其实就是一个微观主体，如果没有活跃的自主的这样一个微观主体，是不可能有市场经济的。

重点提示

当然，农村改革并没有以取得家庭经营承包地位的确立之后就停止，实际上一直在不停地向前推进，在家庭经营普遍化以后，推进的第二步改革就是改革农产品流通体制。

范围是不断扩大。到 1962 年，我们国家列入统派购的产品有 246 种。20 世纪 60 年代中期、"文革"之前农业生产有所恢复，许多产品就逐步退出统派购范围。但是，直到 1978 年，改革之前，列入统派购的品种还有 174 种，基本上农产品都被列入统派购范围。农产品列入统派购范围，从宏观上讲，市场被取消了，没有农产品市场，于是农业资源配置就完全由计划来安排，损失了极大的效率。对于农民来说，他失去了一个经营自主者的地位，产品卖给谁？他不能决定，产品卖什么价格？他也不能决定。在这种情况下，促使农业发展显然没有这种可能性。在座的同志可能比较了解，所谓统购产品实际上是生产由国家下达计划，产品由国家负责收购，价格由国家确定。更重要的是，生产了这些产品，必须先完成国家的任务，然后才能进行生产队内部的消费品分配。而且在统购产品中明确地规定，分配了的农产品，如果还有剩余，都不能自由到市场上去销售，有剩余也只能卖给国家的有关部门，完全消灭了市场。派购产品的一些略微差别就在第三条上。如果分配之后，消费之后还有结余，可以允许到集市上销售，这是当时的一个背景。对农民来说，实际上为保障这些农产品供给作出了极大的牺牲；对国家来说，我个人认为当时也是不得已而为之，为了推进国家的工业化、城镇化，积累的资金从哪里来？只能从农民、农业中来。所以就我了解，农民对这个制度在内心是非常不满的，但也没有办法。

改革以后创造了一个重大契机，首先是农产品开始丰富，同样的土地生产出了更多的农产品。我记得 1982 年的时候，中央接到了几个地方的报告，其中有两个报告很有特点：一个是山东省来的报告。山东省在 20 世纪 80 年代初推出了一个新的棉花品种——鲁棉一号，一经推出，产量就迅速提高了。山东一方面请求国家多给它一些调拨棉花的计划；另一方面要求国家减免山东粮食生产任务，多种棉花，就有比较优势。同时，江西省也有一个报告：江西的棉花产量很低，但种水稻很有优势，江西省听说山东棉花大丰收，因此希望中央调减该省的棉花产量计划，让其多种水稻。后来我们到两省调研，向国务院汇报，但没有获得通过。可见统购统销对市场起到了完全遏制的作用，而且对人们的思想观念起到了抑制作用。好在农产品的数量在不断增加。其中还有一个更重要的原因，国家在农产品的收购体制下，一方面农民积极性调动了，产量增加了；一方面购销倒挂的体制机制并没有改观。改革以后，农业的发展，讲制度的因素多，应该说没有制度的变化，就没有这样的发展。实际上也远不止制度的问题，还有一个很重要的原因是启动了价格的机制。中央当时规定从1979年夏粮开始上市，粮食价格提高20%。基于几方面因素考虑：一是顺应农民要求；二是给超任务生产出来的粮食出路；三是政府也要减轻产生负担。因此1985年年底，中央召开农村工作会议，研究决定：从1986年开始取消粮食统购制度，当时起的名字叫"合同定购"。了解这个过程的同志可能清楚，20世纪80年中期，我国的经济体制改革状态，有一个说得更多的概念，叫"双轨制"。当时，大家认为"双轨制"是一个暂时的现象，利用"双轨"走出"双轨"。在现在情况下，大家都能看到，产品都是自主流通供求来决定价格，但这步改革应该说是很不容易的。比如，粮食的改革从1986年开始实行合同定购一直推到2004年，中央才正式放开粮食市场。但是，放开粮食市场后大家也就觉得还存在不少问题，说明市场不是说放就放的，政府要在其中起作用；另一方面也表明，现在农产品市场的机制还是不完善的。这是第二个大的改革。

> **重点提示**
>
> 1985年年底，中央召开农村工作会议，研究决定：从1986年开始取消粮食统购制度，当时起的名字叫"合同定购"。了解这个过程的同志可能清楚，20世纪80年中期，我国的经济体制改革状态，有一个说得更多的概念，叫"双轨制"。当时，大家认为"双轨制"是一个暂时的现象，利用"双轨"走出"双轨"。在现在情况下，大家都能看到，产品都是自主流通供求来决定价格，但这步改革应该说是很不容易的。

第三步大改革我相信大多数同志都经历过，就是农村的税费改革，这实际上是理顺党和政府同农民利益关系的一个非常重要的环节。农村的税费制度历来就有，但为什么到了20世纪90年代初农民的税收问题会那么突出，几乎在整个90年代，农村最尖锐的问题就是负担过重，干群关系紧张。在90年代，中央高度重视减轻农民负担，采取了很多措施，但收效甚微。所以，90年代末中央痛下决心，就这件事必须釜底抽薪，进行农村税费制度改革。经过一段时间的调研考虑准备之后，从 1999 年下半年开始设计农村税费改革方案。2000 年在安徽试点，当初方案是朱镕基总理亲自主持的，他要求非常明确，中央也同意这个要求。他明确地提了农村税费改革最基本的是要做到"三句话"、"六个字"：第一句话叫减轻。方案不管怎么设计，必须减轻农民的负担，当时可统计的农民负担有 13 项：一是"四税"：农业税、农业特产税、屠宰税、牧业税，大概是 400 亿元。第二项是"三提五统"，大概是 750 亿元，差不多相当于税收的两倍，还有 100 亿元叫"两工折款"。所以，13 项可统计的农民负担合起来是 1250 亿元。按照中央的要求，税费改革的方案第一步就是减轻，实际的基本方案就是把农业税的税率提高。原来农业税税率不到 4%，即过测算之后提高到 7%，提高 7% 之后呢，是把乡里面的"五统筹"砍掉，纳入这个 7%，进入农业税，就不向农民收五统筹了。第二步就是把村里面的"三提留"也取消，作为农业税的附加，在征税时向农民一并收取。那附加的部分由政府作规定，附加是征税的 20%，征税是 7%，20% 就是再加 1.4%，这样农民一共要缴纳相当于生产总值 8.4% 的农业税，以后别的都不用交。那么按照这个测算，大概一年要向农民征收 650 亿元，和原来相比，减掉 600 亿元。当然，这是件让农民很高兴的事情。第二句话就是刚才提过的，要规范。规范其实就是刚才讲到的，只许收 8.4% 的农业税和附加，不许再向农民收任何税款，不许搭车收费。第三句话是要稳定。这个制度要在相当长时间内稳定。应该说税费改革后，农民普遍反映是好的，因为它毕竟减轻了农民的负担，而且遏制了各种不规范的向农民乱收款、乱收物、乱公派的现象。第一步的税费改革的目标到 2003 年在全国差不多就推广开了。但进入新世纪以后，我国经济、国力增长非常快，所以党中央审时度势，觉得应该把农村税费改革进一步推向深入。此时提出的目标就非常清晰明确了，就是最终取消农业税。在 2004 年中共中央 1 号文件中，提出从 2004 年开始，全国农业税率下降两个百分点，从 7% 调到 5%，相应的附加也由 1.4 个百分点变成 1 个百分点。这样农民的实际负担就变成了由 8.4% 减到了 6%。同时，2004 年中央 1 号文件还明确规定：在黑龙江省和吉林省实行全部取消农业税的改革试点。这也等于向全国发出了信号，农业税最终是要取消的。所以，在2004年中央1号文件发出之后，一方面农民非常幸福，另一方面一些有条件的省、自治区、直辖市也高度认识到这一文件的重大意义，向中央明确表示：我这里有条件，你中央不给补助我也能自己进行改革。除了黑龙江省和吉林省之外，2004年其实还有另7个省、自治区、直辖市提出了免除农业税，所以到2004年全国已有9个省、自治区、直辖市免征农业税。2004年年底，中央研究并准备起草2005年1号文件时，进一步提出了2005年全国农业税再下调3个百分点，正税就变成2个百分点，附加只有0.4%，一共2.4%。同时，这一年各地也陆续推进税费改革，到2005年年底，全国有27个省、自治区、直辖市宣布取消农业税。中央此时觉得条件已经成熟，因此让国务院向全国人大常委会提出建议，建议全国人大常委会取消农业税征收条例。全国人大常委会审议后同意了国务院的要求，宣布从2006年1月1日起在全国范围内取消农业税。实际上取消的是农业"四税"，包括农业税、农业特产税、牲畜屠宰税、牧业税。

　　这对农民在经济上的好处自不待说，减掉了1250亿元的税费，相当于全国农民人均增收134元。政治上的意义当然更大了。大家都知道，我国是个农业文明历史特别悠久的国家，黄河流域的农业至少有八千多年的历史，长江中下游的农业也至少有七千多年的历史，所以农业税在我国是一个相当古老的税种。以前各种各样的农业税在古代的叫法名堂很多，一直延续到我们现在按地亩向农民征税的制度，实际上是产生于2600年前。小学历史课本里就有这个概念，叫"初税亩"。"初"就是开始实行，"税亩"就是按照地亩征税。"初税亩"最初出现在山东，公元前594年，即鲁宣公十五年推出这个制度，以后覆盖面越来越大，而且历朝历代都按此制度收。所以，大家都知道过去县太爷要上任，第一件事情就是他带去的钱粮师爷必须好言好语地把前任手里拿的"鱼鳞册"拿到手。这"鱼鳞册"的作用就是知道全县到底有多少户口，每家每户到底有多少田地，是他收税的基本依据。所以，按地亩征税是从公元前594年一直到2005年，这个税制在中国延续了整整2600年，一下取消后农民的确是非常感激。我在2006年出去调研，因为实际上有些地方取消农业税早于2006年，那时候很多上年岁的老农都讲："皇粮国税是天经地义的，共产党说不收了，这是一开始想都不敢想的。"所以，那些年报纸上说有些农民用各种方式，比如说自己出钱买铜，请人铸了大钟，在钟上刻上铭文，把钟竖在村口，说要告诉子孙后代，要记住共产党免除农业税的德政。所以这件事的政治意义应该是很大的。这是第三步。

这些改革大家应该看到，并不是以前就设计好的，减轻农民负担是我们党遵循"为人民服务"这一宗旨所规定的，但到真正要取消农业税，在一开始争论还是很激烈。有同志不愿意，讲："这是让农民尽义务，树立国民意识的一个基本要求，交点就交点吧。"但中央通过反复研究，最后还是下决心彻底取消农业税。

第四步改革是跟第三步一并的，那边取消农业税，这边中央就提出要对种粮农民进行直接补贴。因为，粮食生产的比较效益低，以前尽管有这个想法，也没有这个实力，做不到。所以从2004年开始，中央第一次实行对农民直补的办法，第一笔钱是从粮食风险基金里拿。在20世纪90年代末，国家设立了粮食风险基金，60%从中央财政出，40%从地方财政里出，合在一起有302亿元人民币。2004年中央提出要求，从其中拿出一部分来补贴农民。这些钱原来都是补贴粮食部门的，现在很多粮食都走入了市场，所以粮食部门的补贴开始减少。当时中央要求从2004年开始先拿出100亿元，三年内达到风险基金的一半，即151亿元来直接补贴农民。后来又在这个基础上再提出农民购买良种，农民购买大型农机具的补贴。前几年开始国际能源价格上涨，农业生产资料价格上涨，因此中央又推出了农业生产资料价格的综合补贴。这四项补贴从2004年开始每年都增加，到2008年合计是1028亿元。大家看看党的十七届三中全会的《决定》里写得非常清楚，还是要逐年大幅度提高对农民种粮的直接补贴。补贴是现代国家对农业的一种普遍做法，全世界各国对农业的补贴合起来大约是3400亿美元。我国在加入世贸组织的谈判中也争取到了对农民进行补贴的额度。大家都知道，世界贸易组织为了贸易公平，对农业补贴是有规定的，主要把农业补贴分成两类：一类叫做"绿箱补贴"。"绿箱补贴"指的是政府对农业的投入，但这些投入不会直接进入生产成本，就是

走 CELAP 中浦院

城乡统筹与农村改革发展

它不扭曲贸易关系。比如说，在农村修道路、修水利、架电网、培训农民等等，这都是"绿箱补贴"。世贸组织对"绿箱补贴"没有规定限制，愿意投入多少都可以。而有限制的这部分在世贸组织被叫做"黄箱补贴"，还叫"微量许可补贴"，这种补贴会影响农产品成本，因此会扭曲贸易关系，所以它对这部分补贴要加以控制。过去世贸组织对发展中国家的"黄箱补贴"额度规定可以补到本国农业生产总值的10%，发达国家可以补5%，我国加入世贸组织的时候，"美国佬"对我们非常刁难，死活不同意我国按照发展中国家标准来认可我们的"黄箱补贴"，所以谈判非常艰苦激烈。我记得最后谈到紧要关头，当时首席谈判是龙永图，他赶回北京向中央请示："谈得很艰难，怎么办？"后来国务院反复研究，最后给龙永图一个底线：不许低于7.5%。随后由龙永图他们去据理力争，最后谈判中应该说结果很好，谈了大约8.5%。那么，"黄箱补贴"究竟指的是什么呢？比如我刚才讲到给农村架设电网，国家从1998年以来给农村改装电网投资已超过3000亿元，这是属于"绿箱补贴"；但如果国家对农民用电给予附加补贴，那就属于"黄箱补贴"，政府给农民修水利、盖水坝等等都属于"绿箱补贴"；但对水价进行补贴的话，这部分补贴就属于"黄箱补贴"。我刚才讲了对农民直接补贴，但对农民直接补贴与生产补贴不挂钩，因此不属于"黄箱补贴"，但农机具补贴和农业生产资料补贴都会直接影响当年生产成本，所以这是"黄箱补贴"。我刚才说到争取了8.5%的补贴率，但现在实际上根据一些专家的测算，只补了3%左右，所

重点提示

第四步改革是跟第三步一并的，那边取消农业税，这边中央就提出要对种粮农民进行直接补贴。因为，粮食生产的比较效益低，以前尽管有这个想法，也没有这个实力，做不到。所以从2004年开始，中央第一次实行对农民直补的办法，第一笔钱是从粮食风险基金里拿。在20世纪90年代末，国家设立了粮食风险基金，60%从中央财政出，40%从地方财政里出，合在一起有302亿元人民币。2004年中央提出要求，从其中拿出一部分来补贴农民。这些钱原来都是补贴粮食部门的，现在很多粮食都走入了市场，所以粮食部门的补贴开始减少。当时中央要求从2004年开始先拿出100亿元，三年内达到风险基金的一半，即151亿元来直接补贴农民。后来又在这个基础上再提出农民购买良种，农民购买大型农机具的补贴。前几年开始国际能源价格上涨，农业生产资料价格上涨，因此中央又推出了农业生产资料价格的综合补贴。这四项补贴从2004年开始每年都增加，到2008年合计是1028亿元。

以今后还有很大余地。对于农民来讲，这时候给他们减税，到时候给我补贴，历朝历代都没有这样的事。当然，现在大家看到，随着农业生产资料价格上涨，农产品价格相对来说仍然偏低，所以政府还是提出对农业要有支持保护制度，补贴就属于支持保护制度。从大环境来讲，我觉得这30年的改革改了很多，但重大环节主要是这几个。

2008年中共中央讲了关于推进集体林权的制度改革，总书记和总理都对其有很高评价，都说是继耕地实行家庭承包之后的农村又一大改革。我们的集体林地比集体耕地多不少，集体耕地是8亿亩，集体林地是25亿亩。所以，如果把集体林地搞活了，那么不仅对农民增收，对发展农业产业，保护生态环境都会有重大意义。但现在我又想说，其实1982年至1984年，南方集体林区曾经推进过林权制度改革，做法跟现在几乎一样，但是当时没敢搞下去。因为，当时林地一包到户就砍树，所以后来中央就收回不让搞。但现在再推出就很成功。这里面因素很多，我想最重要的一点就是整个农村的经济基础、生活水平，二十多年后大不一样。那时候很多地方饭还没吃饱，林子一到手当然就砍了急着去卖钱换粮，但现在温饱问题基本解决，所以我说经济基础对人的思想观念的改变这一点是不能否认的。古人说，衣食足而知廉耻，那时候没吃饱，放着林子不砍干吗？现在吃饱了，他就希望把林子作为"绿色银行"，让它长期存在。随着税费改革推进，现在还在进行的还有乡镇机构改革。

所以要具体展开的话，整个农村30年的改革涉及很多环节，我讲到的只是其中比较主要的内容，而且都取得很明显的进展。我们的改革取得了重大突破，但还不完善。所以，我们下一步改革的三大内容中第一大内容就是制度建设。从我们的制度看，家庭承包经营为我们的统分结合提供了经营体制，这句话是1991年的党的十三届八中全会明确提出的农村基本经营制度，从1992年开始写入宪法。但坦率地说，这个制度也不稳固。农民的承包经营权按照法律、法规和政策角度来说是很充分的，但却时时受到各方面的轻视，被调整、被强制流转，甚至被强制拿走。所以，家庭经营承包这个制度基本确立但不完善；所以，大家看到这次的制度建设强调的第一大就是农村基本经营制度建设。在任何国家，特别是小农多的国家，实际上不可能有农民一家一户去直接面对市场，他们了解市场信息和进入市场的成本都太高。因此，在小农多的国家，领导农民走合作制的道路是一个普遍规律，甚至像美国这样拥有很大农场的农民也需要合作社。我们的东邻日本，他们的农民生产的稻谷95%是通过农协社销售出去，水产品90%是通过农协社销售出去。欧洲的1400万农民购买的生产资料，60%多是通过合作社买到，比市场价便宜，他们的农产品的55%通过合作社卖掉。即使在美国，主要农产品大约55%也是由合作社销售出去。所以单家独户的农民在应对市场时也都需要组织。再看我们国家，一方面我们农民的组织化程度看上去很高，任何一个农民都在村委会里，但问题在于我们这个村委会和经典意义的合作社还是有很大差别，它实际意义还是起到社会公共管理的作用，是政府职能的延伸，所以从功能上讲是管理型、内向型。但农民要发展经济，进入市场就需要外向型、经营型的组织，而这类功能在现在绝大部分村委会都不存在，也很难发育出来。所以，我感觉村委会这种管理型、内向型的社会组织一定要有，但不能替代外向型、经营型的组织，在这一块我们发展得太慢。《中华人民共和国农民专业合作社法》2007年7月1日才开始生效，而且坦率地说这个法对农民的吸引力还不够，一定要有一种将农民吸引起来的机制才能真正发育出这个组织来。普遍相像的是世界各国对合作社都有很多优惠政策：一是减免税收，一是提供低利率贷款，还有些政府项目也让合作社去做。我们在这方面做得不够，所以农民进入市场的组织化程度很低。农业生产经常出现我们说的同步性的震荡：今年一听说西瓜好卖，你种我种大家都种，结果上市就卖不出去了，明年大家都觉得卖不好就都不种，结果西瓜价格暴涨。对农民的自律，比如说用什么样的花费，采用什么标准，没有合作组织的监督，即使是自己想做好的事情，但往往也会有不好的后果。比如，最近的食品安全问题其实都跟这个有关系。所以合作组织我们现在缺乏。再比如，农民一家一户地生产，什么机器设备都要自己买，成本太大。应该有社会组织，可以是经营性的，向农民提供各种各样的生产技术咨询服务，可以大大降低成本。在座的各位同志可能知道每年夏季麦收的环节，售后服务是相当高的，基本上95%是实现了机器收割的。但如果叫每家每户就为了自己的五亩到八亩地去买个粮食收割机当然太奢侈了，可能买回来半小时就把麦子都割了，然后就放在家里。粮食收割机便宜的要七八万元，贵的进口的就更不用说了。所以，像这个环节，由政府出面，让各类经营收割机的组织给农民提供服务，我们做得很好。每年都是几十万台联合收割机，非常壮观，从南到北浩浩荡荡走到汉江边、淮河边，再逐步往北走一直到黑龙江，2008年组织了46.7万台联合收割机大兵团转战南北，对农民来说这很上算。2008年我在河南了解到，农民说尽管油价涨了，但算下来1亩地还是60多块钱，要是不用联合收割机，雇一个工的话，活儿又苦，60块钱绝对雇不到，而且管饭也管不起。我自己就当过农民，一天要是拿着小镰刀割到天黑也不知能不能完。而现在用联合收割机跟雇一个工的价钱差不多。目前来看，我们在这个环节搞得还是比较好的。但其他很多方面，农民还是很难。昨天晚上我见到一个现代农民，他说他是1969年出生，住在上海郊区，他说他现在不知道什么季节种什么，这个农民怎么当？实际上，在很多国家都是通过农业技术服务、农业经营公司来提供这样的服务，而我们这个体系显然是残缺的。再有就是政府的农业补贴制度。虽然刚才我们说了，已经补贴到1028亿元了，但我们还是很缺，动不动就要出手做一些补贴项目，就是因为我们还没形成一个完整的对农业的支持保护体系。有人开玩笑说，在欧盟，农民养1头奶牛1天拿1.4欧元补贴，我们的专家感叹说，折成人民币就是15块钱一天了。尽管保护体系是跟国力相关的，但我们做得还是不够。30年来我们取得了长足的进步，但农村跟城市比起来，发展还是滞后，这是农村的基本状况。发展有社会的发展和生产的发展，从生产发展来看，各地农村都有明显的进步，比如说粮食，1978年我们的粮食总产量6095亿斤，2007年是10032亿斤，29年增长了64.6%，但播种面积跟29年前相比少用了两亿亩，单产提高得很快，2007年的单产量是674斤，这个数据比1978年提高了88.7%，因此在耕地不断减少的同时，大家看到粮食依然基本能满足我们的需求，其他农产品也在不断丰富。当然，10032亿斤不是历史最高水平，最高是1998年的10294亿斤，2009年有可能突破1998年的水平。

农村这几年的社会事业发展也很明显，公路的通达率、电网的覆盖率、广播电视的接收率基本都达到 97% 左右。农民最关心的社会公共事业主要是八件事情，硬的是路、电、水、气。水的分配问题基本得到解决，现在面临的是水源问题。有的地方重金属含量过高，或有污染，政府每年都拿 60 多亿元，每年都解决 3000 多万人的饮水问题。气就是发展沼气。中央财政每年拿出 20 多亿元支持农民发展沼气，和地方政策配套的话一年大概可以解决四五百万农民的沼气使用。软的也是四大件：教育、卫生、文化、社保。教育方面，免除农村义务教育学杂费，另一项是政府免费提供教科书；医疗方面，医疗覆盖面有很大提高，医疗水平也有很大提高，原来最开始的时候，2003 年看病 30 块钱，农民自己出 10 块，中央政府给 10 块，地方政府给 10 块。后来到 2005 年提高到 50 块钱，农民拿10 块，中央和地方政府各拿 20 块。随着财力增强，这一水平还会继续提高。文化事业这几年的发展大家也是有目共睹，广播电视村村通、农村电影放映工程、农家书屋建设、文化下乡，等等。社会保障从 2007 年开始，2006 年年底中央提出，从 2007 年年底开始在全国农村普遍开始建立最低生活保障制度，现在有将近 3600 万农民纳入了这个制度。但因为刚刚建设，财力还不够，所以我们要"低水平、广覆盖"。2007 年这个标准大家都知道，因为城里也是这样给你一个补差。2007 年全国农民的人均纯收入是 4140 元，我还得说明 4140 元是国家统计局根据 31 个省、自治区、直辖市 6.8 万户农民家庭的抽样调查结果，但是按省、自治区、直辖市来计算，农民人均纯收入达到或者超过 4140 元的只有 11 个，有 20 个省、自治区、直辖市是低于这个数值，这是我们国家的一大特征，地区城乡之间差别太大。应该这么说，平均数要看，但是在相当程度上往往很多矛盾都被平均数掩盖，这是农民的收入，2007 年 4140 元。比 1978 年，那时人均纯收入 134 元，和那时候比那肯定是增加很多，扣除物价因素之后，这 29 年之间农民人均纯收入平均每年增长 7.1%，但是和城市居民相比差距就大了。2007 年，城镇居民的可支配收入是 13786 元，和农民相比是农民的 3.33 倍，就是 3.33∶1，一个城市居民的收入相当于 3.33 个农民的收入，这个差距比改革开放前要大。1978 年农民人均收入是 134 元，城镇居民收入是 343 元，那时候的城乡收入差距是 1.25 ∶1。后来改革开放之后，到了 1985 年城乡居民差距曾经缩小到 1.86 ∶1。那么刚才讲的社会事业发展基础大家其实都看到，各类资源，教育资源、卫生资源、文化资源在城乡之间的分布还是很不均匀的，所以从这些方面去看，我们既要看到农村有非常大的发展，但与城市相比仍然是有差距的。这是发展方面。

第三个从整个的社会和谐稳定角度去看，也应该讲农村社会和谐建设也有进步，但是目前的农村社会管理面临着很多新的挑战。我一开头讲到税收问题，农民的税收曾经有一段时间闹得农村的基层很不太平，农村关系好不了，那社会怎么会和谐？但现在农业费都取消了，这个情况就有了很大的变化。我曾经跟一些支部书记、村委会主任了解情况，他们那时候跟我说的时候很有感叹。他们说，那时候到农民家里收款，农民一看书记来了，老远看到就躲出去了，不在家，你到人家里去是从来见不到这家主人的，只有看门的狗对你乱叫。今天去收不上，明天再去后天再去，连续去了多少天这家人也没找成，这家主人没找到，倒是这狗都认识他了，狗见他都不叫了。所以，那个时候有几个村支部书记说起这个情况，说这样弄下去，人都搞生了，狗却搞熟了，这工作还怎么做？现在就不一样了，老远村里头看到书记去、主任去，村里头是不是又有什么补贴要发了？这个关系就有了很大变化。所以从这个意义上讲，基层的党群关系、干群关系、基层社会是否和谐，当然要有政治思想工作、人的思想进步等等必须有，但是非常重要一点没有经济基础是不行的。但是，光有了钱也不行，也有很多新情况出来。农村在工业化、城市化大潮的推动下发生了很多深刻变化，而这些变化往往是我们过去思想上没有认识、没有准备的变化。比

> **重点提示**
>
> 所以从这个意义上讲，基层的党群关系、干群关系、基层社会是否和谐，当然要有政治思想工作、人的思想进步等等必须有，但是非常重要一点没有经济基础是不行的。但是，光有了钱也不行，也有很多新情况出来。农村在工业化、城市化大潮的推动下发生了很多深刻变化，而这些变化往往是我们过去思想上没有认识、没有准备的变化。比如说，农村出现的，在座的同志你们都在第一线比较清楚，我们把它概括为农村出现了"新三化"现象。什么是"新三化"？就是村庄空心化，农业兼业化，农民老龄化。

如说，农村出现的，在座的同志你们都在第一线比较清楚，我们把它概括为农村出现了"新三化"现象。什么是"新三化"？就是村庄空心化，农业兼业化，农民老龄化。村庄空心化就是大量人出去打工了，这对增加农民收入有好处，但是也带来了新情况、新问题。我们整个国家，农村劳动力有5.05亿人，那么现在有关部门统计，就离开本村到外地打工农民劳动力数量是2.26亿人，其中有9000万人是离开本村在本乡乡镇企业小工厂里边，还有1.36亿人离开本乡镇到外乡镇，当然也包括到外省，那么你算5.05亿人里头有2.26亿人外出了，这差不多就占了整个农村劳动力的45%，这里还有很多农民是举家外出。所以，现在到各地农村，特别是传统地区中西部地区都能看到这种现象：进去之后，一个村子有不少户人家都是没人的，有的锁头锁在那儿都长锈了，好几年没有回来过了。那么在农村是这种情况，在大城市郊区的农村就反过来了。那儿是空心化，这儿是饱满，城乡结合部，外地来的都挤在这几个地方，一个小屋子里能睡五六个、七八个人，农民外地来打工。两种情况虽然截然不同，但对管理来说提出了新的要求，你过去那套不能适应。农业兼业化就是大部分农民外出之后，这个农业在他的收入中比重越来越低，所以可以坦率地说，仅从收入的角度来讲，农民自己也越来越不重视农业。因为，他的收入中来自非农业的越来越高，所以把农业看成了兼业副业。前两个现象就形成了农民的老龄化，年轻力壮都走了。我以前在西南调查，一个老农民就跟我说，现在头脑好的读书走了，身体好的当兵走了，年轻力壮的打工者走了，留在家里的就是我们这种老头了。前两天中央党校那个班刚开，11号我讲完了，下午我请了几位县委书记一起座谈。有位县委书记就跟我讲，他说真不瞒您讲，有时候一个村子，如果老人去世了，抬棺材的人都找不齐，年轻力壮的都在外头。那么，在农村越来越发生这种现象，情况当然越来越深化，这种现象你没有办法以主观的方法来判断它是好是坏，这是社会发展历史中必然会产生的一个过程。而且从大的趋势来说，这就是一种社会进步，农村人口要逐步减少，但是它和我们现在社会的管理是非常不适应的。从农村的实际状况来说，这么多年轻力壮的不在家，农村很多是体力活，总不能指着老人和妇女吧？而且农村很多事之间村委会是决定

重点提示

这就提出了一个很大的问题，就是我们农村这套社会管理体制是根据改革初期的状况设计的，显然它是越来越不适应，缺乏社会管理，缺乏公共服务，那么农村就会发生一些意想不到的事情。所以，从这个角度来讲，我们对农村工业化、城市化推动下发生的快速变化，对它提出的挑战，我们思想上准备不足，组织上准备不足，政治措施上准备也不足。所以，有些地方，恶势力就不去讲了，邪教也不去讲了，利用宗教、利用宗族的力量来干预甚至掌控农村公共事务这种现象是必须引起注意的，这直接关系到基层政权的巩固。

重点提示

可以从三个方面，从改革的角度去看，中国的 30 年农村改革取得巨大成就，但是体制还不完善。从发展的角度来看，也可以讲取得巨大成就，但还是明显落后。从社会和谐的角度去讲，也有明显进展，但是面临更多新的挑战。所以，怎么把握我们现在农村发展改革总体的局势，其实就讲了三句话，大家都熟悉，用《决定》的话来讲就是：农业基础仍然薄弱，最需要加强；农村发展仍然滞后，最需要扶持；农民增收仍然困难，最需要加快。

不了的，要组织群众一事一议，现在议都议不成了。村民大会是很难开的，农民代表会，就是家长会，各家来个能做主的开会，结果一通知，人家说当家的在外头，老娘们来了没有用，那就开不了会了。你就算硬开开完了，要各家出点钱开点工，那人家就说当家的不在，钱也没有，议了半天还是办不成事。这就提出了一个很大的问题，就是我们农村这套社会管理体制是根据改革初期的状况设计的，显然它是越来越不适应，缺乏社会管理，缺乏公共服务，那么农村就会发生一些意想不到的事情。所以，从这个角度来讲，我们对农村工业化、城市化推动下发生的快速变化，对它提出的挑战，我们思想上准备不足，组织上准备不足，政治措施上准备也不足。所以，有些地方，恶势力就不去讲了，邪教也不去讲了，利用宗教、利用宗族的力量来干预甚至掌控农村公共事务这种现象是必须引起注意的，这直接关系到基层政权的巩固。

所以，从这几个方面去看，我当然讲得不全，至少可以从三个方面，从改革的角度去看，中国的 30 年农村改革取得巨大成就，但是体制还不完善。从发展的角度来看，也可以讲取得巨大成就，但还是明显落后。从社会和谐的角度去讲，也有明显进展，但是面临更多新的挑战。所以，怎么把握我们现在农村发展改革总体的局势，其实就讲了三句话，大家都熟悉，用《决定》的话来讲就是：农业基础仍然薄弱，最需要加强；农村发展仍然滞后，最需要扶持；

农民增收仍然困难，最需要加快。当然，这三个判断并不是说不提我们 30 年改革的巨大成就和经验，而是要在看到我们已有的成就和基础上充分认识到农村现在的现实状况。这三句话应该是《决定》中的三句话，我们也要随着《决定》指出的去认识农村改革发展的这种状况，这才能提高我们对农村改革必要性、重要性的认识。这是我想讲的第一个问题。

二 | 关于农村改革发展的总体思路和战略部署

第二个问题就是刚才讲的从《决定》来看怎么去认识《决定》提出的农村改革发展的基本思路或者说是总体思路，去把握《决定》对于今后一段时间农村改革发展工作的战略部署。

从总体思路来看，我想大家把《决定》这个文件都反复地读过，总体思路按照《决定》中的提法就是三句话：把社会主义新农村建设作为战略任务，把走中国特色农业现代化道路作为基本方向，把形成城乡经济社会发展一体化新格局作为根本要求。这三句话就是对今后 12 年农村改革发展的总体思路。为什么这么提？比如说，提新农村建设把它提到下一段农村改革发展中的战略任务，而且说这个《决定》并不是简单地对农业农村讲，而是对全党讲，要进行社会主义新农村建设。之所以要把新农村建设作为今后农村改革发展的战略任务，我想至少可以从两个方面来认识：第一个方面从我们的全局看。大家都知道，党的十六大就提出，十七大进一步明确，到 2020 年我们要完成全面建设小康社会的这样一个重大任务，那么从现在的实际状况来看，大家也都很清楚，全面建设小康社会这个战略任务难度不在城里，关键是看农村。农村如果不加快发展，不加快建设，很可能会拉全面建设小康社会全局的后腿。那么，很多同志都知道小康社会是邓小平提出的，世纪之交的时候我们实现了，那叫总体小康。所谓总体小康，这个含义按照我们当初的目标第一个讲的是总量，第二个讲的是平均数。所谓总体小康，就是邓小平讲的国内生产总值比 1980 年翻

城乡统筹与农村改革发展

两番，人均国内生产总值达到 800 美元，这个在世纪之交的时候实现了。所以，2002 年党召开十六大江泽民的报告里就提出了实现总体小康的下一步就是全面建设小康社会。全面建设小康社会和总体小康的区别，十六大报告里讲得很清楚，全面小康要比总体小康有六个更加，但除此之外有一句分量更重的话，江泽民报告里讲就是全面小康是惠及十几亿人的小康，那可以理解为全面小康不是靠平均数打出来的小康，而是要使得人人都过上小康社会的生活。那从这个角度来看，当然我们在今后 12 年能不能实现这个目标，关键就要看农村发展。所以，2002 年 11 月十六大闭幕，胡锦涛当选为总书记才两个月的时候，在 2003 年的 1 月 8 日，在中央农村工作会上发表重要讲话，有两句话很多同志尤其是搞农村工作的同志记得很清楚：第一句话就是讲全面建设小康社会最艰巨最繁重的任务在农村。因此他接着讲，必须把解决好"三农"问题作为全党工作的重中之重。所以，能不能建成小康关键在于看农村。而从这个角度去讲，农村的小康建设应该对全局具有重大意义，这也是为什么中央要强调社会主义新农村建设是战略任务。还有 12 年时间，这是讲为什么新农村建设是战略任务的第一个方面。第二个方面当然大家都知道，整个农业农村的现代化，它要城乡之间配合，要在工业化城镇化过程中从农村人口逐步逐渐减少，那么才能使得留在农村的人土地的经营规模越来越大，农民的收入才能上去。但是，这个过程在我们国家将是一个非常漫长的过程。因为，我们的农村人口数量太大，现在在工业化城市化来讲，已经有 2.26 亿人离开家乡到外地打工。但是，这些人从统计上，我们现在统计是把他们统计到城里的，按照现在的统计，2000 年后的统计，按居住地统计，一个外地人你到北京你到上海，这里居住半年以上统计的时候你是上海人是北京人，在你的家里由于你离开家乡半年以上家乡就不统计在内。所以，按照我们现在的统计法，城市居民 5.9 亿人，城市化率 44.9%，农村居民只有 7.2 亿人，占总人数的 55.1%，这是按居住地统计。但是，你到公安系统，到户籍部门一看户籍统计，我们农业户口的人 9.5 亿，所以有 2.3 亿农业户口的人被统计在城市里。当然，你可以说他现在在城里打工，他居住城市，但是离他真正成为城市市民还相当遥远，他自己要努力。如果他真要当市民的话，政府要付出的代价还是相当大的。增加一个市民你总要认真考虑他和他的家庭住房怎么样，就业怎么样，社保怎么样，其他各种社会服务怎么样，那你按这个账算，增加一个市民，就财政开支要增加多少钱，不用说他自己。所以我说，我们的城镇化到现在还是一个准城市化，农民离开家乡进了城了，但是并没有真正成为城里人。所以从这个角度去讲，你即使要把已经离开农村这两亿多人变成城里人也要有相当时间、很大努力和代价，你更不用说农村还有 7 亿多人，他还要往城里来，因此从这个角度去看中国的城镇化这个路会很长，任务也相当繁重。有些专家比较乐观，我们现在城镇化里每年提高 1 个百分点。我老跟他们说，光看统计局这个数不行，因为可以把他们统计在城里，但是他们并不是城里人，你真要让他们变城里人你要拿多少钱出来，但即使按这个算账，我们到哪年城市化水平可以提高到多少？我也曾经算过这个账，我们的人口高峰是 2030 年，那时候是 15 亿人，即使我们的城市化率能达到 70%，其实我是相信达不到 70%，但即使是 70%，那么在农村还有 30% 人，15 亿人的 30% 就是 4.5 亿人，那时离中华人民共和国成立已经 80 年了，农村还有 4.5 亿人。那大家回过头去看看，中华人民共和国成立那个时候农村就是 4.5 亿人，过了 80 年起码还有 4.5 亿人，这就是中国，中国的国情就这么决定。因此，从第二个角度去讲，为什么要把新农村建设作为战略任务，一个生活着 4.5 亿人的地方你不把它建设好，行吗？所以正是从这两个角度，第一要全面实现小康，第二要让数以亿计的农民能过上小康生活，所以《决定》就明确提出，社会主义新农村建设是战略任务。今后 12 年要坚定不移地推进，当然推进社会主义新农村建设也一定要按照中央的要求去做。中央对社会主义新农村有五句话 20个字这大家都知道，党的十六届五中全会中央提出第一个五年规划的时候提的叫做生产发展，生活宽裕，乡风文明，村容整洁，管理民主。这五句话，中央在 2006 年的 1 号文件中就明确提出，它是要求整体推进农村的经济建设、政治建设、文化建设、社会建设以及党的基层组织建设，是个整体要求。但在有些地方确实存在一定偏差，因为别的事儿都是慢功夫，生产发展、生活宽裕、乡风文明、管理民主你要付出多大的努力要多长时间才能见效，于是有些地方就是走偏，就认得一句叫村容整洁，别的都不管。我记得中央在讨论这五句话的时候，常委会上有领导就提出你们这五句话讲的是很全，但不怕人家理解起来走偏吗？而且当时就明确说最大的担心就是他地方别的都不管，他就管村容整洁。村容整洁并不是说不好，但是如果说经济不发展，农民生活还没富裕起来，别的都不弄，就弄表面文章，有的甚至是违背农民意愿搞大拆大建，加重农民负担。所以说，一定要按照中央的要求全面推进社会主义新农村建设。这是一句话。

第二句话讲的总体思路是要把走中国特色农业现代化道路作为基本方向。

这句话也需要深入地理解，特别是要认识清楚，为什么要叫中国特色农业现代化？"农业现代化"也不是新起的，但是"中国特色农业现代化"这个概念是党的十七大报告提出来的，为什么这么提？我想非常重要的，也是我自己在接触实际中感觉到的。有一些同志对于农业现代化的认识实际上他脑袋里有个图像、有一种判断，判断是什么呢？他认为的农业现代化实际上是农业的欧美化，尤其是美国的，觉得农业现代化就是像美国那样的，但实际上在中国不可能有那样的农业。这个农业经济学界大家都知道，全世界的农业大概占两类：一类叫传统国家的农业，那就是文明史非常长的像中国、印度这些亚洲国家，还有西欧一部分国家，农耕文明的历史几千年甚至上万年，于是人类在这片土地上生息繁衍的数量越来越大，所以传统上的农业实际上是人多地少的农业，这是一类国家的农业。而另一类国家的农业我们把它叫做新大陆国家的农业，基本是在哥伦布发现美洲大陆之后有 500 多年的历史，所以南美洲、澳大利亚大洋洲这些国家的农业基本就是人少地多，这中间新大陆的发现又缓解了欧洲农业。你去看新大陆国家除了印第安人之外别的都是欧洲移民，美国的也好，阿根廷、巴西的也好，都是欧洲移过去的，所以欧洲在人地关系上都是新大陆缓解了一下，亚洲就没有。这两类农业实际上各有各的基础路线，你说非要去学美国，那我们这个国家的资源禀赋就不是这样的，我也很羡慕美国，美国密西西比河两岸尤其是印第安那州往北那大片土地，我们叫它美国的中西部地区，那里生产谷物和大豆为主，那里一个标准的农场基本上是合我们2万亩地。我到那里农民家里去看，我也很羡慕，一家人就种2万亩地，我跟他们说你一家人种了我们半个乡的地。他当然对中国农业也很好奇，说你们那里怎么样？我说我们那里一家只有半公顷土地七八亩地。他也听了很惊讶，说半公顷地怎么种啊？跟他们家门口那花坛差不多大。你一般到美国所谓讲中产阶级的这些人家去看看，他们独立的房子基本上是房前一英亩，房后两英亩，草坪和花坛，所以美国的农民听完我们的介绍也吃惊得合不上嘴，说就这么点地要养活自己还要养活中国这么多人，中国人民了不起。如果你把我们的目标定在中国农业最终像美国这样，那做得到吗？要走掉多少农民才能实现这个样子？美国现在就220万农民家庭，中国2.5亿个农民家庭，所以如果目标定错了走了半截走不下去，那个损失是不得了的。再简单地说，比如说，2008年年底，我们现在是人均1.38亩的耕地，你100个人的地弄到一起138亩地，那就算规模了吗？在中国是规模了，拿到美国根本不算规模，跟人家怎么比？但是，你自己引出来的事，你把100个人的地合起来拿给1个人种就要对另外99个人的就业和收入负责任，你给他解决干别的活儿去，那现在有没有这个条件？所以推进规模经营也好，发展农业现代化也好，都对！都应该有条件就往前走，但是一定要很清醒地认识到中国的国情是什么。农业现代化决不是农业欧美化，这条要认识清楚。看人家好可以借鉴，但是照搬一定出差错，在中国这件事情过不去。所以说，关于中国农业现代化的问题这点要认识清楚，要从中国的实际国情出发来考虑设计中国的农业现代化道路。

　　第二点特别强调的就是为什么要把中国特色农

农村改革发展的形势任务和总体思路

业现代化道路作为基本方向呢？我们自己的基本方向要定对，同时还要看到有很大的紧迫感，建设中国农业的现代化。我们大家都看到，我们的耕地是越来越少，水资源是越来越缺，而对农产品的需求数量越来越大，质量要求越来越高，不走农业现代化道路适应不了。很多情况大家都是清楚的，我们2007年的耕地总面积是18.26亿亩，和11年前比，为什么和11年前比？因为11年前就是1996年我们完成了第一次农地普查，那么1996年土地普查是19.51亿亩，过了11年就变成了18.26亿亩，少了1.25亿亩地。这1.25亿亩是什么概念？我们31个省、自治区、直辖市中超过1亿亩的只有4个省，最大的是黑龙江省，有1.77亿亩地，第二是河南省，有1.18亿亩，第三是山东省，有1.17亿亩，第四是内蒙古自治区，有1.08亿亩。除了黑龙江省之外，就是像河南省，像山东省，内蒙古自治区外，这样的耕地在过去11年间已经没有了。所以对土地问题的珍惜，在这个问题上为什么要引起高度重视？这个我想大家都可以想象的。如果某一天一睁眼，河南省都不见了，会产生什么样的后果？河南省已经连续3年粮产量超过1000亿斤，占全国的1/10，但是就这个省的耕地过去11年也没有了。就全国的数量来说，耕地还得减，你工业化、城市化没有完成，耕地还得占用。水资源越来越紧缺，当然我们1.38亩的土地人均相当于世界平均水平的40%，但是我们的人均水资源大约2000立方米每年，相当于世界水平的1/4多一点，水资源是更短缺的。尤其中国这个地形决定我们国家的水资源的分布，主要集中在南方，因此历史上中国的粮食供求关系从来是南粮北运，说明我们中南部地区粮食丰收。再比如，这条大运河从杭州修到北京就是要把江浙一带的粮食运到北方去，但是从20世纪90年代以来这个格局没有改变，南方工业化推进得快，耕地占用得多，来这里就业的也多，粮食越产越少，吃饭的人越来越多，那就得靠北方往这里运。现在我们沿海一带所产的粮食在1990年以前占全国总比重14%。就北方增产，就现在看起来不错，增产势头也比较好，但最要命的问题大家都知道就是北方缺水，而粮食就是土、水、阳光的结晶，没有水怎么打得了粮？于是就很多地方不断地开采地下水，很多地下水是几亿年以前形成的，所以北方为什么沙尘暴越来越厉害和这个是有关系的。更重要的一条

城乡统筹与农村改革发展

我们必须考虑到，这样的粮食产销格局到底能持续多久？粮食是高耗水的作物，在座的都是县委书记，对农业都有一定了解，我记得有一次温总理带着我们几位部长到河北去，夏收的时候结果好几位部长就在地里争这麦子到底需要多少水。我是学农业也是搞农业的，所以我是明白的，但是我一听外行人士确实差得太远，所以我跟他们说 1 斤麦子 1000 斤水，生产 1 斤麦子 1000 斤水没有人相信的。好，我们于是就跑到地头去问那些农民，农民说，我倒没算过。但是，他就知道浇 4 遍水是要浇的。冬小麦 4 遍水 666 平方米 1 亩，你要浇出最最起码要浇 100 立方米水，浇 4 遍水 400 立方米水。那纯净水大家知道 1 立方就是 1 吨嘛，400 吨水浇下去，我们现在的小麦平均产量还不到 700 斤，你就算产 800 斤，那么就是 400 吨水下去 400 公斤麦子，1 吨水 1 公斤麦子，1 斤麦子 1000 斤水，这一点不差错。这个水平在我们现在还算不低的，但是你大水漫灌，你要改成喷灌那大概可以省水 3/4，但你改成喷灌成本上去了，但麦子可能就卖到两三块钱 1 斤，水能节约下来。所以你看这样高耗水的东西主要依靠北方来提供，我觉得不是长久之计，可能带来还有别的问题，生态问题等等。那我讲的这个事是说明什么呢？你不发展现代农业，传统的农业的办法最后肯定我们一步一步走到粮食生产越来越困难，而且坦率地说一句实在话，我们现在这样的生活水平，当然很多农民生活水平还很低，但就全国而言我们现在的生活水平，我们这点水土资源保不住的。我们现在的消费量已经超出了我们农业已经能够提供的水平，所以对进口的依赖程度越来越高。刚才讲到我们 2007 年是 18.26 亿亩耕地，如果把南方的复种指数都加进去，一年播两遍播三遍都算上 23.5 亿亩。那首先一条我们得保粮食，口粮总得保住吧？保住粮食，我们现在粮食我刚才讲了 634 斤 1 亩播种面积计算，所以你要打不出 1 万亿斤粮食我们日子过不去，那 1 万亿斤粮食每亩 634 斤，你不种上 16 亿亩的粮食打不了 1 万亿斤，这几年实际上就 15.9 亿亩播种面积，那你 23.5 亿亩再去掉 16 亿亩还剩 7.5 亿亩播种面积，那别的农产品都在这上头，棉花、油料、糖料、瓜果、蔬菜所有就 7.5 亿亩，打不了这么多东西出来，生产不出这么多东西，于是就得进口。中国分量又大，一进口就是"大手笔"，国际上对你中国来国际市场上买农产品又爱又恨，爱的是你来了我就可以卖好价钱了，恨的是你中国一来把全球价格拉上去了。那这段时间来大家能感觉到从 2007 年春天开始到现在，一年半时间农产品市场波动大的一个是畜产品肉类；一个是植物油。这两个产品为什么这么大的的波动？跟我们资源不足，跟我们生产能力不足有关系，必须进口，所以国际市场在和我们定这个价。我们现在进口量最大的农产品第一是大豆。中国是大豆的故乡，现在远远被美国、巴西、阿根廷甩在后头，2007 年大概生产 1300 万吨大豆，但是 2007 年进口了 3082 万吨大豆，进口量超过我们的消费量的 2/3，所以中国的大豆制品的价格是国际市场在跟我们定。那么大家都知道豆拿进来，第一是榨油，大豆其实出油率并不高，18%、19%、20%，你 3000 万吨大豆拿进来你最多榨 600 万吨油，还有 2400 万吨是豆饼，豆饼是饲料中最重要的蛋白，所以大豆涨价，豆油涨价，豆饼涨价，饲料涨价，肉禽再涨价，你管不住啊！这个价格是从国际上拿进来的。全球 2007 年一共出口大豆 6500 多万吨，中国进了 3082 万吨，所以大豆市场是靠中国人。还没来买，价格就是低的，中国人来买豆子了，马上价格上来，你买完了它价格又掉下去了。植物油也是。我们现在一年消费的植物油 2008 年 2470 万吨，我们自己只能产 1000 万吨植物油，那么刚才讲进口大豆榨了 600 万吨，1600 万吨还不够，所以 2007 年进口植物油 838 万吨，所以你看你消耗将近 2500 万吨植物油，你自己只能产 1500 万吨，那这个价格当然也是国际市场给你定了。于是有人就说，那你们不会协调结构吗？多生产点大豆，多生产点油料，当然可以吗，是吧！但问题是就这么多地，23.5 亿亩，你种了这个就挤了那个。按我们现在生产水平，3000 万吨大豆如果不进口，自己生产，至少需要 2.5 亿亩播种面积，830 万吨多植物油自己生产，油料占地面积至少 1.8 亿亩，这两项就 4.3 亿亩地，你说你挤什么？挤粮食？那粮食就要进口，粮食进口可能带来的问题就更大。所以，目前这个局面、这个态势我们一定要看清楚。而且我们还进口棉花，我们 2007 年进口棉花 246 万吨，正常年景就是 300 万吨棉花 6000 万担，6000 万担皮棉。如果 1 亩 1 担的话那你种出来就 6000 万亩地。所以，我们现在保住的这个生活状态至少在境外用了人家 5 亿亩以上的播种面积。那么，地在人家手里，产品在人家手里，

城乡统筹与农村改革发展

所以《决定》为什么要提出"居安思危"，我们必须很清醒认识到我们现在的农业资源和生产水平只能保障最基本的农产品，就是主要是粮食。随着生活水平提高这些缺口会越来越大，而且我刚才讲的是种植业方面。其实我们农产品进口和作物进口，比如说重要的战略性物资橡胶，现在天然橡胶至少一年消耗量 230 万吨、232 万吨，我们自己只能产 50 多万吨，大多是进口；羊毛，我们自己产的羊毛真正好的面料子制不出来，羊毛的 80% 是进口的；木材，大家都知道我们林木业覆盖率比较低，蓄积量也比较低，现在又在加大保护，每年现在进口原木和锯材将近 4000 万吨。实际上，目前国内的木材消费已经 40% 依靠进口，我们用的纸张，好的纸大家都知道上等木浆是木头打的浆，木浆 75% 依赖进口。所以，你看世界绿色和平组织一天到晚在围攻我们，说你现在知道保护自己生态环境，你不砍树了你就跑出来砍，砍我们现在的树。这个压力也是会越来越大，一方面价格越来越高，一方面舆论压力会越来越大。所以，中国是个人均资源稀缺的国家，如果不尽快采取现代农业技术手段，我们农产品供求是会出问题的，所以中央一再教导一定要"居安思危"，同时提出要把走中国特色社会主义现代化道路作为基本方向，我觉得已经切中了现在的状况。

重点提示

所以，中国是个人均资源稀缺的国家，如果不尽快采取现代农业技术手段，我们农产品供求是会出问题的，所以中央一再教导一定要"居安思危"，同时提出要把走中国特色社会主义现代化道路作为基本方向，我觉得已经切中了现在的状况。

那么第三句话就是统筹城乡，要把形成城乡社会经济发展一体化新格局作为根本要求，我想这个要求是个非常高的要求，而且也是中国改革中最大、最难攻克的一大堡垒。改革尽管 30 年了，但是基本是城市改城市的，乡村改乡村的，还没有真正捅破城乡二元结构这层窗户纸，但如果真要能把这层东西捅破，真正实现城乡经济一体化发展格局，那中国经济增长的潜力主要就蕴藏在这里。为什么这么说？《决定》里也讲到，讲到一条很重要的，如果我们能够在城乡统筹发展上取得重大突破，下一步的改革那会给农村经济注入新的活力，对整个经济带来动力这样一个效果。为什么呢？下一步的经济增长全世界都看好的，经济学家们分析，21 世纪经济增长靠什么？从大的方面来说靠两个：第一个靠欧美的高新技术和资本市场；第二个就是靠亚洲的城市化。欧美的城市化水平都相当高，亚洲总体是低的，最低的是中国和印度。到 2009 年 6 月 17 日世界总人口已经超过 67 亿人，这 67 亿人中 30 亿人以上在亚洲，其中中国 13 亿多人，印度 12 亿人，中印两国加起来是 25 亿人，而这两个国家的城市化水平很低，所以你想数亿人在今后一段时间内的城镇化带来的投资空间和市场空间是巨大不可想象的。咱们别的不说，进了城的这两亿多农民你要给他们每人一间房子你说要搞多少房地产，房地产一带起来，钢铁、水泥工业全部上来，房子有了他总得买家具买家电，所以今后几十年内咱们的城镇化进程，如果真能做到城乡统筹发展，顺利地推进城镇化，那中国的经济社会有不竭的动力，一定要看到这个。它不仅是社会公平公正的问题，城乡统筹发展当然要追求社会公平公正，但另一方面它是一个巨大的动力。所以，中央明确地提出为什么要把这三句话作为下一步改革的基本思路，我觉得是非常符合中国实际，不仅要解决农村问题，而是要解决整体中国的改革和发展方向。以前写过农业农村的文件和决定不少，我想大家都了解。30 年来中央为农村改革发展召开的全会或是全会作为主要议题或是全会作出这方面的《决定》的有五次：第一次 1978 年党的十一届三中全会，这次全会的成果就是通过了《中共中央关于加强农业发展若干问题的决定》。但是，这个《决定》在 1978 年通过时是叫原则通过，因为有很多重大问题认识不一致，所以原则通过。到了 1979 年 9 月中央召开十一届四中全会才正式通过。1991 年 11 月中央召开十三届八中全会，作了《中共中央关于进一步加强农业和农村工作的决定》。那个《决定》我刚才讲了，提出了基本经济制度问题。到了

1998 年的 10 月中央召开十五届三中全会，作了《中共中央关于农村和农村工作若干重大问题的决定》，明确了农村改革的市场趋向。第五次就是这次。那么，大家知道还有十个中共中央文件，其实基本上每一年中共中央、国务院都有关于农业农村的文件，有的没叫"1 号"，"2 号"、"3 号"、"5 号"很多，一共有五十多个中共中央、国务院对农业农村问题发的文件。但是，就这次《决定》的文件里头有独特的部分，有两个很独特的部分：有一半是专门写了农村改革发展对于全局的巨大贡献，这个以前没有这么写；第二个写到了继续推进农村发展对全局的重大意义。所以，我为什么这么提呢？这个《决定》里头都有。我提出这一点是想特别强调一下，就是下一步农村改革的基本思路三句话，把建设社会主义新农村作为战略任务，把走中国特色社会主义农业道路作为基本方向，把形成城乡经济发展一体化格局作为基本要求。这不是仅仅对农业农村提而是对全党提的，否则实现不了这些目标，所以这是我想讲的总体思路。战略布局，我想大家都在手里，都看了，都很清楚，六个大部分。六个部分中的第一、第二大部分我们叫总论或者简单地说叫回顾或展望。第一部分主要是总结，总结成就，总结经验，分析形势。第二部分就是指导思想、目标任务、重要原则，所以第一、第二部分我们叫"总论"。第二大板块就是三、四、五部分。三、四、五这三部分是中央提出的农村下一步改革发展的重要任务。那么，第三大块就是第六部分是关于党的建设，这是政治保障问题。其实，战略布局重要的工作安排就是中间这三块，就是三、四、五部分。第三部分讲制度建设，第四部分讲现代农业，第五部分讲农村社会发展。这三大块合在一起当然要展开讲，比如三大块一共 21 条，制度建设六条，现代农业建设七条，社会事业发展八条，再加上党的建设还有五条，一共 26 条。你要一分解的话，最近中共中央办公厅、国务院办公厅已经正式把这个《决定》内容分解为 99 条发给各个部委去按照《决定》的要求制定落实的政策措施，所以这 26 条至少可以分为 99 条。这 99 条里头我自己看完了再可以进一步细化 200 条都不成问题。所以讲，这里面具体问题极为丰富，也没有办法从头一条一条地讲过来。但是，我觉得，对于这个战略布局里头这三大任务，深化改革创新加强制度建设，走中国特色农业现代化道路，提高农业种植生产能力，加强农村公共服务，促进农村全面发展，这三大任务就是中央对后 20 年中国农村改革战略布局工作安排。这其中有几个问题我想点一下，简单说说，尤其是关于制度建设。这次关于制度建设明确地提到了基本经济制度和农村土地制度。我想对这两个制度谈一点认识：因为，很重要的一条就是全社会对于这个事都很关注，尤其是在全会召开前，各个方面的猜测也不少，又有一些猜测又有一些误解，在媒体上也造成了一些误导。我觉得对农村的制度建设这是最根本的一个东西，我想对《决定》的理解谈点自己的看法。基本经济制度在《决定》中讲得非常清楚，这个基本经济制度是《宪法》规定。《宪法》里面大家看"总纲"里讲得很清楚，农村集体经济组织实行家庭承包经营为基础、统分结合的双层经营体制，这句话是《宪法》上的话。《决定》里强调的是什么呢？这个基本经济制度是党在农村政策的基石，动摇了这个基本制度就动摇我党在农村的基石，所以《决定》里讲非常重要地很明确地提出来毫不动摇地坚持。这个《决定》好像什么也没说，以前是这样现在也是这样，大家一定要注意这里头用了一句叫什么呢？"赋予农民更充分而有保障的土地承包经营权，现有土地承包关系要保持稳定并长久不变"。"长久不变"是这次提的，也是这次关于经济制度的表述的一大亮点。在座的各位都清楚我们的农村土地承包制度，从确立到明确有个承包期，第一个文件是 1984 年 1 号文件。中共中央 1984 年 1 号文件第一次提出耕地的承包期不应短于 15 年，那么后来农民就立了个 15 年不变，后来呢？到 1993 年中共中央 11 号文件，因为很多地区农村承包地是最早的，1978 年就开始了，而且 1979 年、1980 年陆续地包了。所以，中央当时考虑 15 年的期限快到了，因此 1993 年 11 号文件明确提出 15 年到期后再延长 30 年不变，这样就有了个 30 年。那么第二轮承包的时候就出现了个问题，造成了农民的不稳定，于是在 1998 年党的十五届三中全会通过《中共中央关于农业和农村工作若干重大问题的决定》的时候，在这个《决定》里讲到尽快制定法律赋予农民长期而有保障的土地使用权。在 1998 年 10 月，全国人大常委会决定从 1999 年开始全国人大组成专门班子研究起草《中华人民共和国农村土地承包法》，2002 年 8 月 29 日全国人

城乡统筹与农村改革发展

大常委会通过，2003年3月1日起实行《土地承包法》。这个《土地承包法》也讲得很清楚，30年不变。那么，在我们国家31个省、自治区、直辖市只有一个省是特别的，在1993年11号文件规定30年不变，贵州省自己通过法案，因为贵州确实土地更少些，所以贵州省1994年就开始规定，贵州省农村承包期有50年，那么等到《承包法》出来的时候它已经执行了，所以全国人大常委会就认可了。贵州是50年，其他省、自治区、直辖市都是30年。30年现在是上了法律了，但是农民对于这个事情一直不踏实，因为我们确实变来变去变得也多，变得农民也不大相信。所以，1998年党的十五届三中全会召开前夕，江泽民总书记赶到安徽凤阳小岗村跟农民就讲这件事情。农民就问这个承包期会不会变，到底给多长时间？当时江总书记在那儿讲，他说30年不变，30年之后更没有必要变，也就是永远不变的意思。在1998年6月30日在安徽小岗村讲完之后，报道的时候新华社、《人民日报》没有敢用最后那句话"永远不变的意思"，没敢用，就怕引起误解。但是，到了2004年、2005年两次全国人民代表大会闭幕以后，温家宝总理举行的记者招待会上他两次都把这话讲了，就是江总书记在小岗村讲的30年不变，30年之后更没有必要变，也就是永远不变的意思。那么，这个表述经过反反复复10年，表述在这个《决定》里就是长久不变。当然，这个在法律上怎么具体表述，由立法机关去考虑。但是，应该说，可以叫农民吃上一颗"长效定心丸"。长久不变，这是其中的一大亮点。那么，在经营制度上第二个大的亮点，大家再往下看，就是要实现两个转变。家庭经营要向采用先进生产技术和手段转变，一个是土地承包关系是长久不变，在这个要家庭经营向采用更多先进生产技术手段方面去转变，那这个当然需要党和政府去制定相应的农业措施，支持农民、帮助农民、培养农民、提高农民才能做到这一点；第二个转变我觉得意义更重大，讲到统一经营要向多层次多种形式的经营性服务转变。这句话就我个人来看，含义是非常深刻的。因为，我们过去一讲经济制度有两句话：家庭承包经营为基础、统筹经营的双层经营体制。那么就是"统"和"分"。于是不断有人提，什么时候统？这是第一。第二，现在"统"得怎么样？但是，什么叫"统"？一直没有讲清楚，一直很多人认为"统"就是村里出面就叫"统"，村里给提供的才叫"统"。那么，这次的《决定》我觉得讲清楚了，村里有条件提供，这种"统"好的；但是，如果村里办不到，那还有别的农民自己的合作组织也是"统"，农业产业化龙头组织、企业提供的服务也是"统"，社会化服务组织提供的服务也是"统"，超越家庭的在这个层面上能解决一家一户办不了、解决不了的事情也都是"统"。我觉得这是思想上的关键性的一个非常大的转变，要不就老吊死在这棵树上。不一定村里"统"才是"统"，村里要是没有力量怎么办呢？坦率说，我们很多地方是有条件的，像上海、江浙这一带有条件。很多村其实过去所谓集体就是把农民的地拿过来就叫集体，现在一包地又回去了，就没有集体了，没什么经济了，那你非要叫他服务，他怎么服务得了呢？其实，这个句子里讲了五大主体都可以提供"统"的服务，乡村经济集体组织、政府的专业服务部门、农民的合作组织、农业社会化服务体系、产业化经营中龙头企业。这五大主体都能给农民提供超越家庭一家一户办不好的事情，所以我觉得这次这个《决定》就把"统"和"分"的事情讲清楚了。所以，你讲农村经济基本制度，《决定》讲了什么？我觉得就是这两句话：一个"长久不变"，一个"两个转变"。但是，它一定要放在基本经济制度毫不动摇、长期坚持这个前提下，这是讲这个经济制度。那么，土地制度是大家关心得最多的，外界议论也最多，一开头说这个三中全会可能要讨论中国土地的私有化问题，要讨论中国土地的自由买卖问题。我知道，有些这种议论从境外传过来，他们确实对我们这个制度不了解，因为土地所有制是我们《宪法》规定的，那么大家看《宪法》"总纲"第十条讲土地所有制，那里讲得清清楚楚，城市的土地属于国家所有；农村土地除法律另有规定的以外属于农民集体所有。那么，党的活动是要在法律规定的范围内活动，你要说《宪法》不改，开个全会就是搞土地私有制，是根本不可能的事情。所以毫无疑问是不存在这个事情的。那么也有同志说，这次土地制度里最亮的亮点是什么？我到现在看到有些媒体还在说这次土地制度里最大的亮点是土地流转，我觉得是很大的误解。这次的土地制度里头最大的亮点讲清楚的是两个最严格的制度。在建立严格的农村土地制度这里面有一个制度我们大家都熟悉，中国要实行最严格的耕地保护制度，这个《决定》里重申了。最严格的耕地保护制度的目的就是守住 18 亿亩耕地，这个话大家都熟悉。但是，这个《决定》里还有一句是新的：实行最严格的节约用地制度，从严控制城乡用地规模。这个提法是新的，它意思是这样。那么，我理解的是什么意思呢？其实它讲了第一层意思我们大家都理解了，就是你随便占用耕地搞建设是绝对不可以的，违法的。但是，针对当前情况我不占耕地我通过其他办法来增加建设用地行不行？这个《决定》讲，不行！总的建设规模必须掌控在供给指标中。国家已经提供了一年就是这么多指标，我们正常年景下一年 400 万亩用地全国批准，其中 280 万亩为耕地农地转为非农地转过来。我知道现在有些地方就想尽一切办法，我不占耕地但是我想别的办法来增加建设用地突破你这个 400 万亩。具体的我想各个地方都有，我昨天跟上海郊区的几位负责同志也说过。你比如说，很简单的现在有一个

重点提示

那么也有同志说，这次土地制度里最亮的亮点是什么？我到现在看到有些媒体还在说这次土地制度里最大的亮点是土地流转，我觉得是很大的误解。这次的土地制度里头最大的亮点讲清楚的是两个最严格的制度。在建立严格的农村土地制度这个里面有一个制度我们大家都熟悉，中国要实行最严格的耕地保护制度，这个《决定》里重申了。最严格的耕地保护制度的目的就是守住 18 亿亩耕地，这个话大家都熟悉。但是，这个《决定》里还有一句是新的：实行最严格的节约用地制度，从严控制城乡用地规模。这个提法是新的，它意思是这样。那么，我理解的是什么意思呢？其实它讲了第一层意思我们大家都理解了，就是你随便占用耕地搞建设是绝对不可以的，违法的。但是，针对当前情况我不占耕地我通过其他办法来增加建设用地行不行？这个《决定》讲，不行！总的建设规模必须掌控在供给指标中。

说法，宅基地整理指标进入建设用地行不行？还有宅基地换社保，跟什么换什么的这类。我声明一条，如果你这个做法是经过国务院有关部门批准的试点单位那么你可以，如果不是试点单位，那不行。为什么呢？你比如说宅基地，有些地方几个村子一整理让农民住楼房，耕地面积省下来了，土地面积省下来了，那么我省出来的土地可不可以作为自己的建设用地呢？按照现在的法律规定不可以。那么大家就看《中华人民共和国土地管理法实施条例》第十八条规定得很清楚，通过整理新增加的耕地，它的60%可以用做占用农田搞建设补充耕地的指标。说白了什么意思？比如说，我这个280万亩，因为大家知道我们国家实行土地动态平衡制度，每年占用280万亩耕地你就得补上280万亩耕地，谁用耕地谁负责补，补你就要造田，上哪里造去？现在用地越来越紧张，那么实际村庄整理节约出来的土地，如果节约了100亩那其中60亩可以定作指标，这个《土地管理法实施条例》第十八条规定得非常清楚。我们现在误解就以为，我村庄节约下来的土地我就可以拿来直接作为自己的建设用地。建设用地的指标是国家分配的，你这么做，这条肯定是不行的！那么，第二条你即使节约了这个建设用地，节约了村庄整理出来的土地，它仍然是农民的集体所有土地，你要把它变成城市建设用地那是国有的，所以土地的转性是必需的，你没有办这个手续是转不过去的，将来会存在法律上的漏洞。那么，第三就是最重要的，我是觉得像这种行为按照正常的发展它在大城市郊区已经在城市规划线的红线之内了，迟早要变成城市的，将来避免出来城中村，我觉得这么做还有点道理。当然，你要申报要批准，但是你要在传统的农区你要这么弄，我觉得后患无穷。我想大家不少同志都出国考察过人家农业、农村和城市，你至少可以看到一条，全世界没有一个国家说是要农民住公寓楼的。住公寓楼他怎么当农民？除非他以后不当农民了，那可以。我刚才说的规划区内可以，凡是当农民他没有院子是当不了农民的，他的农具、畜禽、农产品都放到哪里去？所以现在有一个论调就是我们农民、农村人均占用的建设面积比城市的大，因此开始折腾农村，要让农民上楼房，完了把地省出来拿给城里用，我觉得这个论调太似是而非了。你到全世界去看，没有说农民住在公寓楼里面当农民的。正因为他要当农民，他要有院子，要堆放农具，堆放杂物，堆放农产品，所以全世界农民的占地面积肯定都比城里人大。但是，要他不当农民，脱产是非常容易的，所以这件事情我觉得大家一定要认真看。对于宅基地和村庄整理之后节约出来的土地怎么用？这个《决定》里写得最细的是这个环节，为什么写得非常清楚？整理宅基地和村庄节约出来的土地，首先必须复垦为耕地，如果要转用为建设用地，必须符合规划，并纳入当年建设用地指标，并优先用于集体建设，这个写得非常清楚。所以，如果你不是试点，我觉得就不能做这种事情，它不合法。那么而且还要往前讲一步，很重要的就是，有很多同志问，为什么非要管得这么严？保护耕地的意义我们都不去说它了，你就想一想为什么国家每年批的指标就这么多？除了保护耕地之外很重要的它是个宏观经济的调控，所以这些年国家一直是土地供给量宏观调控的闸门。学经济的同志都知道，全世界什么叫宏观调控？就四大指标。你知道，中央政府要管的：第一投资，第二价格，第三就业，第四外贸。这四大指标的调整叫宏观调控。那么，土地是投资的载体，没有地你上哪里投资？所以我们每年供给多少土地用于建设，实际上决定了整个投资。银行的贷款、财政的建设资金以及那些可以弄到，最具体就是你有这么大的建设盘子，所以，你要有这么大的钢铁产业、水泥产业、建材行业。突破这个盘子那肯定是压不下来，连钢铁、水泥这些高污染、高能耗的产业都压不下来。坦率地说，这些年我们大大突破了这个盘子。突破盘子就采取各种手段，往里增加供地，因此你要想压高耗能、高污染的产业压不下去，它有那么大的

重点提示

对于宅基地和村庄整理之后节约出来的土地怎么用？这个《决定》里写得是最细的是这个环节，为什么写得非常清楚？整理宅基地和村庄节约出来的土地，首先必须复垦为耕地，如果要转用为建设用地，必须符合规划，并纳入当年建设用地指标，并优先用于集体建设，这个写得非常清楚。所以，如果你不是试点，我觉得就不能做这种事情，它不合法。那么而且还要往前讲一步，很重要的就是，有很多同志问，为什么非要管得这么严？保护耕地的意义我们都不去说它了，你就想一想为什么国家每年批的指标就这么多？除了保护耕地之外很重要的它是个宏观经济的调控，所以这些年国家一直是土地供给量宏观调控的闸门。

《决定》中非常重要的要理解，在农村征地制度管理方面特别强调两个"最严格"的制度。在过去，很多同志都感觉到，占用耕地突破指标是不行的。现在，这个《决定》很明确地告诉你，不占用耕地，随意增加建设用地指标也是不行的。第二点呢？这个制度对流转问题讲到了，而且对如何更规范地流转农村的土地、承包经营权有了更明确的要求。但是，一定要理解，流转制度、农村承包土地经营权的流转制度，它是和建立这个家庭承包责任制度伴生的，从来就是这么规定的。

需求。再有就是，这些你投资你供了地，建筑物起来了，它是要被人利用的，要住人的。所以，你这样完了这个之后，之所以要有个空子，我批出这么大的盘子，其实这边是配套的。道路、供电、供水，上下水、煤气、公交整个这一块和每年的建筑盘子是配在一起的。你这个要一突破，后头就没反应。所以我说，征地制度是一定要改革，改革什么呢？你如果说400万亩，我不够讲出理由拿500万亩，但不能说是定这么大的盘子不照着做，自由突破，那这个后果是很严重的。所以，《决定》中非常重要的要理解，在农村征地制度管理方面特别强调两个"最严格"的制度。在过去，很多同志都感觉到，占用耕地突破指标是不行的。现在，这个《决定》很明确地告诉你，不占用耕地，随意增加建设用地指标也是不行的。第二点呢？这个制度对流转问题讲到了，而且对如何更规范地流转农村的土地、承包经营权有了更明确的要求。但是，一定要理解，流转制度、农村承包土地经营权的流转制度，它是和建立这个家庭承包责任制度伴生的，从来就是这么规定的。大家可以看1984年1号文件。我刚才讲的，1984年1号文件是第一次提出15年，延长到15年，但是上面讲了延长到15年，连着下来就讲，鼓励耕地向种田能手集中。对那些承包了集体土地，由于无力耕种和转营他业的农民可以把地交还给队里头，让队里去转包，也可以自找对象，自谈条件转让。1984年1号文件就有规定，1993年那个文件提到30年那个文件，我看大家也都知道，刚才讲到的，咱们现在都熟悉的土地流转要依法、自愿、有偿。这个原则就是1993年11号文件提出的。所以，你去看中央每一个文件都是必然要讲到稳定承包。稳定土地承包关系，它就一定会讲依法、自愿、有偿基础上的流转，从来都是配套的。那么，《土地承包法》大家更可以看，《土地承包法》第五节条款是讲土地流转的，就是这次《决定》里提到的五种流转方式：转包、出

城乡统筹与农村改革发展

租、互换、转让和股份合作。这五种形式在《土地承包法》里都有非常明确的规定。所以，有人说这次的《决定》允许农民土地流转了，这是极大的误解，二十多年来，土地一直可以流转，但是流转必须是农民依法、自愿、有偿的。所以，这次《决定》讲了对于流转问题，我觉得至少讲了更明确的有三点：第一点因为土地承包期要延长，长久不变；还是允许它流转，当然得让它流转，所以你就必须把基础工作做好。那做什么工作呢？《决定》里讲的，要确权、登记、颁证。以后日子长了所以你要把基础工作做好。为什么咱们城里老百姓买了个房子你不给他证他不踏实？农民这个土地承包期延长了也是这样。第一，要做好确权、登记、颁证。第二，要强调要对土地流转加强服务和管理。我们过去的农村土地承包合同的主管部门主要是管合同，调解纠纷。但现在就要给农民提供土地流转方面的管理和服务。要不我知道我想流转给谁啊，外头人想要地，地在哪里啊？你得给他一个平台，给他提供这种服务，帮助他加强这种管理。第三个呢，就是重申了流转，农民土地承包，承包经营权流转必须遵循的原则，那《决定》里讲了"三个不得"：农村土地承包经营权流转，不得改变土地的集体所有性质；不得改变土地的用途；不得损害承包农户的权益。这"三个不得"，我觉得把这个流转讲得很清楚了。那么，这次的土地管理制度中还有第三个大的问题，就是关于城市建设用地和征地制度。当然，这里提出的原则得是清楚的，下一步申请用地制度和建设用地怎么改革，提了三个大的政策方向：第一个由于我们现在《宪法》规定得很清楚，城市土地是属于国家所有，所以只要是列入城市规划圈，那么这起需要建设的土地按现行的法律都得继续向农民征用。但是，提了一个重大原则，即同地同价的原则。在城市规划圈内征用土地，同地同价。这是一大原则。第二大原则，城市规划圈外，那这个《决定》已经提到了，城市规划圈外的非公益性用地，实际上写的这个意思，就是不再征收。可以不征。你在符合规划用地指标，批准指标的这个地方用地，这个土地的所有权不见得要改，农民可以用集体土地所有权参与开发和经营，那就是入股啊，出租啊，等等。当然，你要参与你就得担风险，这也是一个非常大的突破。第三个呢，就讲到了农村的经营性集体建设用地，像我们的《中华人民共和国土地管理法》那规定得很清楚的：农村的建设用地分三类：一个是宅基地；一个是乡村公益性用地。比如说，办公室啊，文化活动室啊，小学校、幼儿园等等乡村公益性用地；第三就是乡镇企业用地。那么，这里讲的集体经营性用地特指的就是乡镇企业用地。因为，这个宅基地和乡村公益性用地它肯定不是经营性的，所以特指的是乡镇企业用地。那么，在《决定》里讲了，要逐步建立城乡统一的建设用地市场，依法获得的乡村集体经营性建设用地，可以进入这个市场去公开公正地流转使用权。所以，在建设用地和征地方面实际上是对这三件事作出了一个改革的方向，但具体怎么改？这个《决定》里还讲到了。要加快完善法律法规和配套政策，规范推进农村土地制度管理改革。所以，这三个方面怎么改？我看昨天都已经见报了，很多同志都在看国土部副部长鹿心社的解释。鹿心社讲了这个细则年底会出来。明天绍史部长来，肯定会再跟大家具体讲，所以应该说，这次的土地制度中有很多新的亮点，但是它涉及非常复杂的改革，征地制度在全世界都是一个很复杂的利益关系。但有一点要讲清楚，就是说，不是只有中国才有这个征地制度，全世界有政府的地方，有公共利益的地方都有征地制度。当然，制度怎么

城乡统筹与农村改革发展

制定？所以我觉得呢，从下一步推进改革这些要求内容去看，应该说很多内容是非常丰富，而且需要我们很认真地结合当地实际去思考；同时也需要我们的立法机关、政府部门尽快地把这些东西变成细则，向前推进。其他的这个任务里头的具体内容呢，我就不展开讲了，就讲讲土地制度问题。

三　关于农村改革发展在全局的重大意义

这个问题为什么要讲一下呢？因为它涉及这么多方面的改革和发展，它必然要有一个回答，就是具不具备这样的条件？所以必须把握它。现在，全会召开制定这样一个《决定》，那么我们现在处在一种什么样的经济社会发展阶段，或者说具有什么样的阶段性特征，这个比较简单。因为，读过党的十七大报告的同志可能都理解：十七大报告对于当时我们所处的经济社会发展的阶段性特征作了八个方面的概括，那我们这个《决定》呢？因为它主要是讲农村部分嘛，对当前我们处于一个什么样的阶段性的特征作了三条概括，这个大家都很熟悉，《决定》里头也有。它提出来我们现在第一个阶段性特征就是总体上已经进入以工促农、以城带乡的这个发展阶段。那就是说，我们在总体上制定大的方针政策的时候，你必须考虑我们现在所处的这样一个背景下，以工促农，以城带乡，要多向农业农村建设倾斜，这条是最基本的。那么第二个呢？就讲到我们现在是处在进入加快改造传统农业走中国特色现代化道路的关键时刻。我刚才也讲到了，你不加快改造传统农业，走中国特色农业现代化道路可能要出问题的，我们这样的资源、这样的生产手段保不了供给的话，要出大问题的。不仅是农民增产增收，很重要的从全局来讲意义重大。那么，第三个就讲到我们现在已经进入着力改变城乡二元结构，形成经济发展新格局的重要时刻。这个前头都讲过，但是我想把这三个东西看做是我们目前所处的阶段，从这个角度你就可以理解，更深刻地去理解中央为什么要采取这样的方针、政策、措施。所以，一方面对我们当前所处的这个阶段性特征的分析实际对当前我们处于一个什么样的阶段性的特征作了三条概括，这个大家都很熟悉，《决定》里头也有。它提出来我们现在第一个阶段性特征就是总体上已经进入以工促农、以城带乡的这个发展阶段。那就是说，我们在总体上制定大的方针政策的时候，你必须考虑我们现在所处的这样一个背景下，以工促农，以城带乡，要多向农业农村建设倾斜，这条是最基本的。那么第二个呢？就讲到我们现在是处在进入加快改造传统农业走中国特色现代化道路的关键时刻。我刚才也讲到了，你不加快改造传统农业，走中国特色农业现代化道路可能要出问题的，我们这样的资源、这样的生产手段保不了供给的话，要出大问题的。不仅是农民增产增收，很重要的从全局来讲意义重大。那么，第三个就讲到我们现在已经进入着力改变城乡二元结构，形成经济发展新格局的重要时刻。这个前头都讲过，但是我想把这三个东西看做是我们目前所处的阶段，从这个角度你就可以理解，更深刻地去理解中央为什么要采取这样的方针、政策、措施。所以，一方面对我们当前所处的这个阶段性特征的分析实际上是既认识到我们现在具备条件做的事情，同时也要意识到要实现这些目标，时间上应该说是非常紧迫的。刚才说的现代农业这件事情，你启动晚了，那问题就将会越来越大。

上是既认识到我们现在具备条件做的事情，同时也要意识到要实现这些目标，时间上应该说是非常紧迫的。刚才说的现代农业这件事情，你启动晚了，那问题就将会越来越大。我是因为当年自己下乡种过地，我印象很深。我从上海下乡到黑龙江，在黑龙江兵团种了10年地，现在离开那时候40年了，去的时候是1968年去的，去了之后没多久，当时连长、教导员们就开始跟我们讲，农业上一大任务就是上"纲要"，过"黄河"，跨"长江"。什么概念呢？就是在座的同志们都知道，是1956年中共中央制定了《农业发展纲要》。这《农业发展纲要》里有一个指标是亩产，粮食的亩产，那么当时就提亩产是什么呢？就是黑龙江以东、黄河以北地区，粮食亩产要达到400斤，这叫《纲要》确定的指标；那么，黄河以南到长江以北中间这段地区呢？粮食亩产要达到500斤；长江以南地区要达到800斤。所以，我们在东北么，我们的《纲要》就是400斤，你要说这儿的《纲要》，上海的《纲要》就应该是800斤。所以我们那时候叫要上《纲要》你就要上400斤。争取再要增产那就是要跨"黄河"，要上500斤，过"长江"呢？就要800斤。那么这些目标呢？大家现在看基本上我们实现了。把这三个指标弄在一起，我们现在我刚才说了，亩产630斤，马马虎虎算是，但是呢？在东北有个特征，东北大豆厉害，我去的时候就知道大豆多，大豆的《纲要》是多少呢？那时候定了260斤。但是很可惜啊！到2007年我们的大豆产量亩产还是只有 210 斤。所以你看，没有科技的进步，你这个产量上不来。我刚才讲了，其实我们这一段的供求关系，农产品供求和主要农产品价格、副食品价格受大豆影响极大。我们基本上三大谷物：稻谷、小麦和玉米，基本上单位亩产量都增长了 80%—120%。就全国来讲，就这个大豆，弄死弄活到现在 210 斤。离 50 多年前提的《纲要》还差 50 斤，你说这个现代化的问题不解决，迟早是要出问题的。《决定》发下去征求意见的时候，很多同志讲，你说这个现代化，到了加快改造传统农业，走中国特色现代化道路的关键时刻，人家说这个时间应该很长。怎么是"时刻"？实际上，我觉得中央通过这个词在提醒大家一定要加快。但加快不是简单的，现代化是买也买不来的，就在这点上要下工夫。充分认识到现在是着力改变城乡二元结构，形成一体化格局的重要时期。我觉得这个刚才也讲到了，你这件事情启动得慢，就是将来的包袱。启动得快，我们可能正是应对危机、创造新局面的极佳时刻，通过突破城乡二元经济结构。就是说，读整个文件还是要跳出来要站在我们国家所处的目前这个发展阶段，从这些阶段性的特征、这个高度来认识这个问题，这个《决定》。

那么，至于说怎么更深刻地认识推动农村改革对于全局的重大意义。我刚才讲了，这个《决定》一大特色就是翻来覆去地讲，讲到农村和全局的关系，总结 30 年它对全局的重大贡献。这个大家看《决定》里头有，四大贡献：第一是改革；第二是发展；第三是社会稳定；第四是理论和体制创新。"四大贡献"，那么进一步推动改革对全局有什么重大意义？这《决定》上也讲得很清楚。首先，你要认识我们现在全局是什么？当前的全局是什么？党和国家的全局是什么？党的十六大、十七大都提得清清楚楚。当前的全局就是夺取全面建设小康社会新胜利，这是我们党和国家的全局。那么怎么去实现这个全局性的目标呢？十七大报告讲得也很清楚，四句话，大家都清楚：继续解放思想，坚持改革开放，推动科学发展，促进社会和谐。那么，这个报告里就从这四

农村改革发展的形势任务和总体思路

重点提示

那么，至于说怎么更深刻地认识推动农村改革对于全局的重大意义。我刚才讲了，这个《决定》一大特色就是翻来覆去地讲，讲到农村和全局的关系，总结 30 年它对全局的重大贡献。这个大家看《决定》里头有，四大贡献：第一是改革；第二是发展；第三是社会稳定；第四是理论和体制创新。

个方面论述。农村改革对这四句话能有多大意义？它从这个角度去论述。继续解放思想，农村是中国发展的发源之地，邓小平就讲中国的改革起始于农村。所以，农村那边是最开始解放思想，最开始取得突破，向前推进。而在这方面呢，也对整个国家的改革起到了非常大的促进作用。你比如说，有同志看到《决定》里头曾经讲到，有一句话，在回顾30年改革，农村改革对国家的贡献，在体制方面曾经用了这么句话，农村改革为建立和完善我国社会主义初级阶段的基本经济制度和社会主义市场经济体制进行了创造性探索。这是讲农村改革的贡献。我跟有些同志讨论，有些同志说可能你们评价高了，这农民有这么大的贡献？对于社会主义初级阶段基本经济制度的建立和完善，对社会主义市场经济体制的建立和完善有开创性的探索作用。我觉得这个判断是非常实事求是的。你比如说很简单，什么是社会主义初级阶段基本经济制度？这是十五大提的，基本经济制度在社会主义初级阶段就是公有制为主体，多种所有制经济共同发展。那么，多种所有制经济哪里来？在计划经济体制下怎么能长出多种所有制经济？根据马克思理论，根据我们在当时的经济发展水平，我们要一直实行的叫劳动者的分配，是消费品的分配，所以那点钱在当时也就是够温饱就没了，所以多种所有制经济哪里来？其实最开始多种所有制经济是从承包地里长出来。就是农民承包了土地，交够国家的，剩下都是我自己的。我自己的地块越长越大，我消费不了了就把它卖了，卖了就变成货币，货币就有两重功能，既可以作为一般等价物买东西消费，也可以作为投资。于是，一开始农民有了点结余就买了个小手扶拖拉机搞运输啊，买几台什么织毛衣机回家去织那个腈纶衫，再去买几个注塑机来做几个水桶啊，塑料盆啊，那么这就是最初的非公有制经济就这么长起来的。可能有些同志还记得，1983年中共中央1号文件，第二个1号文件，那起草过程是非常艰难，越到最后越难。我当时参加那个文件的起草，争论得不得了，争论个什么呢？那就是出来雇工啊，出了雇工问题，1982年年底，于是有一些大理论家、老领导说：早就说你们农村改革方向不对，姓"社"姓"资"都没有讨论好你们就弄，你看现在就出了雇工了吧，出了雇工就说明要走到资本主义道路上去了，走到邪路上去了。那争得不得了，马上要开会了，这文件定不下来，最后还有当时中央书记处的领导也去了，把这个会议争论的意见，去报告薄老。薄老听了以后说，那怎么办？就定不下来。1982年年底，他亲自去请示邓小平！到了邓小平那儿很快回来。邓小平非常痛快，听了以后说，争论很厉害，不同意是吗？不同意再看看嘛，看三年再说。就是这个文件不用写，就是因为雇工这事行还是不行，就不写了。你说看了三年，到了1985年什么事都没了。所以从这件事来讲，农村的改革对于我们国家社会主义初级阶段基本经济制度的形成是有极大贡献的。所以不要小看农村改革。第一句话就是，继续解放思想。《决定》里讲必须抓住农村改革这个关键。很多事情要解放思想。那么讲到坚持改革开放，已经讲了如果我们在城乡统筹问题上在这轮改革中确实能迈出大步伐，那不仅可以解决好"三农"问题，而且为整个中国经济的大踏步地向前发展，长时间的稳定的发展提供极大的动力，促进科学和谐。那我觉得处理好这个问题关系大了，因为科学发展观，大家都知道，第一次提出科学发展观是2003年党的十六届三中全会制定《中共中央关于完善社会主义市场经济体制若干问题的决定》，那里头关于科学发展观的表述是什么？是树立以人为本，坚持以人为本，全面协调可持续的发展观。那么现在我觉得从总体上讲，我们的发展最大的问题在哪里呢？就是不协调，就是简单地把增长看做发展。可能同志们看过有个专家写的一本著作，名字就叫《没有发展的增长》，比如形容非洲，国内生产总值是有的，草原开垦了都变荒漠，森林砍了都变荒漠。你说最后国内生产总值都出来了，那是增长还是发展？所以增长第一你看它是否全面，是否协调，是否可持续；第二要看它还有个分配问题，增长的结果如果不能共享，带来的后果也是不堪设想。所以有些问题啊，我是一直讲，因为我是搞农业的，在座的各位同志都是在一个地方搞全局的，我坦率说句话，也许因为搞农业的缘故，我经常到一些地方说你这儿到底是不是科学发展我不用多看，关键是看农村。因为，农村差距最大嘛！如果所有人都只干"锦上添花"的事，不干"雪中送炭"的事，那农村什么时候能够发展得起来？什么时候才能有科学发展？在座的同志我想在一个县里都是掌管全局，怎么看待这些问题，我觉得大家都比较重视国内生产总值增长的，重视财政收入这一块，这是必要的，没有这样的增长，发展是没有基础的。但如果过度看重或者是片面看重了，那我坦率说句话，只看重国内生产总值增长、只看重财政收入增长的人不会重视农业的。因为农业增长率才多高，你一定"我们这个县明年国内生产总值增长15%—17%"，农业能给你增长5%就算是好的。因为农业的一大特点就是我们"老祖宗"马克思讲的，农业这个问题最大的特点就是经济在增长了，自然也增长了，交织在一起。它跟工业不一样，有投资，有项目，一投进去明年就能翻一番，农业呢？大家都知道我们"老祖宗"讲的话，拔苗助长，适得其反。因为它是有生命的，农业中的一个最大特点就是农业的劳动对象是活的。从庄稼到畜禽到水产到果蔬，没有一个是没生命的。它跟工业跟别的什么，跟生产汽车、生产电脑完全不同，那么正因为它是活的这一条，那引出了很多问题。但今天我就讲一条，你搞农业一定要等它这个生命周期完成才能有收获。你像现在，我们北方，小麦都已经种下去了，10月底，冬小麦就要种下去，那你要明年6月1号以后你才能收割啊，那才夏粮上市啊。你说春节想吃，那没东西。所以这8个月你得等它长够，那么别的作物都是一样，所谓春华秋实，你总得等它有了结果你才能有你的收获。这是自然规律，生命规律在其中，这事已经超出我们主观意识了。当然，我们科学家努力培育新品种，有可能缩短它这个生命周期，其实大家已经看到很多东西很了不起了，你比如说我们的肉鸡，从出壳到上市，6周就可以，42天就可以。我们的猪现在饲养的一般20天左右可以断奶，从断奶到育成，杀完之后胴体重，去头，去皮，去内脏，这两大片猪肉加在一起90公斤，标准的，100天就可以。那大家都知道，过去农村农民家里养猪，那都是开春的时候，正月十五过完，开春前到集市上去抱一个猪娃娃回来，养要养到什么时候，要养到腊月里，要过年了才要杀它，一年才养一头猪，那现在你说4个月没有问题，这都是技术进步的结果。但是那你也得等啊，也许可能技术进步了，那鸡能不能将来40天就行了，38天我觉得还有可能，但是它不可能4天你就想吃，那这个事你肯定是吃不到嘴里的。你说你这个猪一断奶你就想吃，那你只能吃像广东人的烤乳猪，所以你就得等它。它就是个生命活动规律，人得尊重这个规律。所以，正是因为这个特点，农业的增长率跟工商业不同，它只能是

3%—5%的增长率是很好的增长率，但是如果你只看重国内生产总值，那你就觉得特没意思，我费了很大的精力，最后你给我来个5%，我全县目标是15%啊，你拖我后腿啊。那要讲财政收入就更不用说了。我刚刚讲了农业都免税了，农民种地是不交税的，所以你给他多少投资，花了多少精力，农民腰包能鼓起来，你财政上没钱。所以，我从这个角度去讲，不知道大家爱听不爱听，让我说就是，不树立科学发展观，农业、农村、农民问题搞不好，而且倒过头去也是，你要看你这个当地的农业、农村，当地的"三农"工作，就能看出来是否贯彻落实科学发展观。至于说到第四句话就是对全局的贡献就是促进社会和谐嘛，那我们看现在最大的不和谐其实就是城乡之间差距在扩大，因此应该着力做好"三农"工作，像总书记要求的那样，翻来覆去讲了多少遍，要把解决好"三农"工作作为全党工作的重中之重。所以我觉得这个《决定》应该看到这一点，它是站在我们这个时代的高度，站在全局的高度，站在2020年确保国家全面建设小康社会的这个宏伟蓝图能实现的这个高度来研究分析当前"三农"的形势，来提出"三农"工作的指导思想和目标任务、战略布局的。一定要有这样一个认识，否则看了半天就没有看到多少实的东西。所以我觉得你一定要通过这个文件的学习来加深对党的十七大思想路线的认识，这样才能从全局的角度去认识这个文件，反过头来又从全局的高度来抓好"三农"工作。占用大家这么多时间谈这么点认识，供大家参考。也不一定对，谢谢大家！

重点提示

不树立科学发展观，农业、农村、农民问题搞不好，而且倒过头去也是，你要看你这个当地的农业、农村，当地的"三农"工作，就能看出来是否贯彻落实科学发展观。

全国县委书记培训班

2008年11月15日

加快**农村经济**
社会全面发展
—— 中国农村改革 30 年回顾与展望

李炳坤

讲座时间： 2008 年 10 月 24 日

作者简历： 李炳坤，男，（1951—2009）。1969 年到黑龙江生产建设兵团工作，1971 年 3 月加入中国共产党。1977 年毕业于复旦大学政治经济学系，后分配到农林部五七干校任理论教员。1978 年 8 月后到农林部办公厅综合处、农牧渔业部政策研究室工作，先后任副处长、处长、副局级研究员。1986 年至 1987 年在江苏省无锡县挂职锻炼，任副县长。1989 年调入国务院研究室，历任农村经济组副组长、组长，农村经济研究司司长，2004 年 8 月任国务院研究室副主任、党组成员。2009 年 7 月 24 日，李炳坤同志因病医治无效在北京逝世，享年 58 岁。对他毕生致力于"三农"政策的研究和探索，表示深深敬意和无尽追思！

内容提要： 授课人以农村改革 30 年回顾与展望为题，充分肯定和评价了农村改革开放 30 年取得的伟大成就，指出如何正确认识当前农业和农村经济形势，并就统筹城乡发展、加快推进城乡社会发展一体化新格局提出应当明确统筹城乡发展这条主线，实行加快城镇化和新农村建设"双轮驱动"，推进经济、政治、文化、社会四项建设。

下午好，今天在浦东干部学院作一个发言交流，我感到非常的荣幸。今年呢，是我们国家改革开放30周年，我国的改革是从农村开始，逐步走向城市，进而在全国各个领域展开的，刚刚闭幕的党的十七届三中全会也是以农村改革为主题，全会审议通过了《中共中央关于推进农村改革发展若干重大问题的决定》（以下简称《决定》），借此机会，我想以农村改革30年回顾与展望为题，进而学习十七届三中全会精神，作为一个学习交流，谈一些比较初步的，或者说比较粗浅的认识和看法。

主要讲三个问题，第一是如何认识农村改革开放30年所取得的伟大成就；第二是如何认识当前农业农村经济形势；第三是如何加快形成城乡社会经济发展一体化新格局。

我们下面讲第一个大问题，充分肯定和评价农村改革开放30年取得的伟大成就。

我们现在说改革开放30年，严格地说，是农村改革30年，因为其他方面的改革还要稍微晚一点，全面的经济改革呢，是中央在20世纪80年代分析关于经济体制改革这样一个决定发布以后再全面推开的。那么对于农村改革开放30年来取得的成就如何概括和分析，可以从多个角度进行。在不同的专家学者那里，它可能在具体的表述上，有不同的一些说法，那么我个人认为呢，农村改革开放30年来，所取得的成就可以概括为三大改革举措、六大发展成果。

首先讲一下三大改革举措。我国30年来的农村改革开放，是以保护农民利益、尊重农民权利为基本出发点的，这个呢，在1978年12月召开的党的十一届三中全会原则通过的《中共中央关于加快农业发展若干问题的决定》中间已经明确地提出。那么，从这个基本点出发，我们在多方面展开了波澜壮阔的社会大变革，最重要的是实施了三大改革举措。

第一大改革举措，是重树农村经济微观基础。基本标志是改革开放之初就开始推进的家庭承包经营，这一项改革，是农民在实践中的一个创造，是在安徽凤阳县小岗村那个地方率先进行的，大体上到1983年前后，基本在全国普遍推进，也就是说花了五六年的时间。这个改革就是在全国农村破除了僵化的人民公社体制，普遍建立了以家庭承包经营为基础，统分结合的双层经营体制。近年来我们又将家庭承包经营机制引入林业，大范围地推进了农村集体林权制度改革。通过实行家庭承包经营明确了农民的承包经营权，使农民有了农业生产的经营自主权，产品处置权和劳动收益权，从而极大地调动了农民的生产积极性，极大地解放了农业生产力。在这个基础上，农民才有机会调整农业结构，发展多种经营，从事非农产业，才有可能外出务工经商，其中一部分农民才有机会率先走上脱贫致富道路。在这个基础上，农村各种专业户、专业村才有可能发展起来；农村各种专业合作社和规模化经营，才有可能发展起来；代表农民利益的产业化农村企业，才有可能发展起来。但是，我们也应当看到，农村独立经营制度的改革并没有完全结束，过去、现在和今后都还有一个稳定和完善的问题。这样，以适应现代农业发展和社会主义新农村建设的要求，特别是如何保护农民在土地问题上的各项权益，长久稳定土地承包经营权，健全完善双层经营体制，深入推进征地制度改革，在有条件的地区发展多种形式的适度规模经营，都需要进一步研究对策，推动和解决。这个是第一大改革举措。

第一大改革举措，是重树农村经济微观基础。基本标志是改革开放之初就开始推进的家庭承包经营，这一项改革，是农民在实践中的一个创造，是在安徽凤阳县小岗村那个地方率先进行的，大体上到1983年前后，基本在全国普遍推进，也就是说花了五六年的时间。这个改革就是在全国农村破除了僵化的人民公社体制，普遍建立了以家庭承包经营为基础，统分结合的双层经营体制。近年来我们又将家庭承包经营机制引入林业，大范围地推进了农村集体林权制度改革；通过实行家庭承包经营明确了农民的承包经营权，使农民有了农业生产的经营自主权，产品处置权和劳动收益权，从而极大地调动了农民的生产积极性，极大地解放了农业生产力。

第二大改革举措是推动农村市场化改革进程。基本标志是上个世纪80年代中期开始的农村经济的放开措施。当时，主要从两条线展开：一条线是：推进农产品体制改革，即放开农产品的价格和经营，首先从放开"两水"，即水产、水果开始，然后扩大到其他农产品。在这个过程中，也分不同的产品，而在具体做法和进展上有所不同：有的农产品放开推进得很快，而有的农产品放开的过程则持续较长，特别是粮食购销体制改革，到2004年才大体完成。到这时候，可以说基本上实现了各种农产品价格和经营的全面放开，这是一条线；另外一条线是，在所有制方面的突破。就是在坚持发展农村集体经济同时，支持和引导农村非公有制经济发展，形成农村多种经济成分共同发展的新格局，特别是乡镇企业，由原来的"两个轮子"——这"两个轮子"在人民公社时期，就叫做社办，大队办；那么在破除人民公社体制之后，改称为乡镇企业，那么就是"四个轮子"，但是在乡办、村办基础上加上了个体办和联户办，使乡镇企业在国民经济快速发展中异军突起，成为一支举世瞩目的重要经济力量。邓小平曾经对于乡镇企业的崛起给予了高度的评价。通过推动市场化改革进程，奠定了资源由市场配置的新机制，极大地活跃了农村经济，极大地拓宽了农民增收致富的路子，极大地促进了农村各个产业的迅猛发展。通过推动农村市场化改革，有效地改变了我国农产品长期严重短缺的状况，农产品的产量和供给迅速增加，质量逐步提高，甚至一度出现部分农产品供大于求的状况，第一次是在1984年，第二次是在1996年到1998年这段时间内，农产品供大于求。通过推动农村市场化改革进程，有效地改变了农村产业结构长期过于单一的状况，不同经济成分、不同组织方式的市场实体，竞相发展农村非农产业，迅猛增长，县域经济实力不断增强，特别是沿海发达地区和大中城市周边地区，城乡差距逐步缩小；长三角地区，特别是上海郊区，这方面更加明显。通过推动农村市场化改革进程，为扩大农村对外开放创造了条件，有效地增强了我国农业的国际竞争能力，有力地加快了我国农业信息化、国际化的步伐；再有就是通过推动农村市场化改革进程为国有企业改革和城市体制改革探索了宝贵的经验，提供了可供借鉴的样本，打下了较好的基础，有力地促进了我国改革从农村走向城市，推进各个领域改革和整个国民经济持续较快发展作出了重要贡献。这个是第二大改革举措。

第三大改革举措是调整国家与农民的关系，基本标志是新世纪以来开展的税费改革和对农民实行补贴。农村税费改革是从 2001 年逐步开始的，一开始也是从安徽做起试点。在初始阶段，是规范农村税费的管理，像农村的"三提留"、"五统筹"与农业税合并，统一到农业税这样的一条渠道。接着在这个基础上逐年地降低农业税的税率，农业税的税率从开始是 7.2%，以后逐步降低，到 2006 年完全取消了农业的"四税"，我们原来也叫过农业"三税"，实际上是"四税"：一个是农业税，第二个是屠宰税，第三个是牧业税，第四个是农业特产税。在农业特产税里面有一个烟叶税。烟叶税过去是在生产环节征收的，改革以后就把从生产环节转变为流通环节征收，对于农民来说，这项税收没有了，取消了。在农村税费改革之后，又进行了国有农场的税费改革。在整个农村税费改革的过程中间，积极推进了乡镇机构改革、义务教育管理体制改革和县乡财政管理体制改革，当时叫做农村税费改革中的配套改革。在农村税费改革基本告一段落以后，又以这三项内容为重点，推进农村综合改革，这就表明农村改革已经由解决生产关系与生产力的矛盾，扩展到解决上层建筑与经济基础的矛盾，改革的深度在不断地继续推进。在农村改革税费目标实现后又根据农业生产、农民生活、农村建设的客观要求，相

重点提示

第三大改革举措是调整国家与农民的关系，基本标志是新世纪以来开展的税费改革和对农民实行补贴。农村税费改革是从 2001 年逐步开始的，一开始也是从安徽做起试点。在初始阶段，是规范农村税费的管理，像农村的"三提留"、"五统筹"与农业税合并，统一到农业税这样的一条渠道。接着在这个基础上逐年地降低农业税的税率，农业税的税率从开始是 7.2%，以后逐步降低，到 2006 年完全取消了农业的"四税"，我们原来也叫过农业"三税"，实际上是"四税"：一个是农业税，第二个是屠宰税，第三个是牧业税，第四个是农业特产税。在农业特产税里面有一个烟叶税。烟叶税过去是在生产环节征收的，改革以后就把从生产环节转变为流通环节征收，对于农民来说，这项税收没有了，取消了。

继实行并增加了对农民的多项补贴，主要的也是有四项补贴：就是种粮直补、良种补贴、各式农机具补贴和农业生产资料价格综合补贴，我们通常称为"四补贴"。这样就结束了 2600 年来农民种田纳税的历史。我们知道，农业税最早是 2600 年前春秋时期的鲁国开始征收的，2600 年后，我们在农村改革过程中取消了这项税收，同时也标志着我国开始进入了对农民补贴的时代。我们过去说对农民补贴主要是在发达国家，根据我们国家的经济发展的情况与要求，我们国家也开始进入了对农民补贴的时代。与此同时，又根据国家财力增长的情况，大幅度增加了对"三农"的财政性投入，特别是加强了农村基础设施建设和公共服务的投入，农村社会保障制度的建设也相继推进，一个统筹城乡发展，推进城乡一体化的新格局正在开始出现和逐步地形成。国家与农民关系的重大调整，有效地促进了农业综合生产能力和农村公共事业的建设，改善了农民生产生活条件，为推动现代农业发展和社会主义新农村建设创造了良好环境。国家与农民重大关系的调整，有效地减轻了农民的负担，改善了党群关系、干群关系，为推动社会主义和谐社会建设，创造了良好环境。还有一点就是国家与农民关系的重大调整，有效地改变了国民收入分配格局，增加了做好"三农"工作的资源，为推动全面小康社会建设和整个现代化进程创造了良好条件。这个是三大改革举措。

下面讲一讲六大发展成果：第一大发展成果就是农业农村经济持续较快发展。我们的粮食、棉花、油料、糖料、肉类、水产、水果、蔬菜、茶叶等各种重要农产品的生产，都实现了大幅度的增长，人均的产量也大幅度地提高。30 年来在人口总量增加 3.6 亿多的情况下，我们不仅以不足世界 9% 的耕地解决了占世界人口 21% 的吃饭穿衣问题，而且极大地改善了农产品的供应状况。特别是在近年来，国际市场粮食短缺，价格暴涨，相比之下我国的粮食供应充足，价格相对稳定，在 2008 年上半年表

重点提示

六大发展成果：第一大发展成果就是农业农村经济持续较快发展。我们的粮食、棉花、油料、糖料、肉类、水产、水果、蔬菜、茶叶等各种重要农产品的生产，都实现了大幅度的增长，人均的产量也大幅度地提高。

现得非常明显，两者之间形成了鲜明的对照。应当说这是一个了不起的成绩，这也支撑了我们经济社会的持续较快的发展。与此同时，农村产业结构调整取得明显成效，乡镇企业发展的速度一直是保持着比较快的速度向前推进，个体私营经济和股份制混合经济发展迅速，农村二、三产业的比重持续上升，县域经济实力逐年增强，我们出现了一大批综合经济实力和基本竞争力比较强的县级市和乡镇；还有一大批的这些村也是得到了迅速发展，整个县域经济实力在逐年地增强。

第二大发展成果是农民收入持续较快增长。农民增收渠道逐年增加，农民收入来源日趋多样化，出现了改革开放之前所没有过的长期持续较快增长的状况。2007 年，全国农民人均纯收入达到 4140 元，比 1978 年增长 6.34 倍，按照可比价格计算，平均每年增长 7.1%。特别是在 2003 年到 2007 年的 5 年间，农民人均纯收入，共计增加 1664.4 元，平均每年增加 332.88 元，这是中国历史上从来没有过的，增长的数额这么多。在实现农民收入持续较快增长的同时，农村的扶贫开发工作也取得了重大进展，农村的贫困人口、低收入人口大幅度下降。

第三大发展成果是农村基础设施建设显著加强。农村的水利，道路，人均饮水，积水灌溉，沼气和草场围栏等农村基础设施建设普遍地大大加强，办了许多过去千百年来想办而没有条件办的事情：优先解决了农民最关心、最直接、最现实的实际问题；通过加强农村基础设施建设，使农村的生产生活条件有了较为明显的改善，农村的行动难、用电难、饮水难等农民群众最关切、最现实的困难和问题得到初步解决，农业综合生产能力有了一定程度的提高，防灾减灾能

重点提示

第二大发展成果是农民收入持续较快增长。农民增收渠道逐年增加，农民收入来源日趋多样化，出现了改革开放之前所没有过的长期持续较快增长的状况。

重点提示

第三大发展成果是农村基础设施建设显著加强。农村的水利，道路，人均饮水，积水灌溉，沼气和草场围栏等农村基础设施建设普遍地大大加强，办了许多过去千百年来想办而没有条件办的事情：优先解决了农民最关心、最直接、最现实的实际问题；通过加强农村基础设施建设，使农村的生产生活条件有了较为明显的改善，农村的行动难、用电难、饮水难等农民群众最关切、最现实的困难和问题得到初步解决，农业综合生产能力有了一定程度的提高，防灾减灾能力，包括动物重大防病能力有了较为明显的增强。

力，包括动物重大防病能力有了较为明显的增强。

第四大发展成果就是农村社会事业得到全面的发展。以改善农村民生为重点的社会建设得到全面的加强，城乡基本公共服务均等化正在逐步推进，向广大居民提供的公共服务快速增长。一是农村义务教育"两免一补"全面推行。到 2007 年，全国全部免除了义务教育阶段的学杂费 11.5 亿元，农村中小学生的家庭普遍减轻了经济负担，还建立了农村义务教育经费保障机制，将农村义务教育全面纳入了国家财政保障的范围，经费每年都在以数百亿元的速度往上增加。二是新型的农村合作医疗制度全面建立。到 2007 年年底，全国已经有 86% 的县纳入了覆盖的范围，7.3 亿农民参加了新型农村合作医疗，参合农民看病就医负担得到了减轻，对缓解农民看不起病、因病致贫返贫起到了一定的作用，在有些地方还起到了很重要的作用，这个是 2007 年年底的数字。2008 年以来继续覆盖的县又继续增加，参加新型合作医疗的农民也继续地增加。三是农村社会保障制度建设全面启动。2007 年在全国农村开始普遍推行最低生活保障制度，这是解决农村困难群众基本生活的一项根本性制度建设，温家宝总理谈到这项工作的时候是这样评价的。全国农村有 3451.9 万困难群众的基本生活得到了保障，在沿海发达地区和大中城市郊区等有条件的地区，积极探索建立农村养老保险制度，解除了农民群众养老的后顾之忧，农村社会救助制度也初步建立，主要是针对各种自然灾害建立的各项制度，受灾群众的生产生活基本得到妥善安排。四是农村文化事业快速发展。县、乡两级公共文化服务体系初步建成，基本实现了县县有图书馆、文化馆，全国信息资源共享工程、广播电视村村通等工程等基础公共文化设施建设扎实推进。

第五大发展成果是农村富余劳动力大规

城乡统筹与农村改革发展

模转移就业。我们过去流传着一句话：要想富裕农民，必须减少农民。农民的数量少，减少了就意味着农民人均占有的自然资源就增加，那么他的劳动生产率和他的经济效益、收入水平就会相应地提高。据农业部有关方面测算，2007年，全国已经转移到非农产业就业的农村劳动力，达到2.26亿人，其中外出就业的农村劳动力1.26亿人。目前，实现转移的农村劳动力，已经成为我国一支数量最大的产业大军，在建筑、纺织、矿产、餐饮等众多行业已经成为主要力量。农村劳动力及其赡养人口大量进入城镇，显著地增加了城镇人口的数量，加快了我国工业化、城镇化进程。2007年，全国城镇人口达到了59397万人，占全国总人口的比重达到了44.9%。近五年呢，我们是平均每年城镇人口增加1833.4万人，人口的城市化率平均每年提高1.16个百分点，这表明了我国工业化、城镇化正处于加快推进的时期。农村劳动力的大量转移，不仅有力地推进了输入地的经济社会发展，像我们沿海发达地区、长三角、珠三角等地这些城市和农村都属于输入地，这些地区经济社会得到了发展，而且日趋成为输出地农民增收的重要途径。2007年，全国农民人均纯收入中来自务工的收入达到了1008元，务工收入、工资性收入还是有差别的，务工收入不包括来自乡村教师、干部等行业的这种工资性收入，务工收入占农民务工纯收入的比重是24.3%。近几年来农民人均纯收入增量中，就是增加的部分，来自务工的至少占1/3以上，有些年份甚至超过一半。

第六大发展成果是农村生态建设显著加强。改革开放30年来，我们先后实施了重点防护林体系，退耕还林，天然林资源保护，京津风沙源治理和三江源自然保护区建设。三江源是在青海，长江黄河大河源的发源地。这些重点工程继续在实施，全国植树造林活动持续不断地开展，通过多年的不懈努力和积累，我国生态建设取得的成果越来越明显，森林覆盖率在逐步地提高。改革开放初期，我们大体上是在12%左右，现在我们已经提高了五六

重点提示

第六大发展成果是农村生态建设显著加强。改革开放30年来，我们先后实施了重点防护林体系，退耕还林，天然林资源保护，京津风沙源治理和三江源自然保护区建设。三江源是在青海，长江黄河大河源的发源地。这些重点工程继续在实施，全国植树造林活动持续不断地开展，通过多年的不懈努力和积累，我国生态建设取得的成果越来越明显，森林覆盖率在逐步地提高。

个百分点，现在这个数字它是 5 年统计一次，目标是达到 20% 以上，初步达到 20%，以后再进一步地提高。沙漠化面积扩大的趋势得到了初步遏制，在一些沙漠化比较严重的一些省份已经实现了沙漠化面积的减少这样一个转变，绝大多数省份生态环境都有了不同程度的改善。

对于农村 30 年来改革开放取得的成绩，党的十七届三中全会从两个方面给予了高度的概括和评价：第一，农村改革发展伟大实践，极大地调动了亿万农民积极性，极大地解放和发展了农村社会生产力，极大地改善了广大农民物质文化生活。第二，更为重要的是，农村改革发展的伟大实践，为建立和完善我国社会主义初级阶段基本经济制度和社会主义市场经济体制进行了创造性探索；为实现人民生活从温饱不足到总体小康的历史性跨越，推进社会主义现代化作出了巨大贡献；为战胜各种困难和风险，保持社会大局稳定，奠定了坚实基础；为成功开辟中国特色社会主义道路，形成中国特色社会主义理论体系积累了宝贵经验。连续好几个"为"，党的十七届三中全会为农村改革发展意义和作用给予了高度评价。

下面讲第二个大问题，正确认识和对待当前农业农村经济形势。

2008 年以来，在强农惠农的大力推动和各个方面的共同努力下，我国经受住了低温、雨雪、冰冻、洪涝干旱、特大地震等严重自然灾害的严峻考验，农业农村经济保持了良好的发展态势。在这里我想首先有一个词说明一下：今年，党的十七届三中全会文件中间，用了"强农惠农"政策，在这个之前，我们的中央 1 号文件里面用了"强农惠农"，但作为全会的还是第一次。过去，我们在这一方面用的是"支农惠农"政策，那么"支农惠农"和"强农惠农"一字之差，它的意义意思是有所不同的。那么这个"支农"就是感觉它本身不是分内的事，作为分外的支援你支持你，可以是这样地来理解。那么"强农"，就是强化农业，惠及农民，就是把我们这个"三农"工作作为分内的工作来对待，这就体现了我们城乡经济社会发展一体化的要求。

当前，农业农村的形势保持着良好的发展势头，主要表现在以下几个方面：第一，粮食生产继续增长。据国家统计局提供的数字，2008 年夏粮总产比上年增加了 60 多亿斤；早稻的产量与去年基本持平，略有增长，增加了 1 亿多斤，作为全年粮食产量大头的秋粮长势良好，丰收在握。有些地方丰收，粮食已经开始拿到手了，绝大多数的省份都是增产的势头。全国初步估计下来有三个省减产，其他的省都是增产，预计全国粮食总产量将超过历史最高年份的 1998 年。这个消息在前几天，在中央电视台新闻联播里面已经发布了。1998 年，我们的粮食总产是 10246 亿斤，2008 年将超过这个纪录。这样呢，我国的粮食将连续 5 年增产，这个 5 年增产是新中国成立以来少见的。我们过去达到和超过的总共有两次，这是第三次。前两次，一次是 1950 年到 1958 年，再有一次是 1962 年到 1967 年；5 年粮食增产更是改革开放 30 年来第一次。第二点就是农民收入保持较快增长。上半年农民现金收入人均 2528 元，比上年同期增加 417 元，扣除物价上涨因素实际增长 10.3%。其中，工资性收入增长 17.9%，主要是由于务工收入保持了较快的增长；出售农产品的现金收入人均是 1080 元，增长了 22.1%，主要是受农产品价格上涨的影响，我们今年上半年农产品的价格比去年同期有了较大的增长上升。第三，"菜篮子"产品市场供应基本恢复正常。2007 年以来我国的猪肉、牛奶、鸡蛋等主要产品生产出现了较大幅度的波动，特别是 2007 年 5 月以来，猪肉价格大幅度上涨，成为影响国内居民消费价格总水平上涨的重要因素。2008 年上半年居民价格消费价格总水平涨幅是 7.9%，猪肉等食品价格上涨就拉动了 6.64 个百分点。近几个月来，情况有了较大的变化，"菜篮子"产品市场供应明显地趋于好转。据农业部对 20 个生猪重点省份跟踪监测，2008 年 9 月生猪出栏同比增长 10.2%，出栏同比增长 17.4%，幅度都是比较大的。与此同时，我们的禽蛋生产，还有我们国内的食用油的油料的生产、食用糖的糖料的生产都出现了增长态势。水果蔬菜等产品供应基本正常，价格经常在变化，涨跌复现。第四点是农村二、三产业保持较快增长。2008 年以来，全国农村非农产业继续保持良好发展态势，总体运行健康平稳，县域经济持续发展，乡镇企业和农村的其他中小企业积极应对人民币升值、资金紧缺、原材料价格上涨等不利因素，进一步加大改革力度，促进结构调整，推进技术创新。预计 2008 年 1 到 9 月，全国乡镇企业实现增加值 58110 亿元，同比增长 11.6%，实现利润 14930 亿元，同比增长 11.8%。

从以上农业和非农产业以及市场供应这方面来看，我们可以说农业农村经济发展的基本面是好的，对稳定整个经济和市场起到了重要的促进作用。同时，我们也要看到在农村形势持续向好的时候，我们必须保持清醒的头脑，充分认识到存在的困难和问题。事实上，我国"三农"面临的困难和问题还远远没有从根本上解决，其中有些还表现得相当突出，这个从两个方面看。

第一，从当前看，存在着一些比较突出的问题。

一是农业生产资料价格高的情况尚未有效遏制。这主要是由于上游原材料价格大幅度增长，特别是石油煤炭价格飙升，导致农业生产资料的生产成本和价格大幅度的上升，当然也有一个监管的问题。2008 年 1 到 9 月国产的尿素、磷酸二铵、氯化钾、农用柴油、农用薄膜等生产资料的市场平均价格同比分别增长 36.2%、75.2%、105.7%、34.1% 和 11.5%，增长的幅度都是比较大的。当然，现在市场估计油价在大幅度地下跌，那个是从今往后的事情，在已经过去的那 9 个月中，我们的生产资料价格上涨幅度还是相当大的。

二是粮食价格低、种粮效益差的问题依然严峻。虽然与 2007 年相比，市场粮食价格有所上升，但是与农资价格相比，与务工的收入相比，与国际市场价格相比，与 10 年前国内市场粮价最高时的情况相比，目前粮食效益仍然明显偏低，农民种粮缺乏激励机制，保持粮食生产稳步发展受到制约。

三是食品安全质量问题相当突出。目前，我们国家的经济发展的方式还比较粗放，在生产加工流通等环节管理不严的情况还比较普遍，部分食品的质量安全达不到国家规定标准，食品安全事故屡屡发生，有的已经损害了消费者的身体健康，特别是极少数不法分子为谋求私利，掺杂使假，甚至添加有害物质，已经威胁到消费者的生命安全，在国内外造成了严重的负面影响。奶粉的三聚氰胺就是一个典型的例子。

四是农村劳动力结构性短缺的矛盾正在显现。由于农村青壮年劳动力大量外出打工，农业生产缺人手，新农村建设缺人才，抗灾救灾缺人力的现象日趋突出，种田口粮化、农业副业化、农村空心化、农民老年化的情况日趋增加。

五是农村非农产业增长势头有所放缓。由于国际大环境的影响等因素，2008年以来，部分地区农村非农产业发展速度在明显地减缓，经济效益的增长也有所回落，甚至出现一些乡镇企业和其他中小企业破产倒闭这种现象明显增加的情况，如果不能够及时地改变，势必影响到农民就业增收，进而可能影响到农村社会稳定。特别是现在美国的次贷危机演变成全面的金融危机，在进一步向经济危机方面演变。现在我们还需要认真地观察情况下一步会怎么发展，要积极地应对，这样势必对我们国内的经济发展带来一些影响和冲击，尤其是沿海地区，一些外向型的尤其面对美国和欧洲市场这些企业面临的困难更加多一些，所以要非常认真地来对待，冷静地观察，积极地应对。这是从短期来看。

第二，从长远看，农业农村发展依然存在着不少重要制约因素。

一是农业作为国民经济的基础地位仍然比较薄弱。我国人多地少的矛盾本来就比较尖锐，而且相当长时期内，耕地减少，淡水短缺，人口增加的趋势不可逆转。极端气候时间逐步增加，像今年低温雨水，低温冷冻，冰冻灾害，这么大的面积，我过去是闻所未闻，局部的地方面积这么大涉

重点提示

四是农村劳动力结构性短缺的矛盾正在显现。由于农村青壮年劳动力大量外出打工，农业生产缺人手，新农村建设缺人才，抗灾救灾缺人力的现象日趋突出，种田口粮化、农业副业化、农村空心化、农民老年化的情况日趋增加。

重点提示

五是农村非农产业增长势头有所放缓。由于国际大环境的影响等因素，2008年以来，部分地区农村非农产业发展速度在明显地减缓，经济效益的增长也有所回落，甚至出现一些乡镇企业和其他中小企业破产倒闭这种现象明显增加的情况，如果不能够及时地改变，势必影响到农民就业增收，进而可能影响到农村社会稳定。

重点提示

一是农业作为国民经济的基础地位仍然比较薄弱。我国人多地少的矛盾本来就比较尖锐，而且相当长时期内，耕地减少，淡水短缺，人口增加的趋势不可逆转。

重点提示

二是保障国家粮食安全和重要农产品市场供应的任务仍然相当艰巨。尽管粮食生产连续5年丰收，但是主要属于恢复性增长，只有2008年才超过了历史最高水平，在这之前我们4年的增长都没有达到1998年的历史最高水平。

及好几个省份确实是非常罕见的；农业发展面临着资源和环境制约日益趋紧，农业综合生产能力，总体上还不高，农业物质技术装备水平还比较低，农业抗御自然灾害的能力还不强，多数地方远远没有达到先进农业的要求，相当程度上仍然处于靠天吃饭的状况，与支撑经济社会长期持续发展的客观要求存在较大的差距；我们建设现代农业，即使我们的沿海发达地区也不能说完全都已经达到了现代农业的要求，中西部地区这样的差距更大。

二是保障国家粮食安全和重要农产品市场供应的任务仍然相当艰巨。尽管粮食生产连续5年丰收，但是主要属于恢复性增长，只有2008年才超过了历史最高水平，在这之前我们4年的增长都没有达到1998年的历史最高水平。我们下一步继续实现粮食增产的这样一个困难也进一步加大，保持粮食供需紧平衡的任务很重。我们的粮食供需从国情来看，那是一个紧平衡，今后长期也会有缺口，但是希望缺口不要太大，因为缺口太大了我们就面临着很大的困难。中国粮食如果出现了什么大的问题，那么我们要向世界市场上去购买，也很难满足我们要求。整个全球的粮食贸易量只有两亿多吨，我们国家的粮食总产量总需求是5亿多吨，特别是随着人们消费水平的提高，对农产品的消费趋于多样化、优质化，不仅要求农产品总量供给要有保障，更是要求农产品的品种结构不断优化，质量安全水平继续提高，这就给农产品的生产加工流通等环节增加了新的难度。

三是促进农民收入持续较快增长的任务仍然相当艰巨。虽然农村劳动力转移数量持续增加，但是农业劳动力过剩的局面并没有根本改变，我们现在从事农业的劳动力还有3亿多人，这也是明显地超过了现代农业发展的需要。农村农业耕地少，农业比较效益低，农民就业门路窄，仍然严重制约着农民收入的增长，城乡居民收入的差距仍然存在着继续扩大的可能。我们 2007 年农民的收入 4140 元，但是这个呢比城镇居民的人均收入少了 9000 多元，我们 2007 年城乡居民的收入差距是 3.3：1，我们 2006 年的时候是 3.2：1。我们在以前呢？差距都没有达到这么大。改革开放以来我们这个差距曾经缩小，最低的时候是 1.82，1985 年的时候是 1.82：1，现在呢扩大到 3.3：1。如何实现农民收入在今后较长时期内持续较快增长，逐步缩小与城镇居民的收入差距，是今后一个相当时期内"三农"工作最难解决的问题。

四是顺利实现农村经济社会转型的任务仍然相当艰巨。随着农村劳动力转移数量的逐年增加，离开农村、进入城镇的中青年农民越来越多，农村留守儿童，留守老人，留守妇女的问题日趋突出，不少农户甚至举家迁入城镇，农村空居房、空心村日益剧增，对农业发展和新农村建设产生了重要影响，也提出了新的要求。如何加强农村基础建设，应对农村劳动力转移带来的新情况、新变化，已经成为一个日益突出而又紧迫的重大现实问题。

五是缩小城乡经济社会发展差距的任务仍然相当艰巨。尽管农村基础设施和公共服务有所改善，但是与社会主义新农村建设的要求仍然有较大的差距，更没有根本上改变农村发展严重滞后于城市的状况。如何加快农村基础建设和公共服务发展，逐步形成城乡经济发展一体化新格局，依然是关系广大农民群众福祉，影响整个现代化进程的重大难题。解决上述困难和问题必须进一步贯彻落实科学发展观，五是缩小城乡经济社会发展差距的任务仍然相当艰巨。尽管农村基础设施和公共服务有所改善，但是与社会主义新农村建设的要求仍然有较大的差距，更没有根本上改变农村发展严重滞后于城市的状况。如何加快农村基础建设和公共服务发展，逐步形成城乡经济发展一体化新格局，依然是关系广大农民群众福祉，影响整个现代化进程的重大难题。

始终坚持把"三农"工作放在重中之重的位置，始终坚持统筹城乡发展的基本方略，始终坚持工业反哺农业，城市支持农村和多予、少取、放活的基本方针，大力调整国民收入分配结构，特别是中央和地方财政支出结构；继续加大投入力度，不断创新体制机制，更加扎实有效地推进社会主义新农村建设，努力实现农村经济社会全面发展。

为解决当前农业生产面临的紧迫问题，确保农民增产增收，促进粮食和农业生产，国家将继续加大强农惠农的政策力度，那么根据国家发改委提供的信息，近期将采取的主要措施，就要逐步地出台，而且要抓紧出台，主要是这个农产品收购这个工作。另外，较大幅度地提高 2009 年粮食最低收购价，增加对种粮农民的补贴，等等。同时要大幅度增加农业投资，加强农田、水利、农村能源、农村交通、农村人均饮水、动植物防疫、农产品质量安全等农业基础设施建设。启动和实施全国 100 亿斤粮食生产能力的这样的一个规划。因为根据预测，我们到 2020 年的时候粮食的需求量还会进一步增加，所以要重视发展粮食生产，加快建设优质粮食产业工程和大型粮食生产基地，加快东北地区大豆、长江流域的油菜、新疆的优质棉生产基地建设，加强生猪和奶牛标准化规模养殖小区的建设。国家发改委前两天已经宣布了明年的粮食收购价格，粮食最低收购价要进一步提高，那么从 2009 年新粮上市起，白小麦、红小麦、混合麦每市斤的最低收购价分别提高到 0.87 元、0.83 元和 0.83 元。这比 2008 年收购价格分别要提高 0.10 元，就是增加 1 毛钱，增加 1 毛 1 分钱，另外一个呢也是 1 毛 1 分钱，提高的幅度分别是 13%、15.3% 和 15.3%。我们长江中下游这一带主要是红小麦和混合麦。白小麦主要是在北方（黄河、淮河）的小麦产区。2009 年稻谷最低收购价水平也将作较大幅度的提高，这些政策都会相继出台。

下面讲第三个大问题，这也是一个重点。

城乡统筹与农村改革发展

胡锦涛总书记 2008 年 9 月 8 号到 10 号在河南考察农村工作时指出，当前我国农村改革发展正站在新的历史起点上，农村改革仍然是我国改革的关键环节，农村发展仍然是我国发展的战略基础，我们必须适应我国农村经济社会发展的新形势，顺应亿万农民过上美好生活的新期待，坚定不移地推进社会主义新农村建设，坚定不移地走中国特色农业现代化道路，坚定不移地加快形成城乡经济社会发展一体化新格局，毫不松懈地继续推进农村改革发展，努力开创农村改革发展的新局面。这个说的是"三个坚定不移"，"一个毫不松懈"。党的十七届三中全会对"三农"工作又进一步作了全面部署。党的十七届三中全会通过的《决定》指出，我国总体上已进入以工补农，以工促农，以城带乡的发展阶段，进入加快改造传统农业，走中国特色农业现代化道路的关键时刻；进入着力部署城乡二元结构，形成城乡经济社会发展一体化新格局的重要时期。一个发展阶段，一个关键时刻，一个重要时期。《决定》还强调把建设社会主义新农村作为战略任务，把走中国特色农业现代化道路作为基本方向，把加快形成城乡经济社会发展一体化新格局作为根本要求。这里面又是一个战略任务，基本方向，根本要求。因此，需要尽快在城乡规划、产业布局、基础设施建设、公共服务一体化等各个方面取得突破，促进公共资源在城乡之间均衡配置，生产要素在城乡之间自由流动，推动城乡经济社会发展融合。

通过学习胡锦涛总书记这个讲话精神，学习三中全会通过的这个《决定》，我个人有一些认识和体会。我认为，统筹城乡发展，加快推进城乡社会发展一体化新格局应当明确一条主线，实行双轮驱动，推进四项建设。

第一就是明确一条主线。这条主线就是统筹城乡发展。在改革开放 30 年来，我国社会经济发展的过程中，"三农"工作的主线是日益明显显现出来，就是统筹城乡发展，破除城乡二元结构，形成城乡经济社会发展一体化的新格局。统筹城乡发展是党的十六大，首次在党的最重要的文献中提出的。2002 年 11 月党的十六大报告首次提出统筹城乡经济社会发展，2004 年以来中央连续五个 1 号文件都把统筹城乡发展置于十分突出的位置。5 年来，从新时期、新阶段党和国家事业发展的全局出发，提出了把解决好"三农"问题作为全党工作和政府全部工作重中之重的基本要求，明确了统筹城乡发展的基本方略，作出了我国总体上已经到了以工促农、以城带乡发展阶段的基本判断，制定了工业反哺农业，城市支持农村和多予、少取、放活的基本方针，规划了建设社会主义新农村的基本任务，这个就是党的十六大以来我们"三农"工作的一些重大方针。也有人，有些学者称之为"三农"新政，主要体现在这五个基本方面。从五个基本中间可以看出，我们是围绕统筹城乡发展这个主题来展开的。2007 年 10 月，党的十七大报告有关"三农"工作的部分，它有个标题就是"统筹城乡发展，推进社会主义新农村建设"，这就更加明确地指出了"三农"工作的主线，对今年，对今后"三农"工作具有重要的指导意义。十七大报告里面有一段话：要加强农业基础地位，走中国特色农业现代化道路，建立以工促农、以城带乡长效机制，形成城乡经济社会发展一体化新格局。这一段话，很多专家、学者都认为较为集中地体现了十七大报告中有关"三农"问题的创新论述，指明了当前和以后较长时期"三农"工作的方向。十七届三中全会又进一步强调构筑城乡经济社会发展一体化体制机制迫切要求，必须统筹城乡经济社会发展，始终把着力构建新型工农城乡关系，作为加快推进现代化的战略。这个中央把它作为一个重大战略来看待。那么，可以说统筹城乡发展是"三农"工作的一个方略是很明确的，形成城乡经济社会一体化是我们"三农"工作的一个根本要求和目标。我们"三农"工作今后怎么做？就是往城乡经济社会一体化这个方向去努力，从现在起在相当长时期内，无论农村如何推进改革和发展，都应当认真贯彻统筹城乡发展这样一个方略，着眼于改变城乡二元结构，加快形成城乡经济社会发展一体化新格局。到 2020 年，我国全面小康社会建成的时候，在统筹城乡发展方面应该有一个重大的进展，主要标志就是城乡经济社会发展一体化的体制机制基本建立，是落实到一体化当中。

中间的第二点就是实行"双轮驱动"。这个"双轮"：一个指推进城镇化；一个是指建设新农村。推进城镇化就是继续地转移农村劳动力和人口，建设新农村就是逐步改变农村面貌，这两者是相互依存、相互促进的。我们仅仅做好其中一方面的工作还不足以解决我国"三农"问题，唯有将两者紧密结合起来，才能有效地加快我国农村现代化和整个现代化的进程。

前一段就是最近几年在网络上面看到了一些文章、一些观点，就是把城镇化与新农村给它对立起来，认为有了我们推进城镇化就不一定要建设新农村，因为你推进城镇化就可以解决农村面临的这些问题。这种观点我认为有它一定的道理，但是它不全面。就是说，你推进城镇化，在我们国家还是需要经历一个较长的时间，这个过程可能还需要持续 20 年、30 年。因为，我们现在这个城镇化就是人口的城市化里每年再增加一点多个百分点，1.16 个百分点，是近五年来。你实现城镇化的话，我想一般的这个城镇人口要达到 70% 以上，就是人口的城市化率达到 70% 以上。即使实现了，初步实现了人口的城镇化，你还会有好几亿农民生活在农村，而且今后生活在农村的也不一定完全是农民，可能有些城里人也会迁到农村去居住。所以，我们必须要把农村建设好，所以这一个新农村是不可或缺的。另外，还有种看法就是说我们新农村建设好了，农民就不愿意进城了，城市化的推进就会受到阻碍。这个呢，我觉得也还是一个不全面的观点。新农村建设好了，成为农民的美丽的家园确实是一件非常好的事情，但是要看到建设新农村也不是轻而易举的，也要经过长期的努力，要付出极大的努力才行。而且我们城乡的差距目前还是比较大，你建设新农村，你推进，不可能很快就消除城乡的差距，所以城镇对于广大农民特别

加快农村经济社会全面发展

重点提示

推进城镇化就是继续地转移农村劳动力和人口，建设新农村就是逐步改变农村面貌，这两者是相互依存、相互促进的。我们仅仅做好其中一方面的工作还不足以解决我国"三农"问题，唯有将两者紧密结合起来，才能有效地加快我国农村现代化和整个现代化的进程。

是对于农村青年人还是有吸引力的，所以你建设新农村也不需要担心农村的青年不愿进城。现在即使在一些发达的国家已经实现了城市化，农村建设，因为它这个基础还是比较好的，建设得不错，还是有很多的青年人愿意进入城市，追求城市的生活。所以，在相当长的时期内，我们都必须实行"双轮驱动"，一方面推进城镇化，一方面建设新农村。

推进城镇化要抓好三个环节：一是大、中城市扩展，要公平对待被征地农民。那么征地制度必须引入市场机制，由市场决定征地价格，不管是经营性的用地还是工业性的用地，都应当按照这样一个要求去做。工业性用地可以由财政打出预算，这是一个理论上分析的一种理想化的一个目标。实现这个目标需要有一个过程，在这之前要严格地区分工业性的用地和经营性的用地，逐步缩小征地范围。我们国家的国情决定了我们耕地是非常紧缺的

资源。党的十七届三中全会提出，要建立最严格的耕地保护制度，还提出要建立最严格的节约用地制度。我们原来提的是建立最严格的耕地保护制度，现在又加上了一个建立最严格的节约用地制度，来确保国家粮食安全和经济社会可持续发展的需要。对被征地的农民应当妥善的安置，解决好他们的住房、就业和社会保障，特别是征地收益应当首先满足补偿农民，解决农民面临的一些实际问题，使他们成为城镇化的最大的受益者，能够全面享受当地原有城镇人口的福利待遇，能够使他们更加自愿、愉快、顺利地融入城镇社会。尽力避免和改变被征地农民一失去土地就此成为城镇低收入者的这样一个状况。低收入者，政府给予低保，农民进入城市他的希望绝不是满足于一个低保，他有更高的追求。所以，我们在这一方面应当以人为本，从广大农民的切身利益出发，解决好这样的一个问题：尽量使他们的收入水平和生活水平高于被征地之前。最起码要做到不降低，往这方面努力。

二是大、中城市的提升，要合理吸纳农民工。现在有很多城市要提升城市的形象，但是这些城市都存在着大量的农民工。如何解决这个问

题？ 2006 年国务院 5 号文件关于农民工的一个专门发的文件中就提出要优先吸纳农民工在城市入户。这项政策在有些城市已经开始落实，但是总的来讲，从大面积来讲，进展还不是很快。农民工他为所在的城市作出了巨大贡献，我们所看到的高楼大厦，所走过的高速公路还有我们城市的公路，这些等等，都离不开农民工的努力，都是与农民工的辛勤劳动分不开的，所以我们要认真地探索农民工在城市安家落户的问题。现在有一个很好的条件，就是城市经济社会发展比较快，财力增长也比较快，各方面的条件都比较好，应当抓住这个机遇，在推进全面小康建设进程中，努力解决这个问题，不能把这个问题拖到全面小康社会建成以后再解决，那样付出的代价将更大。当然了，现有的农民工及其赡养人口的数量是很庞大的，不可能全部在城市安家落户，应当研究制定相关的政策和制度，根据城市发展的吸纳能力逐步加以解决，使农民工能够有个盼头，激励他们的工作和学习，更好地为所在城市做贡献，这样有利于城市新老居民融合，有利于城市的社会稳定。党的十七届三中全会《决定》中明确地提出统筹城乡社会管理，推进户籍制度改革，放宽中小城市落户条件，使在城镇稳定居住和就业的农民有序转变为城镇居民，所以这个问题是现实的。我们现在的城镇人口 44.9%，从统计口径上就是包括了在城镇居住 6 个月以上的这些人口，这些实际上其中有很多

人，大部分是农民工和他们所赡养的人口，这部分人口在统计上把它统计为这个城镇人口了。但是实际上，他自己也没有把自己作为名副其实的城镇人口，因为他不享受当地原有城镇人口的各种福利待遇。那么，我们城市的居民也没有把这些进城务工、经商的这些农民完全当成城镇居民来看待，因为在实际待遇上与我们现有的城镇居民确实存在着不小的差别。所以，解决这个问题的大城市，因为它人口本来就比较多，它面临的各方面的压力比较大，如何解决这个问题，要认真地研究、解决。但是，我想有一条，应该把优秀农民工纳入优先吸纳他在城市入户的这样一个考虑，逐步地解决问题。所以，要从大城市的实际出发，积极稳妥地来对待和解决

重点提示

第三个环节就是加快小城镇建设和发展。小城镇包括县城和中心镇，与农村关系很密切，发展小城镇对大中城市和广大农村两个方面都可以兼顾。因为，小城镇上与城市连接在一起，下与农村连接在一起，农民进入小城镇的门槛并不高。现在已经有越来越多的农民具备了进入小城镇创业就业的条件，应当在科学规划的基础上有步骤地推进县城和中心镇的建设，争取逐步做到把当地多数农村人口吸纳到小城镇安居乐业，使非农产业发展，尤其是第三产业发展创造良好的环境，不断形成新的就业机会，同时兼顾农业生产经营，持续推动农民收入增长，不断促进地方经济社会发展。

重点提示

建设社会主义新农村也要抓好三个环节：一是村庄如何建设。就是要科学制定乡镇村庄建设规划，加快农村饮水安全，公路和能源等基础设施建设，实施农村清洁工程，推进广电网、电信网、互联网三网融合，健全农村公共设施维护机制，把农村建设成广大农民的美好家园。

这样一个问题。中小城市它进入的门槛就比较低一些，农民在中小城市购房、就业相对来说比较容易一些，所以在中小城市和小城镇要放宽这样一个条件，使符合条件的这样的一个农民能够有序地转变为城镇居民。这是第二点。

第三个环节就是加快小城镇建设和发展。小城镇包括县城和中心镇，与农村关系很密切，发展小城镇对大中城市和广大农村两个方面都可以兼顾。因为，小城镇上与城市连接在一起，下与农村连接在一起，农民进入小城镇的门槛并不高。现在已经有越来越多的农民具备了进入小城镇创业就业的条件，应当在科学规划的基础上有步骤地推进县城和中心镇的建设，争取逐步做到把当地多数农村人口吸纳到小城镇安居乐业，使非农产业发展，尤其是第三产业发展创造良好的环境，不断形成新的就业机会，同时兼顾农业生产经营，持续推动农民收入增长，不断促进地方经济社会发展。这个是城镇化要抓的三个环节。

建设社会主义新农村也要抓好三个环节：一是村庄如何建设。就是要科学制定乡镇村庄建设规划，加快农村饮水安全，公路和能源等基础设施建设，实施农村清洁工程，推进广电网、电信网、互联网三网融合，健全农村公共设施维护机制，把农村建设成广大农民的美好家园。这个是党的十七届三中全会提出的。我们现在农村多数地方的村庄仍然处于脏、乱、差的这种状况。搞新农村建设有所改善，但是这个问题还没有根本解决，应当从长计议，根据科学规划与合理布局的要求，在有条件的地方，有步骤地建设规模较大的农村社区居民点，逐步推进农民的集中居住。做到基础设施建设配套，基本公共服务到位，方便群众生产、生活。不仅如此，推进农村集中居住，特别是一些很小的自然村落，有的只有几户人家，在那个地方，它作为一个村庄的话，有很多的基础设施，道路、管道、广播电视等等这些方面你都得要跟上，它这个投资就过大。我们集中居住以后可以改变这样的一个状况，提高基础设施的利用效率，同时还能够腾出部分土地用于复垦。经过努力可以在实现耕地占补平衡方面取得进展，这在我国人口持续增长、工业和城市占地持续增加的情况下，保持必要的耕地和基本农田，有利于确保国家粮食安全和农业综合生产能力不断提高。有这样的一个要求。

　　第二个环节就是农业如何发展。要加快改造传统农业，积极发展现代农业，逐步走上中国特色农业现代化道路。现代农业包含多种功能，它是一个多功能结合的一个产业。现在农业的功能至少有六个：一个是食品营养，一个是工业原料，第三个就是就业增收，第四个就是生态维护，第五个是观光休闲，第六个是文化传承。我们过去所重视的农业只是食品营养和工业原料这两个功能，对于其他的多种功能我们重视不够，甚至忽视，所以应当及早地更新换代，充分挖掘和发挥农业的多种功能。再有一个，我们要看到我国农业发展的最大约束因素，还是人多地少水缺，人均自然资源数量过低。我们又是实行的家庭承包经营，所以单家独户这个农业劳动生产力很低，它的成本很高，这样在经济全球化这样一个进程中，国外的农产品它可以比较容易地进入国内市场，我们国内的农业竞争能力就显得相对地比较薄弱，所以要增强国内农业的竞争能力，必须要发展规模经营。规模经营有多种形式，在国外，一些发达国家主要是单个的家庭农场，它的规模比较大，它的劳动生产力比较高，它的竞争能力相对也比较强。在我们国内我们农户的经营规模都比较小，在这种情况下，我们如何发展规模经营呢？确实需要认真地研究和抓紧解决。我们在对待规模经营问题上面，应当健全农业社会化的服务体系，发挥农业专业合作组织、农业产业化龙头企业的带头作用，发展多种形式的适度规模经营。党的十七届三中全会《决定》中指出，要加强土地承包经营权流转管理和服务，建立健全土地承包经营权流转市场，按照依法、自愿、有偿原则，允

第二个环节就是农业如何发展。要加快改造传统农业、积极发展现代农业，逐步走上中国特色农业现代化道路。现代农业包含多种功能，它是一个多功能结合的一个产业。现在农业的功能至少有六个：一个是食品营养，一个是工业原料，第三个就是就业增收，第四个就是生态维护，第五个是观光休闲，第六个是文化传承。我们过去所重视的农业只是食品营养和工业原料这两个功能，对于其他的多种功能我们重视不够，甚至忽视，所以应当及早地更新换代，充分挖掘和发挥农业的多种功能。再有一个，我们要看到我国农业发展的最大约束因素，还是人多地少水缺，人均自然资源数量过低。我们又是实行的家庭承包经营，所以单家独户这个农业劳动生产力很低，它的成本很高，这样在经济全球化这样一个进程中，国外的农产品它可以比较容易地进入国内市场，我们国内的农业竞争能力就显得相对地比较薄弱，所以要增强国内农业的竞争能力，必须要发展规模经营。

许农民以转包、出租、互换、转让、股份合作等流转土地承包经营权，发展多种形式的适度规模经营，有条件的地方，可以发展专业大户、家庭农场、农业专业合作社等规模经营实体。我个人也对规模经营进行过一些调查研究，我在调查中间形成了一种想法，就是应当大力推动区域规模经营，就是在一个区域范围内，把一个产品、一个产业做大做强，切实做到批量大、质量好，货源稳，在这个基础上面再来发展农产品的加工业，再来创造农产品和农产品及其加工品的这样的一个品牌，这样可以扩大它的市场覆盖率，提高它的市场竞争力。所以，我感到发展现代农业必须加快建设农业社会化的服务体系。党的十七届三中全会也提出要支持供销合作社、农民专业合作社、专业服务公司、专业技术协会、农民、经纪人、龙头企业等提供多种形式的生产经营服务，特别是加强农业公共服务人力建设，创新管理体制，提高人员素质，力争三年内在全国普遍健全乡镇和区域性农业技术推广、动植物疫病防控、农产品质量监管等公共服务机构，逐步建立村级服务站。那么在谈到农村的规模经营的时候，我想有一个问题还是要说一下，就是土地的承包权、宅基地和农民的房产。我们现在就是要发展市场经济，有很多要进行贷款，贷款就需要抵押，但是农民的土地承包权、宅基地和农民的房产不能抵押，但是承包的林地、"四荒地"经营权可以用于抵押。对于这个问题有关方面的负责人已经作了一些解释，就是说你的土地的承包权、宅基地和农民的房产是保证农民基本生活需要的，作为抵押以后，到最后他还款还不上，那么他这一部分是不是按照规定被相关的金融机构给收去，这样农民的基本生活保障就成了问题。这样的一个问题可能会产生一些连锁的反应，所以要慎重对待。另外，承包的林地和"四荒地"不属于保障基本生活的，因为我们很多的农民，农村的农民一般的都是有承包地，林地和"四荒地"是另外的一份，用于抵押有利于搞活农村经济，有利于促进农民增收致富，所以在这个方面我们要区别对待。

第三点，即第三个环节，就是农民的素质如何提高。要培养有文化、懂经营的新型农民，适应现代农业发展的要求。现在的农民技能培训基本上是短期的这种培训班，这是在农民科学技术文化素质普遍不太高的情况下一种补充的措施，今后培养的新型农民最起码要达到正规中等职业教育的水平，这些青年人要具有两个证书：职业学校的毕业证书和职业技能证书。这样，他们就能够比较快地适应现代化的生产方式。这些农民、新型农民成为我国农民队伍的主流之后，我国农业整体素质就会大幅度提高，中国特色农业现代化就可能从理想变为现实。当然，今后还会有这种短期的培训，这种培训是在不同的基础上进行的，是进一步提高素质的问题，而不是我们现在外出务工进行的这种基本技能的培训。因此，在社会主义新农村建设中最重要的还是建立好人的问题，还是抓好新型农民队伍建设，着力培养一支与农业现代化要求相适应的新型农民队伍。上面从两个方面分别讲了一下城镇化与新农村，这两者必须紧密地结合起来，我们要做到以工促农，以城带乡，以大中城市连接和带动小城市小城镇，以小城市小城镇连接带动周围的村庄，真正形成"双轮驱动"的局面。

另外还有一点应当指出，统筹城乡发展不仅是个发展问题，更重要的是个改革问题。我们要破除城乡二元结构，必须破除城乡二元体制，不能只是

加快农村经济社会全面发展

重点提示

第三点，即第三个环节，就是农民的素质如何提高。要培养有文化、懂经营的新型农民，适应现代农业发展的要求。现在的农民技能培训基本上是短期的这种培训班，这是在农民科学技术文化素质普遍不太高的情况下一种补充的措施，今后培养的新型农民最起码要达到正规中等职业教育的水平，这些青年人要具有两个证书：职业学校的毕业证书和职业技能证书。这样，他们就能够比较快地适应现代化的生产方式。这些农民、新型农民成为我国农民队伍的主流之后，我国农业整体素质就会大幅度提高，中国特色农业现代化就可能从理想变为现实。

在文件上、口头上推进城乡经济社会发展一体化，而在实际行动上却在继续强化城乡二元结构。所以必须大力调整国民收入分配和财政支出结构。首先做到城乡经济社会发展的公共支出，逐步实现均等化。均等化有多方面原因造成的，一个是一次分配，就是我们城市和农村的居民的收入，再一个就是我们的公共支出，基础设施建设，还有一些公共服务。公共支出主要要在基础设施建设和公共服务方面优先做到均等化，在这个基础上才能逐步实现我们城乡差距逐步的缩小。对此，要认真贯彻落实中央关于"两个重点"、"两个主要"、"三个加大"、"三个大幅度"的要求。两个重点，就是各级政府要切实把基础设施建设和社会事业发展的重点转向农村；一个是基础设施建设的重点，一个是社会事业发展的重点，都要转向农村。两个主要，就是国家新增教育、卫生、文化等事业经费和固定资产投资的增量主要用于农村，这里面一个是事业经费的增量，再一个就是固定资产投资的增量，要主要用于农村。三个加大，就是加大城市经济对农村经济的辐射，加大城市人力资源对农村发展的支持，加大城市科技、教育、医疗对农民群众的服务。三个大幅度，这个是党的十七届三中全会最新提出来的，就是调整财政支出，固定资产投资，信贷投放结构，保证各级财政对农业投入增长幅度高于经常性收入增长幅度；下面就是大幅度增加国家对农村基础设施和社会事业发展的投入，大幅度提高政府土地出让收益，耕地占用税，新增收入用于农业的比例；大幅度增加对中西部地区农村工业性，工业性建设项目的投入这三个大幅度。

下面讲第三个问题的第三点，就是推进"四项建设"。四项建设，就是经济建设、政治建设、文化建设和社会建设。党的十七大报告对于推进经济建设、政治建设、文化建设和社会建设作了全面系统的阐述，基本精神完全涵盖并适用于农村，其中许多方面是直接针对农村而言的。因此，必须按照党的十七大对全面建设小康社会提出的新的更高要求，把握经济社会发展趋势和规律，协调和推进农村经济建设、政治建设、文化建设和社会建设，党的十七届三中全会《决定》从多方面进行了更为具体、明确的阐述，进一步丰富了农村这四项建设的内容。我想分别谈一下四项建设。

一是经济建设。努力将中国特色新型工业化、中国特色城镇化和中国特色农业现代化紧密结合起来，形成良性互动关系。一是壮大县域经济实力，支持发展现代农业和第二、第三产业，大力创造就业机会，增加地方财政收入。二是继续转移农村富余劳动力，完善城乡平等的就业制度，缓解农村人均占有资源严重不足的状况。三是加大财政转移支付力度，保障县乡正常运行的必要财力，增强农村社会管理和公共服务的能力。四是持续较快增加农民收入，提高扶贫和低保标准，提高农民生活水平和生活质量，扩大国内消费需求，增强经济长期平稳较快发展的内在动力。五是加大农村金融支持力度，大力创新农村金融制度，努力增加农户小额贷款和县域中小企业贷款，加强金融风险防范。六是加强生态文明建设，大力开展植树造林，努力推进废弃物综合利用，改善农村人居环境，促进经济社会可持续发展。

二是政治建设。坚持中国特色社会主义政治

重点提示

一是经济建设。努力将中国特色新型工业化、中国特色城镇化和中国特色农业现代化紧密结合起来，形成良性互动关系。一是壮大县域经济实力，支持发展现代农业和第二、第三产业，大力创造就业机会，增加地方财政收入。二是继续转移农村富余劳动力，完善城乡平等的就业制度，缓解农村人均占有资源严重不足的状况。三是加大财政转移支付力度，保障县乡正常运行的必要财力，增强农村社会管理和公共服务的能力。四是持续较快增加农民收入，提高扶贫和低保标准，提高农民生活水平和生活质量，扩大国内消费需求，增强经济长期平稳较快发展的内在动力。五是加大农村金融支持力度，大力创新农村金融制度，努力增加农户小额贷款和县域中小企业贷款，加强金融风险防范。六是加强生态文明建设，大力开展植树造林，努力推进废弃物综合利用，改善农村人居环境，促进经济社会可持续发展。

重点提示

二是政治建设。坚持中国特色社会主义政治发展道路，积极推进社会民主政治建设。一是发展基层民主，健全村党支部领导的充满活力的村民自治制度。二是深化乡镇机构改革，加强基层政权建设，完善政务公开、村务公开等制度，促进政府行政管理和基层群众自治有效衔接和良性互动。三是逐步实行按相同人口比例选举人大代表，增强农民在国家事务中的参与权和决策权。

重点提示

三是文化建设。推动农村社会主义文化大发展大繁荣，充分满足农民群众追求丰富精神文化生活的热切愿望和强烈要求。一是坚持社会主义先进文化方向，深入开展群众性精神文明创建活动。二是重视城乡文化协调发展，着力丰富农村、偏远地区、进城务工人员的精神文化生活。三是发展农村公益性文化事业，加强农村基层文化基础设施建设。

城乡统筹与农村改革发展

发展道路，积极推进社会民主政治建设。一是发展基层民主，健全村党支部领导的充满活力的村民自治制度。二是深化乡镇机构改革，加强基层政权建设，完善政务公开、村务公开等制度，促进政府行政管理和基层群众自治有效衔接和良性互动。三是逐步实行按相同人口比例选举人大代表，增强农民在国家事务中的参与权和决策权。

三是文化建设。推动农村社会主义文化大发展大繁荣，充分满足农民群众追求丰富精神文化生活的热切愿望和强烈要求。一是坚持社会主义先进文化方向，深入开展群众性精神文明创建活动。二是重视城乡文化协调发展，着力丰富农村、偏远地区、进城务工人员的精神文化生活。三是发展农村公益性文化事业，加强农村基层文化基础设施建设。

四是社会建设。以改善民生为重点，加快推进农村社会建设，努力做到全体农村居民学有所教、劳有所得、病有所医、老有所养、住有所居。一是在普及九年义务教育基础上努力改善农村教学条件，大力发展农村职业教育。二是全面普及新型农村合作医疗制度，健全农村三级卫生服务网络，不断提高农村居民健康水平。三是加快建立覆盖城乡的社会保障体系，逐步提高农村最低生活保障水平，探索建立农村养老保险制度，强化农村社会救助制度。四是完善计划生育政策，强化计划生育奖励制度，努力控制农村人口过快增长。五是完善农村社会管理，加强流动人口服务和管理，深入开展平安创建活动，推动建设和谐社会。

最后，我特别要强调统筹城乡经济社会发展，不是要求对农村进行特殊照顾，而是要努力破除城乡分隔的二元体制，使农村具有与城市平等发展的机会和权利，逐步缩小农村在基础设施、公共服务、社会保障、居民收入等方面与城市的差距，加快形成城乡经济社会发展一体化新格局。如果短期内不能缩小，也要尽力遏制差距继续扩大，积极创造条件逐步向缩小城乡差距的方向转变。这不仅有利于加快农村经济社会发展，而且有利于加快全面小康社会建设和整个现代化进程。

谢谢大家！

中浦讲坛

2008 年 1 月 24 日

重点提示

四是社会建设。以改善民生为重点，加快推进农村社会建设，努力做到全体农村居民学有所教、劳有所得、病有所医、老有所养、住有所居。一是在普及九年义务教育基础上努力改善农村教学条件，大力发展农村职业教育。二是全面普及新型农村合作医疗制度，健全农村三级卫生服务网络，不断提高农村居民健康水平。三是加快建立覆盖城乡的社会保障体系，逐步提高农村最低生活保障水平，探索建立农村养老保险制度，强化农村社会救助制度。四是完善计划生育政策，强化计划生育奖励制度，努力控制农村人口过快增长。五是完善农村社会管理，加强流动人口服务和管理，深入开展平安创建活动，推动建设和谐社会。

加快农村经济社会全面发展

推进农村**改革发展**
加快形成城乡经济社会
发展一体化新格局

杜 鹰

讲座时间： 2008 年 11 月 16 日

作者简历： 杜鹰（1952—　　），男，1969 年 5 月参加工作。1982 年 7 月毕业于中国人民大学经济系。先后担任国务院农村发展研究中心发展研究所副所长、农业部农村经济研究中心副主任、农业部政策法规司司长、国家计委农村经济发展司司长、国家发改委农村经济司司长等职。2005 年 8 月起任国家发改委党组成员、副主任。

内容提要： 党的十七届三中全会通过的《中共中央关于推进农村改革发展若干重大问题的决定》（以下简称《决定》）强调指出，要把加快形成城乡经济社会发展一体化新格局，作为新形势下推进农村改革发展的根本要求，尽快在城乡规划、产业布局、基础设施建设、公共服务一体化等方面取得突破。授课人以翔实的资料、精辟的论据，深刻阐述了加快形成城乡经济社会发展一体化新格局的重大意义，全面回顾了推进城乡经济社会发展一体化的改革进程，深入剖析了当前所面临的主要问题，并从七个方面论述了加快形成城乡经济社会发展一体化新格局的主要任务和工作重点。

我今天给大家讲关于促进形成城乡经济社会发展一体化新格局问题，这是三中全会的一个非常重要的内容。为了深入、准确地理解这个概念，我们有必要先把城乡一体化新格局的基本内涵搞清楚，因此我的书面材料一开始就为大家提供了这个概念的两个理论背景：第一个是发展经济学怎么讲的，第二个是我们共产党人的经典理论是如何论述的。

首先，从发展经济学的角度看。它假设一个经济体有两个不同的部门，一个是先进的工业部门，一个是落后的农业部门。大家知道，经济发展过程本质上是一个结构变革的过程，因此生产要素总是从低生产率部门向高生产率部门流动。西方经济学二元经济结构理论就假设在经济发展过程中，劳动力不断地从农业部门被工业部门吸纳过去。它还假定农业部门的劳动力是无限供给的，所谓无限供给就是它的边际贡献率等于零，那么直到这个传统部门的劳动力被先进的工业部门吸纳完毕，也就是说达到了"刘易斯拐点"，这个时候两大部门的劳动生产力就趋于统一，两大部门就变成一元的一个经济结构。那么，这就是发展经济学在分析城乡关系时候比较经典的一个理论。在分析我们国家情况的时候，通常也是用这个理论，但是有一点请大家注意，就是发展经济学的二元经济结构理论更多的是描述两大产业部门、两大产业部类之间的关系，通常不包含体制因素。但在我们国家现实的二元经济结构中，它不仅是一个经济发展问题、结构变革问题，更多的还是一个体制问题。

其次，我们从共产主义理论来看。我们的"老祖宗"马克思在《哥达纲领批判》里就提出过要消灭工农差别，消灭脑体（脑力劳动和体力劳动）的差别，把它作为未来的美好的共产主义社会的一个标识。恩格斯也曾经讲到过关于城乡融合的概念。后来的马克思主义经典作家就把消灭三大差别，就是消灭工农差别、城乡差别、脑体劳动的差别，作为我们共产主义事业的一个基本标识。中国共产党人把马克思、恩格斯，乃至于到后来列宁、斯大林关于共产主义社会城乡关系的这个论述和中国革命的具体实践相结合，无论是在革命时期、建设时期，还是在改革时期，都是高度重视城乡关系的。我的书面材料里引了毛泽东的一句话，就是在党的七届二中全会上他讲："城乡必须兼顾，必须使城市工作和乡村工作，使工人和农民，使工业和农业，紧密地联系起来。决不可以丢掉乡村，仅顾城市，如果这样想，那是完全错误的。"这是党的七届二中全会，也就是临近全国解放，毛泽东讲叫进城赶考之前讲的这么一段话。我们现在都讲"三农"，农业、农村、农民，据我的考据，最早讲"三农"的就是毛主席，就是这段话。后来，邓小平在20世纪80年代，江泽民在世纪之交，都对城乡关系有重要论述，希望大家能够去翻阅一下。十六大以来，以胡锦涛为总书记的党中央在提出科学发展观的同时，讲了"五个统筹"，其中的第一统筹就是城乡统筹。可见，我们党对正确处理城乡关系问题一直是予以高度的重视。

那么，讲完这两个理论背景，怎么理解党的十七届三中全会《决定》提出的关于促进形成城乡经济一体化新格局呢？我的理解和认识是，这是把我们党关于城乡关系的理论作了一个总括，一个新的概括和升华，思想内容更加地丰富，基本思路更加地清晰，重点任务更加地明确。可以说，是我们党把马克思主义和中国革命实践相结合，在城乡关系的理论上的一个集大成。为什么这么说呢？你们看，党的十七届三中全会《决定》首先指出，我们农村往前发展，面临的基本矛盾是什么呢？它认为就是城乡二元结构。这个就有如我们说，中国社会主义初级阶段的基本矛盾是什么呢？就是人们日益增长的物质文化需要同我国落后的社会生产之间的矛盾一样。因此，我们党的基本路线，就是要坚定不移地推进经济的发展、生产力的发展。那么你把二元结构作为农村发展的基本矛盾，也就说我们进一步推进农村改革、推进农村发展，首要任务就是要消除、逐步地解决这个矛盾。因此，党的十七届三中全会从城乡二元经济结构是我们阻碍农村发展的基本矛盾

重点提示

我的书面材料里引了毛泽东同志的一句话，就是在党的七届二中全会上他讲："城乡必须兼顾，必须使城市工作和乡村工作，使工人和农民，使工业和农业，紧密地联系起来。决不可以丢掉乡村，仅顾城市，如果这样想，那是完全错误的。"这是党的七届二中全会，也就是临近全国解放，毛泽东讲叫进城赶考之前讲的这么一段话。我们现在都讲"三农"，农业、农村、农民，据我的考据，最早讲"三农"的就是毛主席，就是这段话。后来，邓小平在20世纪80年代，江泽民在世纪之交，都对城乡关系有重要论述，希望大家能够去翻阅一下。十六大以来，以胡锦涛为总书记的党中央在提出科学发展观的同时，讲了"五个统筹"，其中的第一统筹就是城乡统筹。可见，我们党对正确处理城乡关系问题一直是予以高度的重视。

这样一个认识出发，把形成城乡经济社会发展一体化新格局作为我们推进农村改革发展的根本要求。一个叫基本矛盾，一个叫根本要求，然后在接下来体制建设那部分里，对城乡一体化新格局展开来讲了它的内涵。内涵就是三句话：尽快在城乡规划、产业布局、基础设施建设、公共服务一体化等方面取得突破；促进公共资源在城乡之间均衡配置，生产要素在城乡之间自由流动；推动城乡经济社会发展融合。这就是它的基本内涵，而且明确了到 2020 年的奋斗目标，就是到 2020 年我们要把城乡经济社会发展一体化方面的体制机制基本建立起来。接下来，又对统筹城乡发展、促进形成一体化新格局的主要任务点了五个统筹。最后又讲到所有全部这些工作最后的基点都要放到县一级。所以，党的十七届三中全会关于城乡关系的这种论述，就我自己的学习来看，这么多年在党的文献里，就这次讲的是最清楚、最明确、最完整。县一级是城乡关系、城乡经济的结合部，所以怎么把握好我们党关于城乡关系的这个理论，希望同志们能够深入地学习和思考。

　　接下来，我这个稿子讲到推进城乡一体化到底有什么样的重要意义，是从四个方面讲的：一个是从科学发展，一个是从和谐社会，一个是从建立完善的市场经济社会体制，一个是共同富裕实现小康目标。这里面有几个要点。

　　首先，为什么推进形成城乡一体化新格局是科学发展的重要任务？我是从三个层面讲：一个是农业是国民经济的基础，这个不用展开了。就是什么时候农业搞好了，国民经济的发展才有强大的支撑。反之，国民经济的发展就要受挫折。再有一个从经济增长讲，农业农村是整个国民经济的一个重要组成部分，如果农民的收入上不去，农村的需求打不开，对整个国民经济的拉动力就会大打折扣。第三个是从城乡互动讲，城乡关系的互动我想多讲几句。一个叫城市经济、一个叫乡村经济，一个叫工业部门、一个叫农业部门，这是国民经济的两大部类。这两者之间在传统的计划经济时期，我们叫经济发展要按比例，那么城乡关系实际上是整个宏观经济里非常重要的一个平衡关系，两者是互相依存，互为依托，互相促进。什么时候城乡关系构成良性循环，国民经济发展就好；什么时候城乡关系链条断裂，那么就会深刻地影响到国民经济。同志们都晓得，邓小平在视察南方讲话里有一个著名的论断，叫"发展才是硬道理"。但是，可能很多人没有注意到邓小平在讲这句话之前还有一大段的论述，那段论述实际上集中讲的就是城乡关系。我大体给你们复述一下，邓小平讲，在我看，1984年到1988年这一段，经济发展就不错，农村改革了，农业发展了，农民收入增加了，就要购买手表、自行车、收音机、缝纫机，这个老的四大件，就要盖新房子，这样就拉动了建筑材料，钢铁、水泥以及耐用消费品的生产，就拉动了工业的生产。邓小平讲，这样，农业促进工业，这个拉动工业，工业促进农业，形成了一个非常生动、非常有说服力的发展过程。然后他又接着讲，那么到了1988年，我们遇到通货膨胀，因此必须进行整顿。但是国民经济每隔一段时间总要有一个比较高的速度的增长，发展才是硬道理。由此你们看，在邓小平的概念里面，他就把城乡关系的互动、良性的互动，作为我们整个国民经济能够持续发展，特别是高速发展的一个前提和基础。也就是说，良好的城乡关系是发展才是硬道理的前提。这样可以增进我们对搞好城乡关系意义的认识，就可以更深一步。

关于构筑城乡新格局对和谐社会的意义，我想提醒一点，我们国家大多数人口在农村，农村不

> **重点提示**
>
> 在邓小平的概念里面，他就把城乡关系的互动、良性的互动，作为我们整个国民经济能够持续发展，特别是高速发展的一个前提和基础。也就是说，良好的城乡关系是发展才是硬道理的前提。这样可以增进我们对搞好城乡关系意义的认识，就可以更深一步。

和谐，全社会自然不和谐。但是，你们要特别注意到，就是在国民经济的高速增长时期，也就是我们国家发展的战略机遇期，这个时期要延续十几年、二十几年甚至三十几年，在整个高速增长阶段，万万不要忘了我们的困难群体，农业是弱势产业，农民相当是困难群体。因为在高速增长的时候，往往忽略弱势群体的利益。从国际经验看，也是在高速增长的时候，困难群体的利益容易被忽略。因此，我们在这个时期特别要提倡城乡融合这个概念，提关心农业、关心农村、关注农民。

这个再往下，为什么说形成城乡一体化新格局是建立完善的社会主义市场经济体制的需要？这个毫无疑问，市场经济体制的一个基本要求就是要素要能够充分流动，价格机制能充分地发挥调节生产和需求的这样一个作用。如果我们城乡之间仍然有壁垒，城乡之间的要素流动仍然有体制障碍，那么显然，一个完善的社会主义市场经济体制的建立就要受到阻碍。反之，还有一个问题，就是我们的社会主义市场经济体制是政府宏观调控下的市场经济体制，因此，还有一个怎么对弱势的农业构筑支持和保护体系的问题。从这个方面看，我们也还有大量的工作要做。所以，推进城乡一体化对完善社会主义市场经济体制也有直接的重要的意义。

第四个说构筑城乡一体化新格局是实现全面小康的需要，这个就不用多说了。8亿农民在农村，这部分人不实现小康，全国的小康就是一句空话。

接下来要跟大家报告的是，我们是否已经到了工业反哺农业、城市带动农村，或者叫着力破除城乡二元结构、形成新格局的这样一个时期？党的十七届三中全会《决定》，在这点上是明确的，明确说我国总体上已经进入着力破除城乡二元结构、形成城乡经济社会发展一体化新格局的重要时期。为什么会有这样一个判断？我们可以从两个方面来看：一个是从整个中国经济体发展到今天，它具备了逐步消除城乡二元结构的经济和物质的条件；一个是从政策体系看，我们现在正在构筑一个新的强农惠农的政策体系。就前者说，我这里列了四个指标，就是一般经济学分析，它认为工业和农业两大部类的发展大体分三个阶段，在早期阶段是从农业提取积累工业，第二个阶段是两大部类平行发展，到第三个阶段就应该工业反哺农业。这里就有个问题，那么到什么时候，一个经济体、两大产业的关系就从农业提取积累转到工业反哺农业，到什么时候才具备这个条件？经济学的多方面统计分析，给出我们书面材料里的四个指标：一个就是关于人均国内生产总值要达到 3500 美元以上；一个是关于工农两大部类的比重，非农产值要占到 85% 以上；第三个是非农部门的劳动力，就业结构里边要占到 60% 以上；一个是城市化率达到 40% 以上。那么我们现在全达到了。其中有一个要说明，就是人均国内生产总值去年我们是 2500 多美元，因此，这个指标也可以说应该能够达到。还有，从客观条件看，十六大以来我们已经主动地提出进入了这样一个新阶段，中央连续发了五个 1 号文件，强农惠农的体系正在逐步形成。我们不仅取消了延续 2600 年的农业税，现在反过来农民种粮还可以得补贴，所以老百姓现在对党非常感激。新的一个强农惠农的政策体系是什么样子呢？我这个书面材料里讲了"五个基本"。首先是胡锦涛总书记提出来的，把解决"三农"问题作为全党工作重中之重的基本要求；再下来就是把统筹城乡发展作为基本方略；然后做出了关于城乡发展阶段的基本论断；接下来制定了工业反哺农业、城市支持农村的基本方针；规划了建设社会主义新农村的基本任务。这"五个基本"构成了我们新时期强农惠农的基本政策。

接下来又有一段文字，是表达了这样一个想法：我们虽然已经具备了着力破除城乡二元结构的重要时期，但是另一方面你也要看到，真正要消除二元结构是一个非常长期的任务，不是一朝一夕能解决得了的。那么为什么这么说？首先，这个为什么说是长期的呢？因为说到底，你能够形成怎么样一个城乡关系，不完全以人的意志为转移。它实际上取决于经济发展的水平，或者说由经济发展的水平来决定的。为什么这么说？我给你们讲一个什么概念，就是说，城乡二元结构的标识，是所谓的户籍制度，把中国人分成两类：一类叫农业户口，一类叫非农业户口。你、我、我们都是非农业户口，

如果你是农业户口，你就享受这样一种福利，你是非农业户口，你就有这样一种相应的权利。因此，所谓户籍制度，实际上它背后是两种不同的福利体制。现在有 13 个省宣布取消了农业户口与非农业户口的差别，按照居住地进行户籍管理，这个改革当然好。但是，如果把这个改革当做已经消除了附着在这个户籍制度上的两种不公平的福利体制的话，我看为时尚早。换句话说，有些同志在讲户籍制度改革的时候，简单化了，他以为只要一纸文件、一个宣布就可以取消两种户籍制度，其实不然。两种福利体制最近几年改革了，在以前，我们是城里人，那么你从出生，到上幼儿园、小学、中学、大学，到参加工作，到你的住房，购买副食品，交通、医疗等等，全部都有财政的补贴，直接的补贴或者暗地的补贴，那么你就有权利享受这个。农民没有这个权利，他为什么没有这个权利呢？因为他是农业户口，农民的福利就是他们家那块承包地。当然，这几年强农惠农变化很大，我们在农村搞新农合，搞农村低保等等，这才是刚刚开始。因

此，目前中国人仍然是两套不同的福利体制，农民是这样一个福利，城里人是那样一个福利。这个福利体系，如果你从价值量作一个差距的判断的话，这个差就相当于是户口的这个价格。前些年搞户籍制度改革的时候，就有过卖户口，他为什么能卖户口呢？就说明这两种户籍之间有一个福利差，这个福利差就是这个户口的标价。一个县城的户口可以卖到几千块钱，一两千块钱。要是上海的户口，不卖个10万是买不到的，说明上海的户口福利水平完全是不一样的。那么，我们不解决这个问题，你就宣布户籍被取消了，实际上是假的，取消不了，仍然是两种不同的福利体系。相反，反而搞不好还会造成城市过早地添加了过重的负担，负担不了。所以，改革的正确的顺序，应该是把城市的福利体制逐步地加以货币化改革，把政府的暗补全部变为明补，建立一个完善的社会保障体系；同时，我们要不断地根据社会生产力发展的水平，大力提升农民的各种各样的福利，包括教育啊、卫生啊、文化啊、社会保障啊、就业啊等等，把它的福利水平提起来。只有当这两边福利水平接近的时候，那个时候我们才能真正地说这个户籍制度被取消了。同志们，那个时候也不要讲被取消了，实际上是两种户籍制度消亡了。不是被取消的，不是人为想怎么样就怎么样的。就有如这个粮票，大家还记得，过去为什么要给我们发粮票呢？因为我们粮食短缺，在物质短缺的情况下，我们只能凭票供应。那么后来粮票又是怎么被取消的呢？就是农村改革农业的粮食产量大幅度上涨，从1978年的3亿吨，到1984年就达到了4亿吨，整个粮食的供求关系就大为缓和了，供求平衡了，后期还出现卖粮难，粮食卖不掉。在这个背景下，国家通过1990年、1991年两次大幅度提高粮食的口粮销价，这样就彻底解决了粮食的购销倒挂。那个时候，这个你无论是在市场上买粮，还是到粮店里去买粮，都是一个价了。因此，粮票就没有意义了。此前，你凭粮票到粮店就可以低价买粮，你要想吃好的粮，高价你到市场上去买粮。因此，市场价格和粮店的低价之间这个差价就是粮票的价格。本来粮票上面明明写着是非流通的，不准流通的，但实际上它有价格，你可以拿粮票到自由市场换鸡蛋去。那么后来这个粮票的价格怎么就没了呢？就因为粮站它的价格也抬起来了，这个价格和市场价格一样了，粮票就再没有什么作用了，粮票至此就进入了历史博物馆。它唯一的价值就是储藏价值了，就跟你现在集邮票似的，有人集攒这个粮票。

因此，这个粮票只有当它那个价格趋向于零的时候，它才能消亡掉，对不对啊？并不是我们宣布粮票被取消，是它没用了，因此它就没有了。户口的改革也同样是这样，所以不能轻信说某省宣布取消了户籍，有些同志对这个道理没有想透。统筹城乡发展新格局注定是个长期任务，不可能在短期内解决，当然，我们要逐步朝着这个方向去努力，而且大中小城市的情况不一样，在有些地方可以率先。比如说，在一些中小城市，在户籍制度改革方面可以先走一步，可以走得快一点，这个是对的。以上是我的整个讲稿的第一部分。

第二部分呢？我给大家描述了中国城乡二元经济结构体制是怎么形成的，改革30年我们都破除掉了一些什么，现在在城乡二元结构方面还面临什么样的问题。

在这一部分里，我想先给大家讲一讲中国这个特殊的城乡二元经济结构是怎么形成的。刚才我讲了，在讲到发展经济学的二元结构理论的时候我说了，那个理论不能完全适用于中国。中国有中国特殊的国情，实际上，我们现在这种城乡分割的二元经济结构体制，是我们以前传统的发展战略，是计划体制的产物。我解释一下，新中国成立以后实际上新中国成立以前，毛主席在《新民主主义论》、在《论联合政府》里都讲，说将来新中国成立首要的任务是推进工业化，因为只有把一个落后的农业国变成一个工业国才能屹立于世界民族之林，我们的首要任务就是加速工业化。但是，工业化的建立，首先碰到的一个问题，就是没有资金的积累，没有原始积累。我们不可能像早先的帝国主义，搞海外掠夺，通过海外掠夺解决工业化的原始资金；我们也不可能对农民采取高额赋税的办法，来解决工业化的资金积累问题。因为，我们这个天下是共产党走乡村包围城市的道路，带领广大农民打下来的，也不可能像日本明治维新那样对地主苛于重税的办法，甚至当时除了苏联对中国有些援助以外，获得海外援助的可能性都不存在。我们当时整个国家的国民经济结构是什么概念呢？是农业占了国内生产总值的90%，那么还有10%是工业，这10%的工业都是自身比较弱的民族资产阶级的这些轻工业。因此，完成工业化资金积累也不可能靠工业自身来完成。这样，整个提供工业化资金积累的任务，必然要落到人民头上，落到农业头上。

那么，具体采取的是什么方式呢？采取的是农产品统购统销。1953年，我们首先对粮食实行统购统销，你们看《陈云文选》，当时我们在的这个浦东、上海，粮价飞涨，国家手里不掌握粮食就没办法斗过这帮粮商，而国家大批集中粮源就得向农民采取派购的办法，统购统销的开始是这样的。那么，它对于工业化的资金积累是什么意义呢？它是这样，就是用相对于市场价格的低价格来统一收购农产品，然后在城市也是采用低价格来销售，这样工业就由此获得两个便宜。一个，由于农产品的价格低，因此人员工资的成本就低。因为新中国成立之初嘛，我们恩格尔系数还比较高，只要吃的便宜，那么员工的

重点提示

我们当时整个国家的国民经济结构是什么概念呢？是农业占了国内生产总值的90%，那么还有10%是工业，这10%的工业都是自身比较弱的民族资产阶级的这些轻工业。因此，完成工业化资金积累也不可能靠工业自身来完成。这样，整个提供工业化资金积累的任务，必然要落到人民头上，落到农业头上。

工资就可以便宜。第二个，当时的工业主要是轻工业，因此它整个进料的原料成本也就便宜。然后，工业品与农产品存在剪刀差，工业的出厂价格定得相对的高。这样，一个叫生产成本低，再一个出厂价格可以高于市场价格，就利用这个价格剪刀差的办法，形成超额利润，源源不断地进入财政，就变成工业化的原始资金积累的来源。我们说，传统的这样一种特殊的剪刀方法有三个支柱，就是：一个要统购统销，你一定要把农产品卖给我，不能卖给别人，这就叫统购统销；第二个就是你在低价拿农民农产品的时候，农民他愿不愿意以低价格把这个卖给你，他有没有这样一个承受的能力，就必须要考虑，就逐步推进农业的合作化。你只有把农民组织起来，而且用一种相对化的方式，这个时候你低价拿，农民的承受力增强。如果全部是个体农民的话，你低价拿还真是不好拿；第三个，要不许农民流动，不能让他流动，因为农民一流动跑到城里去了，城里本来是低价的福利体系，你进一个人就等于多一个分食的。所以，我们说传统的经济体制有三大支柱，叫统购统销，叫人民公社，叫城乡隔绝。为什么要搞这三大支柱，它都是为了完成特殊的积累机制，为了完成国家的工业化。农民当时交一份农产品，等于向国家付了一份税，就这个概念。他这个税额相当于国家低价征购和市场之间的差价，就等于国家从农民头上拿税，这是暗税。这就是中国形成城乡二元结构的非常特殊的历史背景，所以不能简单地用发展经济学那套套我们中国的情况，虽然有理论上借用的地方。

1978 年十一届三中全会以后就开始改革了。

对农村我们叫休养生息，结果休养生息出了一个包产到户，到后来的包干到户，短短几年内，犹如燎原之火，就在全国普遍化了，到 1984 年写进了政府报告，认可它是社会主义条件下的一种责任制。现在我们讲改革率先在农村突破，实际上它是农民自发的。你说为什么中国的改革率先从农村突破啊？因为农民是在传统的经济体制下问题最多、困难最多的一个群体，所以改革率先从农村突破，这是有道理的。因为，过去长期的工业化进程是把农民排除在外的，多少农民啊，没有分享成果的权利，这话说得有点太绝对，但大体是这样。因此，它是传统的经济体制下最受压抑的一个部门，因此改革从这率先突破，是理所当然的。改革这 30 年来，我们这三大支柱，一个一个被消除，第一步实现家庭联产承包，最终取消人民公社体制，然后从 1984 年开始发动统购统销的改革，一直改到现在。第三个以 20 世纪 90 年代民工潮的大流动开始，不断冲击城乡的体制。经过这 30 年的改革，传统经济标识基本被消掉了，进入新世纪以来我们不仅不从农民那里拿了，现在反哺他了。所以，改革进程线索也是非常的清晰，就是破除旧体制的三大支柱。

那么到目前为止，城乡二元结构是不是已经不存在了，现在还有没有从农民身上拿的问题？我也在考虑这个问题。实际上在我看呢，城乡二元结构这个体制，在我们的生活中处处都有显现，现在拿农民的问题依然存在。你比如说，低价征地问题，城市的土地是国有地，农民的土地是农村集体所有，可是你们承认农民的地是集体所有制吗？这个低价征地又不知道从农民头上拿了多少。再有，农民进城打工，你同工同酬了吗？这不仅表现在发工资上，而且表现在各种福利和劳动保护上；你给他上保险了吗？没有，这又从农民头上拿一块。所以，城乡二元结构旧的被破除，但是并不意味就彻底废除了，现在在新形势下，又有新的表现。因此，我们进入了破除城乡二元结构的关键时期，进一步发展城乡一体化新

> **重点提示**
>
> 改革这 30 年来，我们这三大支柱，一个一个被消除，第一步实现家庭联产承包，最终取消人民公社体制，然后从 1984 年开始发动统购统销的改革，一直改到现在。第三个以 20 世纪 90 年代民工潮的大流动开始，不断冲击城乡的体制。经过这 30 年的改革，传统经济标识基本被消掉了，进入新世纪以来我们不仅不从农民那里拿了，现在反哺他了。所以，改革进程线索也是非常的清晰，就是破除旧体制的三大支柱。

城乡统筹与农村改革发展

格局，还要付出艰巨的努力。城乡差距为什么拉大？说到底是两大产业劳动部门的生产率差距太大，是农村就业极其不充分的问题。是农民想不充分吗？不是，是他没有机会和生产资料相结合，只有劳动力加生产资料才等于生产力。我算过，城里人占领生产资料和农民人均占有的生产资料，差别大了去了。所以，要破除城乡的收入差，就必须给农民充分就业的机会，我们通常讲的开辟就业门路，才能缩小这个差距。此外，城乡基础设施差距也非常显著，有人说城市是欧洲、农村是非洲，说得有点邪乎了，但大体不差，城乡差距是大。

第三部分讲的我国促进城乡一体化新格局的七项任务。

首先要调国民收入分配结构，把农业农村农民作为国民收入分配的一个重点，包括基础设施建设，包括基本公共服务等都要向农村倾斜。

第二个是讲了城乡的规划问题，形成规划一体化。现在特别是发达地区，城乡规划搞得不太好，你经常看到各种工农区混杂的现象，有些地方城不城、乡不乡，工农主题区分不明显，工业区不像工业区，居住区不像居住区，农业区不像农业区，都混杂在一块，这个问题要通过规划来解决。

第三个是着力发展农业。人无远虑，必有近忧，眼前我们粮食连续5年丰收了，近期农产品下浮的压力非常大，我们还得想办法托市。但是从中期看，国务院刚发布了国家粮食安全中长期规划纲要，与到2020年我们14.5亿人口的需求相比，我们的粮食综合生产能力差了约1000亿斤，所以国家准备启动新增千亿斤粮食综合生产能力规划。将来农业发展，更要命的是我们整个农业怎么走出农业现代化的特色道路，这个任务，我搞了这么多年农业，也没看透。中国的农业现代化是什么样子？我们一想现代化，就是欧美的大规模农业的现代化。那么，东亚的这种小农户，你这么小的规模怎么和人家的上百公顷规模去竞争，你劳动生产率肯定不行嘛。如何在这个基础上构筑我们有竞争力的农业体制，要好好琢磨，好好探索，恐怕产业化是一条路子，恐怕小规模大集群是一条路子，发展专业合作、各种各样的合作是一条路子。因为，你没有这个规模化和组织化，你就很难推进标准化，而没有农业生产过程中的标准化，你就很难保证农产品的质量安全。我老讲这么一个故事，有一次国务院领导同志去四川调查，在巴中的一个县里面，到一个农民家里，男人去打工了，妇女在家，这户养了四五头猪，奇怪了，四五头猪还分两拨养，就问她，说你不嫌麻烦吗，她说这很有必要。这边的猪是喂我们自家的泔水，这边的猪是喂买来的饲料，这个喂泔水的是我们自己吃的。说为什么这么办呢？你没听说吗，饲料里有毒啊。有毒你就卖给城里人吗？她说没关系，他们有公费医疗。我的意思是说，这种小规模经营，怎么使生产经营标准化，你不标准化，他就没办法控制质量。没办法控制质量，就类似三鹿奶粉三聚氰胺事件，乱七八糟的事情就会层出不穷，防不胜防。所以，同志们好好琢磨，中国农业现代化怎么弄法，恐怕现代化的一般规律不能违背，同时我们要克服小规模的问题，又不能侵害农民利益。

第四是统筹城乡社会管理。推进户籍制度改革，放宽中小城市落户条件，使在城镇稳定就业和居住的农民有序转变为城镇居民。推动流动人口服务和管理体制创新。

第五是积极推进统筹城乡综合配套改革

> **重点提示**
>
> 中国的农业现代化是什么样子？我们一想现代化，就是欧美的大规模农业的现代化。那么，东亚的这种小农户，你这么小的规模怎么和人家的上百公顷规模去竞争，你劳动生产率肯定不行嘛。如何在这个基础上构筑我们有竞争力的农业体制，要好好琢磨，好好探索，恐怕产业化是一条路子，恐怕小规模大集群是一条路子，发展专业合作、各种各样的合作是一条路子。因为，你没有这个规模化和组织化，你就很难推进标准化，而没有农业生产过程中的标准化，你就很难保证农产品的质量安全。

> **重点提示**
>
> 第四是统筹城乡社会管理。推进户籍制度改革，放宽中小城市落户条件，使在城镇稳定就业和居住的农民有序转变为城镇居民。推动流动人口服务和管理体制创新。

重点提示

第六个是就业统筹。这里边我们怎么尽快形成城乡一体化劳动力市场，农民工是"候鸟"人口，或者说是两栖人口，城乡之间来回飘忽不定。将来他们是什么前景？90年代我就做过专门的调查，我以为，他们有一部分人会在城市落下来，但这取决于城市社会成本的高低和他自己的能力，有的人能落下来的时候，我们要帮他解决户籍问题，还有相当一部分人要返回家里，但是他们返回家里，请你们注意一个现象，他们不会再回到第一产业上去了，他们回去以后，可能到县城、小城镇就落下脚来了，这叫回归故里，但是不回归第一产业。他们回去以后，会成为当地推进城市化和工业化积极的有生力量。不同城市生活成本不一样，根据这个特点，我们要有组织地引导他们成为当地城镇化的积极力量。

试验。

第六个是就业统筹。这里边我们怎么尽快形成城乡一体化劳动力市场，农民工是"候鸟"人口，或者说是两栖人口，城乡之间来回飘忽不定。将来他们是什么前景？90年代我就做过专门的调查，我以为，他们有一部分人会在城市落下来，但这取决于城市社会成本的高低和他自己的能力，有的人能落下来的时候，我们要帮他解决户籍问题，还有相当一部分人要返回家里，但是他们返回家里，请你们注意一个现象，他们不会再回到第一产业上去了，他们回去以后，可能到县城、小城镇就落下脚来了，这叫回归故里，但是不回归第一产业。他们回去以后，会成为当地推进城市化和工业化积极的有生力量。不同城市生活成本不一样，根据这个特点，我们要有组织地引导他们成为当地城镇化的积极力量。

最后一个关于县域经济自主权和增强县域经济实力，这是个大事。我的报告上说县域经济总人口超过9亿人，占全国的73%，县域经济占全国总值的60%，因此县域经济关系到全面小康目标，关系到统筹城乡能不能取得实质性进展。壮大县域经济，是党的十六大提出来的，这几年也在往前推进，但是还有不少问题要解决。我认为，我们国家尽管大，但是政府层级还是多了点，行政成本太高，将来可能方向是省直管县，也直管市，市就不要再管县，这样就可以减少层级。第二个就是转移支付。按照不同县域的经济情况，比如农业大县，我是赞成加大转移支付力度。我去河南调查一个农业大县，粮食产量21亿斤，县长说现在这个政策好了，给我们这个农业大县有财政补贴了，奖励粮食大县的资金一年能给2000多万元。这还是少了点，能不能给我两个亿啊？将来不能老是这样，这个问题改了 20 年都没解决，粮食成本总是不断上升的。我们现在是什么机制呢？粮食成本上升，由农民负担、由粮食主产区负担，这个机制不对。应该是什么呢？由生产者和消费者共同负担粮食生产成本上升的压力，由产区和销区共同负担粮食成本上升的压力，否则粮食大县一点生产粮食的积极性都没有，生产越多就越亏本，叫工业大县、农业小县、财政穷县，这个问题不解决，中国粮食安全就没有牢靠的基础。而且，我们不仅要调动农民的积极性，也得调动产区政府抓粮的积极性，所以要把新的体制建立起来。再有，除了国家的支持帮助外，我们县域怎么来推进经济的发展，一般而言叫"三化"，即推进工业化，推进城镇化，推进农业现代化。工业化就是选准你的优势，确立主导产业；城镇化就是不断改变城乡之间的人口分布。所谓发展小城镇，不是到那里盖几间房子，而是要发展小城镇经济，城镇是非农产业的载体，实质的内容是产业；农业现代化，作为任何一个县域经济啊，农业基础产业不能忽视了。

以上就是我关于城乡一体化的心得体会，时间关系，在此只能是蜻蜓点水，谈一些要点，其中有一些是属于个人观点，谈错了你们就批评，而且以文字稿为准，其他的一些说法供你们参考，我今天要讲的就这些。谢谢大家。

问与答

学员：要说"三农"问题已经有很长时间了，大家都在努力，但是最终的问题还是在于实际有效的投入。如果按我们各地每亩地投到 1 万块钱

重点提示

我们现在是什么机制呢？粮食成本上升，由农民负担、由粮食主产区负担，这个机制不对。应该是什么呢？由生产者和消费者共同负担粮食生产成本上升的压力，由产区和销区共同负担粮食成本上升的压力，否则粮食大县一点生产粮食的积极性都没有，生产越多就越亏本，叫工业大县、农业小县、财政穷县，这个问题不解决，中国粮食安全就没有牢靠的基础。而且，我们不仅要调动农民的积极性，也得调动产区政府抓粮的积极性，所以要把新的体制建立起来。

的话，那么 18 亿亩就要 18 万亿元，再加上人的因素及其他因素，所以实际上这是很大的一个压力。我注意到，我们现在更多的是强调政策的补助，但是"三农"的投入，我觉得，我们成都正在做的一个试验，或者说国家城乡统筹综合配套改革区这个试验，结合多年的经验看，是不是应该加快农村生产要素尤其是农村土地、农村集体建设的用地，包括农村林地，农村基本农田这一系列农村生产要素的根本市场化。通过这样的资源配置，在严格国家土地管理和规划的前提下，能够实现农村投入自身的、内在的增长机制。我觉得这个才是问题，所以我觉得，解决"三农"根本的问题在于这样一个更为深刻的制度性的认识和实践的努力。第二点，我觉得党的十七届三中全会的精神有一个非常重要的观点，就是用益物权，撇开所有制的情况下，我们能够实现哪些权利，而这些权利能够怎么样地落实到农村、农民、农业，来获得这样的权利和收益。谢谢。

杜鹰： 你提到这些问题，我简单跟你说几句吧。土地，你想从生产资料把它变成一种资本，想把它变成产生货币的一种资本，这个想法很好，但是在中国实行彻底的土地市场，一时半会儿还看不到这个前景。你说吧，土地上怎么生出金鸡蛋来？我们农地用途上是管制的，只要是农地，它就变不成金子，你要想把它变成金子，那就是把它转成非农地，转成非农地又同你想加强农业的初衷相悖了。所以要通过土地的资本化来推进农业、壮大农业基础，到底是个什么逻辑？这个要搞清楚。党的十七届三中全会讲了三个"不得"，土地不得改变用途，不得改变集体所有制的性质，不得侵犯农民利益。当然，你说的对农业加大投入是对的，我们做农业标准化良田不要每亩 1 万块钱，大概每亩几百到 1000 块钱总是要的。这个要逐步加大投入。用益物权，这次文件里面讲的是农民的宅基地的用益物权，实际上，我以为，农民的土地使用权也应该按用益物权看待。物权是一种财产的权利，是排他性的，用益物权就是我跟人家租进来的东西，在我租用期间，我拥有占有它和凭它获得收益的权利。你们要搞清楚，中国土地承包的双方关系很有意思。比方说，你们坐在中间这一圈人，你们拥有这个土地，我也是你们中的一分子，然后你们里面也有我，土地的发包方不是集体吗？我就是集体的一分子，我就在发包方里面，同时我又是承包方，我们要使这个承包关系长期稳定，它的演进的一个基本方向是什么呢？就是逐步扩大承包方的权利，这样就可以遏制发包方随意地来调我的地呀，来跟我要这个那个，那么就不断地强大承包方的权利，承包方的权利是一组权利，承包土地的权利，有经营土地的权利，有使用土地的权利，有处置转包的权利，有从土地上获得收益的权利，等等，它是一个权利束。朝着用益物权的方向走，就是把它这一束权利不断地强化和增加，而相对的就是收缩了发包方的权利。还有宅基地的问题，这里边侵犯农民利益的事也不少，我就不大赞成简单地说让农民用宅基地换住房，将来在统筹城乡的时候在土地问题上一定要注意保护农民利益。我就回答你这些。

全国县委书记培训班

2008 年 11 月 16 日

关于**发展**现代农业的几个问题

危朝安

讲座时间： 2008 年 11 月 17 日

作者简历： 危朝安（1955— ），男，江西南城人，1968 年 11 月参加工作，1983 年 5 月加入中国共产党，江西财经大学 1983 届国民经济计划专业毕业，经济学学士；中央党校研究生院法学原理专业在职研究生毕业。曾任中共江西省委办公厅正处级秘书、江西省计委农业处处长、江西省农业厅（农牧渔业厅）副厅长、江西省乡镇企业管理局局长、江西省农业厅厅长、中共江西省宜春市委书记、江西省政府副省长等职。2006 年 1 月起，任农业部副部长、党组成员。2009 年 6 月起任农业部副部长、党组副书记，兼中央农业广播电视学校校长，第九届全国人大代表。

内容提要： 授课人从三方面阐述了我国发展现代农业的若干问题。首先指出，经过改革开放 30 年的发展，我国已进入加快改造传统农业走中国特色农业现代化道路的关键时刻。然后从确保国家粮食安全，推进农业结构战略性调整，加快农业科技创新，加强农业基础建设，建立新型农业社会化服务体系，促进农业可持续发展，扩大农业对外开放等七方面探讨了我国走中国特色农业现代化道路，需要重视和深入研究解决的生产力发展方面的重点问题。最后强调以科学发展观为指导，健全现代农业发展的制度，包括稳定和完善农村的经营制度和建立健全对农业的支持和保护制度。

尊敬的各位书记：

按照培训班的安排，今天我就贯彻学习党的十七届三中全会精神，加快发展现代农业的几个问题与大家来共同研讨和交流一下。第一，我们理解中央决定直接培训县委书记专题的研究，贯彻落实党的十七届三中全会精神，这充分说明了党中央把"三农"问题又提高到一个新的重视高度。第二，我们也体会到贯彻落实十七届三中全会的精神关键在县，关键在主要领导。农业、农村、农民问题确实是事关我们现代化建设的一个非常紧迫的一个现实问题，也是一个事关全局的战略问题。同时，农业、农村、农民问题矛盾多，困难多，工作也比较难做，所以我们领会中央之所以直接培训县委书记目的确实是非常清楚的。

党的十七届三中全会专题研究了新形势下推进农村改革发展问题，通过了《中共中央关于推进农村改革发展若干重大问题的决定》（以下简称《决定》），作出了我国已进入加快改造传统农业，走中国特色农业现代化道路的关键时刻的重要判断，强调要把走中国特色农业现代化道路作为基本方向，对积极发展现代农业、提高农业综合生产能力作出了全面部署，提出了统筹推进工业化、城镇化、农业现代化建设的明确要求。《决定》是我们当前和今后一个时期推进农村改革发展的纲领性文件。我们一定要站在深入贯彻落实社会发展观，实现经济社会又好又快的发展，加快社会主义现代化建设的高度，来认真地学习，深刻地理解，更加自觉、更加积极、更有成效地贯彻落实好。下面我按照培训班的要求讲三个方面的问题：第一个讲形势任务方面的问题，第二个讲生产力发展方面的问题，第三个讲生产关系方面的问题，也就是深化改革制度建设问题。

第一个问题就是经过改革开放 30 年的发展，我国已进入加快改造传统农业，走中国特色农业现代化道路的关键时刻。我们都知道，现代农业是与传统农业相对应的发达农业，是一个动态的概念。在中国发展现代农业就是要坚持走中国特色农业现代化道路，围绕保障粮食等农产品有效供给，增加农民收入，促进农业可持续发展，强化科学技术，物质装备健全产业体系，稳定完善农村基本经营制度，充分发挥市场资源的基础性作用和农民建设的主体作用，全面提高土地产出率、资源利用率和劳动生产率，将传统农业逐步发展成农工贸紧密衔接融为一体的现代产业。长期以来，我们党为实现农业现代化进行了不懈的努力和积极的探索。新中国成立前夕，党的七届二中全会就提出了农业现代化的目标。新中国成立以后，我国逐步形成了以机械化、化肥化、水力化、电气化"四化"为主要内容的农业现代化思想，采取良种选育的推广，农业物质装备技术改造，农田水利基本建设等一系列措施，着力改善了农业生产手段和生产条件。党的十一届三中全会作出了把党和国家的工作重心转移到经济建设上来，实行改革开放的历史性决策，大大加快了我国现代化建设的进程，我国农业现代化建设进入创新体制机制、优化生产结构、加快科技进步、提高物质装备水平、改善质量效益的发展时期。党的十六大以来中央从推进我国现代化事业的全局出发，明确了把解决"三农"问题作为全党工作的战略思想，从深入贯彻科学发展观的要求出发，把统筹城乡发展摆在"五个统筹"的首要位置，连续下发五个 1 号文件，采取了一系列的重大举措，着力在工业化、信息化、城镇化、市场化、国际化竞争中加快农业现代化步伐。党的十七大和十七届三中全会又对走中国特色的农业现代化道路作出了全面的部署。可以讲，几十年来我们党对农业现代化的理论认识在不断深化，我国农业现代化进程在逐步加快，发展农业的实践经验在不断丰富。今年是改革开放 30 年，30 年来，我国农业现代化建设取得了重大进展，农业基础设施不断加强，农业现代要素投入水平明显提高，科技对农业增长的贡献稳步上升，农业生产结构优化升级，农业产业化经营快速推进，土地产出率资源利用率和劳动生产率以及农业组织化程度逐步提高。比如，从 1978 年到 2007 年，全国有效灌溉面积由 6.74 亿亩增加到 8.58 亿亩，增长了 27.3%；化肥使用量从 884 万吨增加到 4776 万吨，这是 2006 年的数据，现在已经超过了 5000 万吨，增长了 439.1%；农业机械总动率由 1.18 亿千瓦增加到 7.69 亿千瓦，增长了 551.7%；农业生产耕种综合机械化水平，由 19.5% 提高到 42.5%，提高了 23 个百分点；设施农业快速发展，农业科技创新能力也在不断增强。农业的组织化程度不断提高，到 2007 年年底，全国农业合作组织已经达到 15 万多个，成员总数已达到近 4000 万户，带动非成员农户 5512 万户，各类农业产业化总数，达到 17 万个，带动农户 9511 万户。改革开放 30 年来，我们国家的农业农村经济确实取得了巨大的成就，可以概括为五个历史性变化：一个是农产品的供给形式发生了历史性的变化。农业增长能力显著增强，粮食、油料、蔬菜、水果、肉类等产量连续多年居世界第一，主要农产品产量和人均占有量大幅度提高，也是我们经常讲的我们用占世界 9% 的耕地养活了占世界 21% 的人口，特别是在耕地数量不断减少的情况下，依靠自己的力量，稳定解决了 13 亿人的吃饭问题，我们每年的粮食自给率都保证在 95% 以上，成绩确实来之不易。二是农村经济结构发展历史性变化。农民全面发展，乡镇企业异军突起，农村二、三产业不断壮大，农村经济结构由农业为主，转变为农业与非农产业协调发展。全国的乡镇企业增加值由 1978 年的 209 亿元增加到 2007 年的 6.96 万亿元，增长了 332.1 倍。三是农村经济体制机制发生历史性变化。家庭承包经营为基础统分结合的双层经营体制，亿万人民成为生产的主人、市场的主体。农产品市场全面放开，全面取消农业税，对农民实现直接补贴，与我国生产力发展水平和社会主义生产体制机制相适应的农业政策保护体系初步形成。四是农民生活水平发生历史性的变化。农民收入从长期停滞不前到持续较快增长，农民生活从温饱不足到总体小康并向全面小康迈进。1978 年到 2007 年，农民人均纯收入从 134 元提高到 4140 元，平均每年实际增长 7.1%；农村居民恩格尔系数从 67.7% 下降到 43.1%，下降了 26 个百分点；农村贫困人口由 1978 年的 2.5 亿人减少到 2007 年的 1479 万人。这段时间我们贫困人口的减少总数占到世界贫困人口减少总数的 70% 以上，也就是说世界上这几十年反贫工作减少的贫困人口 70% 是在我们国家。五是农村面貌发生了变化，农村的生活条件明显改善，社会事业加速发展，农民素质显著提高，农村社会保持稳定和谐。特别是党的十六大以来，党中央、国务院坚持把解决"三农"问题作为全党和全部工作的重中之重，出台了一系列强农意义的政策，农村改革不断深化，新农村建设扎实推进，农业综合生产能力扎实提高，粮食连续五年增产，农民收入持续较快增长，农村社会事业实现较快发展，农民的生活水平不断提高，农业农村发展应该说是处于历史上最好时期之一。2008 年，国内外经济环境十分复杂和困难，我国农业农村经济发展克服了严峻的挑战和考验，实现了平稳较快的发展，粮食双双连续五年增长，双双创历史最高水平。据农业部统计，2008年粮食总产大致在1.03万亿—1.04万亿斤，超过了1998年1.0246万亿斤的历史最高水平，有关部门可能预计得还要高一些；粮食亩产首次突破320公斤，达到326公斤。农民收入继续较快增长，2008年前三季度，农民现金收入3971元，增长了11%，农民出售农产品收入、工资性收入、专业性收入呈明显增长趋势。2008年农业收入有望成为连续5年超过6%，扣除物价因素，当然后面进入10月以后有些情况，真正要完成全年的目标还是有一定的难度。农业发展成为国民经济发展突出的亮点，为经济发展全局奠定了基础，提供了支撑。30年农村改革发展的成绩巨大，振奋人心。经过30年的发展，我国已经总体进入工业反哺农业，城市支持农村的发展阶段。工业化快速发展为提高农业物质装备水平，改造传统农业提供了有利条件，城镇化加速推进为转移农村富余劳动力、推进农业现代化创造了有利时机。特别是近年来基本形成了扶持农业农村发展的政策体系，为全面推进现代农业建设创造了良好的环境。但同时也要看到，目前我国农业正处在提高物质技术装备的紧要关头，处于转变发展方式的重要关头，农业基础仍然薄弱，最需要加强；农村发展仍然滞后，最需要扶持；农民增收仍然困难，最需要加快。这三句话是《决定》里面的原话，因此必须充分认识加快改造传统农业，走中国特色农业现代化道路的重要性、紧迫性和艰巨性。

第一，从农业农村经济发展形势看，必须加快改造传统农业。目前，我们国家的农业发展方式仍然粗放，农业的物质基础装备水平还很低，资源约

重点提示

第一，从农业农村经济发展形势看，必须加快改造传统农业。目前，我们国家的农业发展方式仍然粗放，农业的物质基础装备水平还很低，资源约束和市场约束不断增强，气候变化影响加剧，自然灾害频繁，总体上还处在靠天吃饭这样一个状况。因此，保障国家粮食安全和主要农产品总量平衡，结构平衡和质量安全的压力在不断加大。农业生产比较效益持续下滑，农村劳动力大量转移就业等等一系列的新情况给农业生产带来了深刻的影响。受全球金融危机的影响，近一段时期农产品价格呈现下行态势，将严重地影响到农民的积极性，给农民增收带来了很大的困难。传统农业已经难以适应经济发展的要求，难以长期保障国家粮食安全和有效农产品的供给，难以保障农民收入的持续增加，必须加快改造，加快农业现代化的建设，这是从农村农业经济本身来看。

束和市场约束不断增强，气候变化影响加剧，自然灾害频繁，总体上还处在靠天吃饭这样一个状况。因此，保障国家粮食安全和主要农产品总量平衡，结构平衡和质量安全的压力在不断加大。农业生产比较效益持续下滑，农村劳动力大量转移就业等等一系列的新情况给农业生产带来了深刻的影响。受全球金融危机的影响，近一段时期农产品价格呈现下行态势，将严重地影响到农民的积极性，给农民增收带来了很大的困难。传统农业已经难以适应经济发展的要求，难以长期保障国家粮食安全和有效农产品的供给，难以保障农民收入的持续增加，必须加快改造，加快农业现代化的建设，这是从农村农业经济本身来看。

第二，从整个经济社会发展的全局来看，也必须加快改造传统农业。改革开放以来，我国经济持续快速发展，经济总量明显增加，农业占国内生产总值的比重逐步下降，但农业的基础地位和作用不仅丝毫没有降低，反而更显重要。我国正处于工业化加速推进时期，必须构建新型的工农关系、城乡关系，推进工业化城镇化不能没有农业现代化，三者必须统筹兼顾，协调发展。当前，要保持经济平稳较快发展，有效应对国际经济形势错综复杂的局面关键举措是扩大内需。与城镇居民相比，农民收入水平还比较低，消费趋向比较大，加大对"三农"的投入，加快改造传统农业，大力加强农业基础建设，稳定增加农民收入，切实改善农民生活条件，可以有效增加农村农民消费需求，提升消费水平，为产业发展创造稳定持久的生产需求，推动经济社会又好又快发展。中央出台的四项措施，整个农业农村这一块占到341亿，其中包括水利、农田改造，也就是在一个多月时间要实施的措施，要加大这个方面的力度。这方面对加大农民收入，增强农业的发展，进一步改变农村的面貌，特别是扩大内需是非常起作用的。在这里我们也拜托各位县委书记，可能有的农业项目比较散，可能各个县都有，你抓紧实施。

第三，从应对国际竞争的挑战看也必须加快改造传统农业。随着我们加入国际世贸组织，农业对外开放的步伐加快，我国农业与世界农业的关联程度不断提高，与国际农产品的相互作用日趋加深，影响我国农业发展，农产品市场和价格稳定的因素更加复杂，国际风险不断加大，特别是去年以来，国际农产品市场急剧变化，价格大起大落，对全球农业乃至整个经济发展都产生了很大的影响，给我们敲响了警钟。也只有加快改造传统农业，提高农业综合生产能力，增强国际农业竞争力，才能经受住各种风险的考验，在激烈的国际竞争中，牢牢掌握主动权。这是我想讲的第一个问题。

第二个问题就是走出中国特色农业现代化道路，需要重视和深入研究解决的几个重点问题。这主要是从发展农村生产力这个角度来讲。

按照《决定》对积极发展现代农业的部署，我们理解建设现代农业基本目标是努力提高土地产出率、资源利用率、劳动生产率，不断增强农业抗风险能力，国际竞争力，可持续发展能力，保证粮食等农产品的有效供给，促进农民增收，实现农业可持续发展，这是基本目标。基本要求是发展高产、优质、高效、生态、安全农业。基本的途径是大力推进改革创新，强化农业农村发展的制度保障，推进农业科技进步，加强农业物质技术装备水平，健全农业产业体系，加快转变农业产业发展方法。重点任务是确保国家粮食安全，推进农业结构战略性调整，加快农业科技创新，加强农业基础建设，建立新型农业社会化服务体系，促进农业可持续

重点提示

从应对国际竞争的挑战看也必须加快改造传统农业。随着我们加入国际世贸组织，农业对外开放的步伐加快，我国农业与世界农业的关联程度不断提高，与国际农产品的相互作用日趋加深，影响我国农业发展，农产品市场和价格稳定的因素更加复杂，国际风险不断加大，特别是去年以来，国际农产品市场急剧变化，价格大起大落，对全球农业乃至整个经济发展都产生了很大的影响，给我们敲响了警钟。也只有加快改造传统农业，提高农业综合生产能力，增强国际农业竞争力，才能经受住各种风险的考验，在激烈的国际竞争中，牢牢掌握主动权。

发展，扩大农业对外开放这七个方面。下面我就围绕这七个方面讲一点意见。

第一，关于确保国家粮食的安全问题。《决定》提出，要加快构建供给稳定、储备充足、调控有力、运转高效的粮食安全保障体系这一任务十分艰巨。13亿人口的国家如果粮食出了问题，谁也救不了我们，必须始终坚持立足国内粮食生产，实现粮食基本自给。现在我们粮食消费量每年要增长80亿斤，肉类的消费量每年增长80万吨，油类的消费量每年也要增长80万吨，这实际上都要从粮食方面来。上一个星期中央开会，专门强调尤其是在世界金融危机国内也比较困难的情况下，尤其要重视农业，尤其要重视粮食。粮食出问题是根本性问题，我们国家出不起这个根本性的问题，这是中央领导再三强调的。要确保国家粮食安全，面临需求刚性增长，约束不断加剧，挑战急剧加大的复杂形势。从需求方面看，粮食消费刚性增长保持粮食供求总量的压力很大。从总量看到2020年粮食要稳定到95%以上，如果播种面积不变的话，单产要在2007年的基础上每年提高0.7%以上，但是改革开放以来，单产增幅明显成阶段性的递减趋势。从1998年到2007年，实际上我们的粮食单产水平每年平均是递增0.6%，未来12年我们要每年递增0.7%。从品种结构看，小麦的品种结构比较好；玉米有一定的难度，玉米实际上是饲料工业、养殖业的发展，我们也搞了一些生物能源的加工，有一定的难度；稻谷的难度较大，而且稻谷国际上的贸易量很小，只有靠自己解决；大豆的压力最大，但是由于不同品种在耕地利用资源上存在着竞争和替代关系，整体上要实现品种结构的任务还是很艰巨。从需求结构看，粮食生产重心减弱，主销区产销缺口不断扩大，实现区域平衡的难度越来越大。从资源方面看，粮食生产的资源约束日益突出，我国人均耕地面积占世界平均水平的40%，人均水资源仅为世界平均水平的28%，农业每年缺水有300亿立方米。近年来，耕地资源数量减少，质量下降，占有率的问题很突出。1996年到2007年耕地减少1.25亿亩，年均减少1136万亩，目前耕地约占2/3以上，而且比例还在上升。2001年到2007年全国占补耕地3140万亩，仅占补率这一项影响粮食生产能力是120亿斤以上。农业用水与其他行业的用水矛盾加剧，实际灌溉面积比重下降，水资源十分分布不均，进一步加剧了部分水资源短缺的状况。农村青壮劳动力加快向非农产业转移，农业劳动力素质呈结构性下降。从 2004 年到 2006 年，农村外出劳动的劳动力平均年龄是 33 周岁左右，而留乡务农的劳动力平均年龄达到∠5 周岁，主要是妇女和中老年。农村资金加速流出，据统计，1988 年以来，每年流出资金约在 1 万亿元以上，2006 年流出资金 1.68 万亿元，是 1988 年的 65.9 倍。化肥、柴油等价格都居高不下，而且存在不同程度的季节性供应偏紧，特别是钾肥自给率低，长期供应不足。从生产主体看，种粮农民和粮食主产局的利益未能得到应有的保障，积极性难以充分调动和发挥。从农民的角度看，种粮效益下降，2004 年到 2007 年，稻谷、小麦、玉米三种粮食的成本增加了 78.3 元，净利润减少了 28.9 元，下降了 14.7%。初步预测，2008 年粮食成本比上年增加 103 元，净利润为 136 元，减少了 33 元，下降了 18.6%。农业收入、种粮收入占农民纯收入的比重明显下降，农业特别是粮食收入不再是农民的主要收入来源。1995 年到 2007 年，农村人均农业收入占纯收入的比重从 50.7% 降为 31.3%，下降了 19.4 个百分点；1996 年到 2007 年，13 个粮食主产区农民人均粮食收入占纯收入比重从 40.3% 降到 18.9%，下降了 21.4 个百分点。当然，这也是个好事。城乡居民收入持续扩大，由 1997 年的 2.47：1 扩大到 2007 年的 3.33：1。农村的劳动力特别是青壮劳动力加快流失农业农村，农业兼业化趋势明显，影响对粮食生产的人力资金技术等投入。产量大县、经济小县财政问题十分突出，2006 年产量大县人均国内生产总值 10762 元，人均财政收入 475 元，只占平均水平的 63.5% 和 28.1%。以上这些问题既有长期积累的老问题，也有新形势下出现的一些新问题，对于稳定发展粮食生产、保障粮食生产安全都有重要的影响，解决起来确实有相当大的难度，也需要有一个过程。确保国家粮食安全，必须坚定不移地保护耕地，坚持不懈地加强基础设施建设，不断地加强综合生产能力，必须统筹协调各方面的利益，充分调动各方面的积极性，特别是提高农民的种粮积极性，必须着力推动稳定播种面积，优化品种结构，提高单产水平。

第二，关于农业各业协调发展问题。《决定》要求以市场为导向，科技创新为手段，质量效益为目标，推进农业结构战略的水平调整。我国是农产品生产和消费大国，需要保障供给的农产品品种多、数量大。随着人民生活水平的提高，特别是农民生活水平的提高，城市人口比重提高，非粮食类的重要农产品需求将会更加强劲地增长。过去10年，人均食油消费增加了两成，肉类增加了三成，水产品增加了六成，奶类翻了两番。在土地、淡水资源趋紧，农资价格持续上涨，劳动力成本不断增加的情况下，品种之间争地、争农、争水、争劳力的矛盾日趋尖锐。既要增加粮食生产，又要发展经济作物，还要搞好水产养殖，统筹的难度在增大，主要品种中不管哪个品种出了问题，都会对市场造成比较大的影响。分品种看，肉类生产波动明显，面临市场的双重压力。现在养猪的压力一再快速地上升，猪价都在大幅度地下跌。目前，全国平均出1头100公斤的猪大概纯收入就是50元钱，如果是买仔猪来养的，现在已经开始亏了。水产养殖之类质量安全的要求也比较大。因为，我们国家主要是靠淡水养殖，而且淡水养殖密度越来越大，风险也越来越高，质量的难度也越来越高。大豆油料之类的难度更大，我们现在的油里面国产的就占40%，2007年冬季由于南方扩大油菜种植面积，2008年可能可以提高两个百分点，就是达到42%，但是也需要大量进口的。棉花大概是30%需要进口，当然我们是一个纺织大国，需要大量出口纺织品，进口棉花，出口纺织品，国产棉花满足我们自己穿衣、做被子这是没问题的。但是，我们是纺织大国，所以这个棉花上压力也是比较大，特别是现在棉价跌得很厉害，现在已经跌到两块多一点，2007年这个时候是3.1元，所以现在这个压力也是相当大。蔬菜、水果质量安全和加工要求进一步提高，蔬菜发展一方面受到质量安全问题特别是农药残留、重金属超标的影响；另一方面受自然灾害流通不畅的影响，容易引发区域性季节性的波动；果业采后商品化处理程度很低，我们的加工比例大概是10%，储藏比例不到20%，每年大概有25%的水果要烂掉。面对新的形势、新的问题，推进农业战略结构性调整要求更高、难度更大。种植业结构调整要在保障国家粮食安全的前提下协调好粮食作物和经济作物的关系，在粮食稳定发展的基础上分门别类采取针对性强的措施，有效解决各产业发展面临的突出问题。优化农业资源配置，统筹兼顾各业发展，绝不能简单地"压粮厚经"，搞非粮化。我们经常讲，搞经济建设，发展是硬道理，统筹是真功夫。事实上，在农业上统筹现在难度也是很大的，也是需要把握好"度"，统筹好各业的协调发展，尤其是必须保证粮食安全的前提下，保证生产增产的前提下来搞结构的调整。稳定发展牲畜等畜牧业发展，促进转变畜养方式，提高生产水平，方向是在稳定农户散养的基础上发展规划养殖，转变饲养方式，成败是在抓好重大动物疫病防控。在水产养殖方面主要是提高质量的问题，健康养殖。解决大多油料供给不足，关键是要稳定收益，要在处理好粮油关系基础上着力恢复面积，恢复单产，努力提高自给率。建立棉花稳定发展机制，关键也是要完善调控机制，特别是现在的进出口调控，充分发挥主产区的优势，稳定种植面积，着力提高单产和品质。在蔬菜和水果质量加工方面重点是要推行标准化和设施化的生产，要科学布局，克服市场季节性和价格的波动，要加大大中城市的"菜篮子"基地建设。这是第二。

第三，关于农产品质量安全问题。《决定》强调要加强农业标准化和农产品质量安全工作。农产品质量安全关系人民群众身体健康，关系社会稳定和国家形象。近年来，我国农产品质量安全整体水平不断提高，成绩很大。2007年蔬菜中农药残留监测合格率为93.9%，畜产品中污染监测平均合格率为98.4%，分别比2001年提高30个百分点以上，农产品质量总体是安全放心的。但是，我国正处在特殊的发展阶段，加强市场秩序道德体系的任务非常艰巨，产品质量的隐患非常多，与城乡居民日益提高的消费需要相比，与技术性贸易壁垒日益加剧的国际贸易形势相比，农产品质量安全还存在比较大的差距。一个方面，我国农产品生产主体量大面广，农业生产规模小，千家万户分散经营不利于推行标准化技术和统一产品标准。农产品从农田要经过生产加工运输保藏保鲜等多个环节，产业链条长，污染源多，监管难度大；另一方面，我国农产品的质量标准体

关于发展现代农业的几个问题

重点提示

优化农业资源配置，统筹兼顾各业发展，绝不能简单地"压粮厚经"，搞非粮化。我们经常讲，搞经济建设，发展是硬道理，统筹是真功夫。事实上，在农业上统筹现在难度也是很大的，也是需要把握好"度"，统筹好各业的协调发展，尤其是必须保证粮食安全的前提下，保证生产增产的前提下来搞结构的调整。

系不健全，农产品质量安全技术支撑体系明显落后，加之手段整体落后，专业技术人才整体水平不高，法律法规体系仍然不完善，对农产品质量监管执法不严的问题还普遍存在。农产品安全监管工作起步晚、基础薄弱，监管队伍人员缺乏，特别是省以下的机构不适应发展的要求，每起农产品质量安全事件的发生，都会影响消费的信心，给产业带来巨大的冲击。面对严峻形势和不断提高的要求，各有关部门也坚持把农业标准化和农产品质量安全工作放在十分重要的位置，加强农产品质量安全评估，及时地消除隐患，大力推广农业标准化生产，严格产地环境投入品使用、生产过程，产品质量全程监控。切实落实农产品生产、收购、储运、加工、销售各环节的几大安全监管责任，净化农产品产地环境，严格投入品管理和生产技术规范操作，强化检测检验体系建设。加强几大安全认证，加强农产品质量安全行政执法，杜绝不合格的产品进入市场，提高监管水平。我们相信，通过我们大家的共同努力，这个问题应该会得到比较快、比较好地解决。

第四，关于农业科技进步问题。《决定》要求大力推进农业科技制度创新，不断促进农业技术集成化，劳动过程机械化，生产经营信息化。我国耕地资源减少趋势难以逆转，依靠增加面积，提高产量的空间十分有限，促进粮食等主要农产品稳定发展，最根本、最大的潜力就是依靠科技。尽管近年来我国科技水平逐年提高贡献很大，但是农业科技支撑能力仍然不强，与农业农村实际结合得不够紧密，与国外特别是发达国家差距仍然比较大。主要是科研投入不足，我国科研投入占农业生产总值的比重远低于 1% 国际科技水平，我们 2007 年大概达到了 0.4%。自主创新能力不强，原始创新关键技术成果明显不足。产前、产中、产后的技术基层配套不够，一些重点领域技术成果还比较缺乏，尤其是真正运用到生产上的重大突破性成果更少。农业技术推广体系建设滞后，科技成果推广应用水平不高，农民素质整体还不高，对新技术的推广能力不强，农业科技管理运行机制不太完善，科研教学推广衔接不够，人才评价导向不合理，人才队伍薄弱，影响农业科技形成整体合力。改变这种状况、解决这个问题，应该确实要有新思路、新办法，突出抓好科技创新、科技推广和农民培训三个环节。要从产业发展需要出发，充分考虑我国农业生产主体、生产组织形式对科技的需求，以现在农业产业科技体制为突破口，加快构建国家农业创新体系，切实加快农业科技进步的体制机制创新，探索务实高效的农业科技进步模式。要深化基层农业推广体系改革，加大建设支持的力度，鼓励探索创新，多种形式、多种途径加强农机推广。要加大转移培训力度，使外出务工农民更好地适应工业化、城镇化发展的需要。要加强务农农民的培训，加快新型农民培训和农村需要人才培养，努力造就培养一批适用现代农业发展要求的新型农民。还要继续支持各类培训资源进村培训和开展技术指导，探索建立农业培训长效机制，全面提升农民接受和应用农业技术的能力，充分发挥亿万农民的主体作用。

　　第五，关于农业社会化服务体系建设问题。《决定》提出要加快构建以公共服务机构为依托，合作经济组织为基础，龙头企业为骨干，其他社会力量为补充，公益性服务和经济性服务相结合，专向服务和综合服务相协调的新型农业现代社会化服务体系。健全社会化农业服务体系，既是发展现代农业的内在要求，也是我们必须加强的薄弱环节，更是农村劳动力大量转移以后农业生产的迫切要求。近年来，我国农村劳动力转移逐步加快，既促进了农民增收，带动了农业和农村发展，又促进了城市和工业的发展。据我们统计，2007 年的农民工已经达到了 2.26 亿人，我们现在务农的劳力统算还有 3 亿人以上，还有大量的劳动力需要继续转移，留下来的确确实实是我们经常讲的"386199 部队"，就是妇女、小孩、老人多，这部分总的来说还是务农劳力多，向二、三产业转移，向城市转移劳动力这一条我们还继续坚持。但带来另外一个问题，就是留在农村的劳动力的素质结构性下来了，这个问题非常突出。而且劳动力长时间的大规模转移，特别是年纪轻、有知识的农村劳动力大量外出务工，劳动力的素质呈结构性下来。一些地方农业兼业化、农村空心化、农民老龄化的趋势明显，留在农村从事农业的往往年龄偏大，文化素质偏低，他们对省时省工的新技术、新知识、新技能推广运用十分渴望，但又存在着投入能力弱、接受能力差以及市场信息不灵担心销售等畏难心理。特别是在市场经济不断深化，对外开放不断扩大的背景下，作为商品生产者的农民面临日益加剧的自然风险和千变万化的市场风险，迫切需要社会化服务。应该说，我们的社会化服务体系，从改革开放以来得到了很大的加强，但现在的问题确实是比较突出。《决定》里面提出要用力争在三年内在全国普遍健全乡镇或区域性的农业技术推广、动植物疫病防控、农产品质量监管等公共服务机构三大体系建设，这三年之内中央要求要完成，还要逐步建立村级服务站点，因此大量培育社会化服务体系，建立健全多样化服务体系，增强为农业服务功能，积极发展农产品流通服务，强化流通基础设施建设，创新流通方式，创造流通渠道，推进农村和现代化显得十分迫切。作为我们县一级，有的是农业劳动力的输出地，有的是农村劳动力的输入地，我们建议要高度重视农民工的管理和服务。2008 年以来，全球金融市场急剧动荡，世界经济增长明显放缓，对我国的影响正在显现并不断加深，部分劳动密集型企业产品出口受阻，影响农民外出增收。2008 年上半年全国农村劳动力的人数虽然同比增长了 5.8%，但增幅却下降了 2.3 个百分点，总量增加，增幅下降。重庆等输出大省开始出现了农民工返乡的苗头，广东等一些输入大省农民工就业和维护稳定的压力明显加大，对此我们要认真分析，积极应对，要稳定发展乡镇企业，扩大农民工培训规模，鼓励农民工返乡创业，为农民就业创业创造良好的条件。

第六，关于农业资源环境保护问题。《决定》要求要发展节约型农业、循环农业、生态农业，加强生态环境保护。这方面涉及我们的问题也是比较突出，工业污染、农业本身的污染这些问题都非常突出，而按照我们现在整个农业特别是现代农业的发展的要求，资源的保护对环境的改善也显得十分迫切。各个地方都碰到不少问题，我这里不展开讲了。

第七，关于农业对外开放问题。《决定》提出要坚持"引进来"和"走出去"相结合，提高统筹运用国际国内两个市场两种资源的能力，拓展对外开放的广度和深度。加入世贸组织以后，我国发展国际化程度、市场化程度明显提高，国内经济和世界经济的关联程度越来越高，国内市场和国际市场日趋融合，这既为我国市场开放创造了重要机会和有利条件，也对我国的农业应对激烈的国际竞争带来了严峻挑战和不利因素。一方面，国内市场面临国际农产品竞争、进口竞争压力空前加大。近年来，完全放开进入市场的大豆进口增长迅速，实行配额管理的棉花、食糖、羊毛等进口也日渐增多，食用植物油、奶制品产业不同程度地受到进口产品的冲击；另一方面，欧盟、美国、日本等发达国家和地区农业技术保护程度普遍比较高，产品检验检疫等技术性贸易壁垒逐渐加强，我国养殖等优质产品的出口阻力日趋加大。同时，外资企业跨国公司等进入我国农产品和农业生产资料经营市场，并购境内农产品企业的步伐加快，影响在加大。控制产业特别是控制我们的龙头企业，农业发展面临的国际市场不确定的因素日益增加，利用国际市场的难度在不断加大。扩大农业对外开放必须坚持服务服从于保障粮食等主要农产品基本自给和维护国内农业产业安全的要求，坚持"引进来"和"走出去"相结合。通过"引进来"提升农业现代化水平，通过"走出去"拓展农业发展空间，完善农产品战略规

重点提示

扩大农业对外开放必须坚持服务服从于保障粮食等主要农产品基本自给和维护国内农业产业安全的要求，坚持"引进来"和"走出去"相结合。通过"引进来"提升农业现代化水平，通过"走出去"拓展农业发展空间，完善农产品战略规划和调控机制，加强国际市场研究和信息服务。健全符合世贸组织规定的外商经营农产品和农业生产资料准入制度，建立外资并购境内涉农企业安全审查机制，抓紧完善外商投资指导目录，明确鼓励、限制、禁止外资进入的产业领地，强化农产品进出口检验检疫和监管，培育农业跨国经营企业积极参与国际农产品贸易规则和标准制定。

划和调控机制，加强国际市场研究和信息服务。健全符合世贸组织规定的外商经营农产品和农业生产资料准入制度，建立外资并购境内涉农企业安全审查机制，抓紧完善外商投资指导目录，明确鼓励、限制、禁止外资进入的产业领地，强化农产品进出口检验检疫和监管，培育农业跨国经营企业积极参与国际农产品贸易规则和标准制定。在对外开放方面，近两三年来我国面临的对外开放的压力相当的大，特别是外资、特别是大企业大财团并购我们的农业企业。前不久是高盛集团收猪厂，还有很多国外的公司在我们这里收粮食，还有大的企业财团在这里并购我们的种子企业，都是看中我们国家巨大的市场，看中我们国家一些农业龙头企业，我们一些肉制品加工企业被并购了。当然，引进外资这是好事，引进技术先进管理经验也是好事，但经过这些年的实践看，可能情况不完全如此，现在对外我们产业方面的压力是相当大。事实上，很多国家在保护本国的产业方面都采取了很多措施，而我们国家的农业竞争力应该说还是不强的，我们国家人均占有少，劳动生产力不可能高，不可能像欧美国家一样，我们现在耕地当中劳动力还有3亿以上，人均占有耕地很少。如果按照美国的标准，我们国家这些耕地只能容纳300万人，300万劳动力，我们现在有3亿多。按照日本的标准，我们国家这些耕地只能容纳7000万劳动力，所以我们的农业很难在国际上和人家进行所谓的平等竞争。同时，国外对农业产业的保护是非常厉害的。按照世贸组织的规定，我们要实行13项的"绿箱政策"，我们国家这些年经过这么大的努力只实行了8项，还有5项政策我们没有实行。"黄箱政策"我们利用的空间大得很，我们现在最多利用了40%的空间，还有 60% 没有利用，而国外对于这两个方面的利用已经非常充分了，特别是发达国家的美国、欧洲。它们已经大大超过了世贸组织规定的底线，所以它们的保护是非常厉害的。现在，农业上面临的国际竞争的压力是相当的大。当然，发展现代农业的问题还很多，比如农民增收问题，农业基础设施建设问题、农业法制建设问题、农业形成体制改革问题等等，都需要深入研究。这个我就不再细讲了，这是从第二个方面讲生产力这七个方面的情况。

第三个问题就是以科学发展观为指导，健全现代农业发展的制度。这里主要是从两个方面，一个是稳定和完善农村的经营制度，这个再三明确强调了；一个是建立健全对农业的支持和保护制度，要通过我们的深化改革这两个方面的制度。

关于稳定和完善农村基本经营制度方面，《决定》强调是"一个长久不变"、"两个转变"，就是坚持家庭承包经营制度毫不动摇，稳定现有土地承包关系并长久不变，赋予农民更加充分而有保障的土地承包经营权，这是一个"长久不变"；"两个转变"，就是家庭经营要向采用先进科技和生产手段的方向转变，统一经营要向发展农副联合与合作，形成多元化、多层次、多形式经营服务体系的经营转变，这是这"两个转变"。现在发达地区上海、江苏、浙江现在都是在走这条路，也就是说在坚持"一个长久不变"、"两个转变"都在搞，是不同的模式。其中，很重要的就是发展农民合作社，通过发展农民合作社既稳定承包经营权这个制度，同时也强化统一经营这个层次，形成标准化和规模化生产。这是一个方向，也是解决我们现在目前面临的矛盾，就是千家万户生产和规模化经营这个矛盾非常现实的途径。上海这些地方还有一些非常好的经验，土地流转积极引导，坚持依法自愿有偿。第二个，从政策导向上讲，土地流转坚持农户之间的流转，就是农民流转给农民，这一条我认为是非常好的，而且农地流

重点提示

"一个长久不变"、"两个转变"，就是坚持家庭承包经营制度毫不动摇，稳定现有土地承包关系并长久不变，赋予农民更加充分而有保障的土地承包经营权，这是一个"长久不变"；"两个转变"，就是家庭经营要向采用先进科技和生产手段的方向转变，统一经营要向发展农副联合与合作，形成多元化、多层次、多形式经营服务体系的经营转变，这是这"两个转变"。

转不是干部的事是农民之间的事，作为我们干部是从政策上来支持农民进行依法的自愿的有偿地流转。

在投入制度方面，我们提出了要按照《决定》的要求"一个高于"、"三个大幅度"，保证各地财政对农业增长幅度要高于经常性收入增长幅度，大幅度增加国家的基础设施建设和社会事业发展的投入，大幅度增加政府土地出让收益、耕地占用税新增收入用于农业的比例，大幅度增加对中西部地区农村公益性建设的投入。推动强农惠农法制化，明确各部门各级政府在农业方面的责任，加快建立分工明确、相互配合、运转高效的农业投入和稳定增长的部门协调机制，推进科学决策、民主决策和追踪问效制度，确保农民投入资金使用效果。第三，健全农业补贴制度。现在是"四补贴"，还有技术性补贴，这些年我们的补贴增加幅度还是比较大的。2008年整个我们中央财政补贴农民这块实际是1541亿元，比2007年增长了91.1%，这几年增长幅度都比较大，但即使是1541亿元，就按8亿农民算，一个农民拿不到200块钱，所以补贴这个力度还要加大。投入方面从强农、提高农民增产能力方面这个投入还是远远跟不上需要。就农业基本建设这一块2008年就146亿元，这里不包括农业综合开发也不包括扶贫这一块，只是农业基础设施建设包括良种一些其他设施就146亿元。

第四，要健全农产品价格保护制度。这里面主要是两块：一块就是生产资料的价格要跟补贴挂钩，要形成这种机制，这个月国务院专题研究这个问题；第二个就是最低收购价制度，特别是主要农产品。现在我们只对水稻和小麦实行了最低收购价制度，玉米没有实行，大豆是属于托市价格，临时定的1.85元。棉花是出台了一个托市价格，这个量都比较小，这种制度也要进一步形成。

第五，就是要健全农业生态保护制度，特别是生态补偿机制要建立起来。在建立健全农业保护制度方面主要是这么几个方面。

现代农业建设我们体会关键在县一级，我国国土面积的95%，人口的70%，国内生产总值的60%都在县。中央历来高度重视县一级经济社会的发展，这次全会的《决定》强调把扩大县域自主权，增强县域经济活力和实力作为建立促进城乡统筹一体化制度的重要内容，并在财力支持、权利扩大等方面采取了举措。在县里工作的同志应当按照中央的要求把工作重心和主要精力放在农村，切实做好粮食生产、农民增收、耕地保护、环境治理、和谐稳定等工作。所有城市农业农村工作的同志都要增强大局意识、忧患意识，增强历史使命感，站在推动历史前进的高度看待农业农村经济的特殊重要性；着眼于经济社会发展、国际国内大背景，客观认识大背景，科学审视我们的工作；立足党和国家事业全局来把握面临的最大机遇，继往开来，奋勇拼搏，使我们的工作无愧于时代的要求，使我们的表现经得起历史的检验；要继续解放思想勇于开拓，在实践中探索发展现代农业的先进经验，不断把中国农业特色现代化推向前进。

我们各位县委书记处在农业工作第一线，责任重大、任务艰巨、使命光荣。基层工作直接面对亿万农民，千头万绪方方面面很辛苦很不容易。长期以来，大家都对农业部门的工作给予了高度的重视和大力的支持，为我国农业农村经济发展做了大量工作，为农业农村改革发展作出了重要贡献，借这个机会我也代表农业部向大家表示衷心的感谢；同时也衷心希望大家把实践学习科学发展观和学习三中全会精神有机地结合起来，总结农业农村工作好的经验和好的做法，在创新农业农村的体制机制方面取得新的进展，在推动农业农村科学发展方面有新的突破。欢迎大家对农业部工作提出意见。

全国县委书记培训班

2008 年 11 月 17 日

关于发展现代农业的几个问题

国外农业与**农村发展**的经验教训与启示

柯炳生

讲座时间：2006 年 5 月 26 日

作者简历：柯炳生（1955—　），男，满族，辽宁凤城人。先后获得北京大学理学学士、北京农业大学经济学硕士、德国霍恩海姆大学农业政策与市场研究博士学位，教授、博士生导师，享受国务院特殊津贴专家。多次参加党和国家涉农政策咨询和参与"1 号文件"起草。曾担任北京农业大学经济管理学院院长、中国农业大学副校长、农业部农村经济研究中心主任等职。2008 年 1 月至今，担任中国农业大学校长。兼任国务院学位委员会委员，农林经济管理学科评议组成员、农业部软科学委员会副主任、中国农业经济学会副会长、国际农业政策理事会荣誉理事等。

内容提要：授课人首先解析建设社会主义新农村的目的是要全面解决"三农"问题，并分析了"三农"问题的集中表现。农业问题是满足农产品的数量和质量要求；农民问题主要表现为缩小城乡收入差距和保障政治权益；农村问题则主要是提供基础设施、社会事业和保持生态环境等。从而集中选取有代表性的国家（集团）作为案例，包括欧盟促进农业生产发展的经验、日本解决城乡收入均等方面的经验、韩国"新村建设"的经验和巴西城乡失衡发展的教训，以资借鉴国外在解决"三农"问题方面的经验，避免走弯路，得到启示。

谢谢主持人！你用了一个词儿叫"他山之石，如何攻玉"，正好是前两天《人民日报》发的我的评论的题目。非常荣幸参加这次活动，我知道在座的各位经过了将近1周培训，课程安排得很晚，大家可能比较劳累了吧。因为已经有文字材料了，所以我想用一个半小时的时间简单地提纲挈领地给大家作一个介绍。

首先，我们理解这次建设社会主义新农村县级干部培训班为什么选择这样一个案例的教学。我们拿到任务的时候也在想，我们这个班的专题是建设社会主义新农村，那么我们要借鉴国外的经验。如何来介绍国外的经验和教训，这应该说是比较重大但是又比较艰巨的任务，所以在中央党校集中的时候中组部的领导分给我们这个组就是这样一个任务。开会讨论的时候集中备课之前我就问，我说"有什么具体要求没有啊"？中组部局长就说"没有要求，你们是专家你们说"，就给我们一个题目。我们想：怎么想，怎么写呢？国外没有建设社会主义新农村这个提法，我们建设社会主义新农村是20个字的要求，按照这个去找国外的经验、教训好像不知道怎么对，找哪些国家当案例，然后重点要说明一个啥问题啊？我们在讨论的时候就思考。所以建设社会主义新农村是我们一个独特的提法，但是它要解决的问题并不是我们独有的，它带有一定的普遍性，它要解决什么问题呢？建设社会主义新农村，它的核心内容我们从中央领导和1号文件中通过学习进行归纳和理解。我们是这样认识的：就是建设社会主义新农村就是要全面解决"三农"问题。如果能够树立这样一个认识下面就比较好办一点。既然建设社会主义新农村是全面解决"三农"问题，我们就来看一看国外在解决"三农"问题上面它有哪些经验、教训、启示。

下一个问题又来了，国外有"三农"问题吗？国外没有"三农"问题的提法，但是国外的"三农"问题它是同样存在的。这"三农"问题无非就是简单归纳一下为农业问题、农村问题、农民问题，这些问题在国外带有一定的普遍性，所以我们就是沿着全面解决"三农"问题，按照这个角度来进行我们案例的选择，来进行我们案例的分析。国外基本上是用农业政策来涵盖"三农"问题。当然，因为由于各国的国情不同它对"三农"问题关注的重点是不同的，另外同一个国家在不同的阶段它要关注的重点也不同，这些是基本的问题。

下面就要问"三农"问题是啥问题？其实在座的各位都是县长，那"三农"问题是啥问题，无非就是农业问题、农村问题、农民问题。但是我要再追问一句什么是农业问题？什么是农村问题？什么是农民问题？好像并不是那么特别清晰。有人把"三农"问题当做一个问题，所以有的同志在报告会上问我："柯主任你说说，如何解决'三农'问题？"我说："你这个问题我无法回答，因为'三农'问题不是一个问题，是一套问题、一系列问题，彼此有联系但是不一样。"国外关注"三农"问题重点在什么地方？我觉得国外的情况跟我们的国家不同，但是总的方面有一致性。

什么是农业问题？我们都是县长，说农业问题这还不知道啊，能够说出一大堆，农业基础设施落后、生产力水平不高、农业技术推广有问题，等等。这是不是农业问题呢？是农业问题，包括农业组织化程度不高，规模小等等，都是农业问题，但都是中间层次的问题。之所以我们很关注问题，并不一定在于中间层次的问题，而是在于所有这些问题最终都表现为两个问题：一个是农产品的数量问题，一个是农产品的质量问题。农产品的数量问题就是跟需求相比，或者是多了，或者是少了；发达国家是多了，我们国家就是少了。广大发展中国家来说是供不应求，是短缺的。农产品质量问题。农产品质量问题有多种含义了，你苹果的大小、颜色、形状、口味、是否耐储藏等等，都是它

重点提示

"三农"问题是啥问题？其实在座的各位都是县长，那"三农"问题是啥问题，无非就是农业问题、农村问题、农民问题。但是我要再追问一句什么是农业问题？什么是农村问题？什么是农民问题？好像并不是那么特别清晰。有人把"三农"问题当做一个问题，所以有的同志在报告会上问我："柯主任你说说，如何解决'三农'问题？"我说："你这个问题我无法回答，因为'三农'问题不是一个问题，是一套问题、一系列问题，彼此有联系但是不一样。"国外关注"三农"问题重点在什么地方？我觉得国外的情况跟我们的国家不同，但是总的方面有一致性。

重点提示

什么是农业问题？我们都是县长，说农业问题这还不知道啊，能够说出一大堆，农业基础设施落后、生产力水平不高、农业技术推广有问题，等等。这是不是农业问题呢？是农业问题，包括农业组织化程度不高，规模小等等，都是农业问题，但都是中间层次的问题。之所以我们很关注问题，并不一定在于中间层次的问题，而是在于所有这些问题最终都表现为两个问题：一个是农产品的数量问题，一个是农产品的质量问题。

的质量特征能不能满足需求。但另外一个方面就是食品安全质量，就是前两天刚刚通过了《农产品质量安全法》。农产品的质量安全问题包括农药是否超标问题，包括动物疫病的问题，疯牛病、口蹄疫、禽流感。由于这样一些问题农药超标使得农产品对人体的健康是不安全的。如果这两个问题都解决了，我觉得农业问题基本上就解决了。那你还有啥？有足够吃的，然后质量好，没有农药残留也很安全，没有任何病，你还说什么？至于是通过小规模、家庭农场生产出来的，还是什么专业化生产出来的，那有啥区别呢？所以农业问题的核心，它的最终表现是农产品的数量和质量问题。实际上，我们现在重视新农村建设，党中央、国务院把新农村建设提到如此高度，所有的省长、省委书记、部长们在中央党校待了一个星期，专门研讨这个问题，其中很重要一条就是我们的农业生产的数量和质量问题仍然存在着很大的隐患。今天没有时间专门讲这个事情，我们部长已经讲过了现代农业建设问题。很多县长不理解为什么说现代农业建设是建设社会主义新农村的首要任务，是基础。我说不是你简单理解说把田埂修直一点，小麦种得整齐一点，用一点机械化，这叫现代农业，这是现代农业但只是手段，它最终目的是在产出，高产、高效、高质量、高劳动生产率，等等。所以我想，建设社会主义新农村之所以把建设现代农业放在一个首要地位，把农业问题放在首要地位，就是因为我们的粮食生产，我们的农产品的供给，现在仍然存在着隐患。今年的政府工作报告就这样说的，十几亿人口吃饭的问题如果得不到保障的话，我们的小康社会建设，现代化社会的建设都是一句空话。我们在座的看自己县里面可能会体会不深，我们从宏观上分析就会发现这个问题。2005 年、2004 年我们连续两年增产粮食 1066 亿斤，但是去年我们的粮食供求还有缺口，缺口多少呢？300 亿斤。300 亿斤什么概念？我们"十一五"粮食增产目标是 320 亿斤。但是这个缺口大家没有感觉到，为什么没有感觉到，现在粮食价格还在走低，比 2003 年年底、2004 年年初相比，我们农产品现在价格走低。为什么会出现这种情况？是因为我们大量进口，我们大量进口大豆、棉花、油料、大麦、小麦、大米，等等。仅仅把粮食、大豆和棉花这三项进口加在一块儿，用我们国内土地来生产的话，我们还需要 13% 的面积。我们上哪儿去找 13% 的面积？这是现状；要是展望一下未来就更不容乐观了，一方面是需求不断增加，是刚性的、持续的、不可逆的，不管你政策好坏，农民的积极性高低，老天爷高兴不高兴，需求都不受影响，是不断增加的。但是另外一方面，土地资源不断下降，水资源短缺，生态恶化等等，挑战压力很大。所以，对一个县长来说，建设社会主义

> **重点提示**
>
> 　　所以，对一个县长来说，建设社会主义新农村问题可能不会把粮食安全放在首要地位，不管你们嘴上怎么说的，心里面怎么想的，我估计在实际上绝大部分地方，这是一个客观的存在。

新农村问题可能不会把粮食安全放在首要地位，不管你们嘴上怎么说的，心里面怎么想的，我估计在实际上绝大部分地方，这是一个客观的存在。它有一定道理，粮食安全问题是国家问题，不是农民的问题，粮食安全主要是中央政府的问题，不是地方政府的问题。既然这个事儿是国家问题，国家要多拿一点钱，就这个意思，确实是很大的问题，这是农业问题。

　　农民问题，在所有的国家，农民问题的核心都是农民收入问题。发展中国家不用说了，农民收入水平很低，发达国家也是一样。正因为农民的收入水平同城镇居民相比低，它才有大量的补贴，欧盟的补贴我下面还有数字，欧盟的补贴、美国的补贴、日本的补贴，它们为什么拿这么多钱对农业进行扶持和补贴，就是因为农民的收入和城乡收入之间有比较大的差异。当然了，发达国家的收入问题主要是一种相对的概念，不是绝对失衡的，不像我们一些地方是绝对失衡的。农民问题我附带说一些，在我们国家还包含另外一个层次，就是除了收入问题，还有一个政治权益问题。农民在政治上面是否得到了公平的对待等等。网上对农民问题的讨论，大部分讨论的都是这两大问题：一个是收入问题，一个是各种各样的农民受到歧视等等这样一些问题。所以，农民问题是"三农"问题中非常重要的内容。但也有一种倾向，在媒体上、报纸上面等等，用农民问题取代"三农"问题，说"三农"问题的核心是农民问题。我不是很赞同这个观点。"三农"问题是不同的问题，你把农民的收入问题解决了，并不一定代表着农业问题就一定解决了，在某些情况下这两者之间还有矛盾。农业问题要解决数量，我们国家是不足，但是数量越多农民收入越低。农民作为一

国外农业与农村发展的经验教训与启示

个整体来讲，凡是增产的年份农民的收入就低。2003年的时候小麦的价格是8毛多钱，现在是7毛多。那个时候为什么小麦价格高，因为那个时候短缺。我们今年中央财政为了弥补化肥、农药、柴油涨价对农民收入影响，要追加125亿元作为综合直接补贴。125亿元是什么概念？粮价涨了2分钱，也就这个数量。粮价涨1毛钱全部就是1000亿元。什么时候粮价才涨？只有短缺的时候涨，短缺的时候农民问题、农民收入问题获得了比较好的解决。但是，农业问题、粮食安全问题就是问题了。有人预测不用减产多了，减产3%的话，价格就是一个大幅度的增加。所以减产的时候对于中央决策来说那也是一喜一忧，喜的是价格会涨，农民收入会得到促进；那忧的就是粮食安全问题怎么办？所以"三农"问题彼此有联系但是绝对不是一个问题。我强调这一点是下面还要说一个问题，就是你讲到建设社会主义新农村是政府是主体还是农民是主体？这个讲了很多，现在我们提出一个观点，就是政府主导，农民是主体是对的，但是不同的问题农民和政府的主体性是不一样的。有一些问题就是政府是主体，另一些问题农民就是主体，因为解决的问题不同，你的手段就不同，主体就不同。

第三是农村问题。农村问题和农民问题息息相关，但也不是一回事。因为，农村不仅仅是农民生产生活的空间，它也日益是整个社会生产和生活的空间。在发达国家看得更明显，在上海这样一些地区看得也更明显。上海周围的农村就是农民的吗？它已经不是了。发达国家的统计农村人口要几倍于农业人口，因为大量的在工业就业的人、服务业就业的人是居住在农村。即使居住在城里面的人，也把周末、假期放到农村去过。农村区域的很多问题是直接影响到城市的，北京今年的沙尘暴不断，沙尘暴是农村问题，是农村起源的，但是它的影响绝不仅

> **重点提示**
>
> 农村问题和农民问题息息相关，但也不是一回事。因为，农村不仅仅是农民生产生活的空间，它也日益是整个社会生产和生活的空间。在发达国家看得更明显，在上海这样一些地区看得也更明显。

仅是农村。农村问题包括什么呢？包括公共基础设施，水、电、路，包括社会公益事业，这就是教育、卫生、文化、社会、保障，包括生态环境问题，等等。刚刚我们上一讲老师讲的农村的社会事业，社会事业第一个就是教育，你说教育问题是农村问题吗？是农民问题吗？是农民问题。但是它更主要是一个全社会的问题。义务教育不搞好，然后一个农村的小姑娘或者是小伙子，到了十六七岁还是文盲、半文盲，当然是他自己的问题了，他这后半辈子大概就差不多了。但是，十六七岁你再进行义务教育没有办法的，他要是文盲、半文盲，农业的科技怎么推广。仅仅是农业问题吗？也不是的，大量的人是要跑到城里面来的，他是产业工人的后备军。我们未来的国民素质要提高，我们建设小康社会、构建和谐社会、建设现代社会，需要高素质的国民。你说全国2/3的人口如果不是高素质的话，你这个国民素质怎么提高呢？所以农村的教育问题绝对不仅仅是农民的问题，它是事关整个社会的问题，并且是不可逆的。你说我这个路没有修，今年没有修明年修上就完了，我这个房子今年没有建明年再建，楼堂馆所，这些建设项目你都可以在短期内弥补上的。可是农村教育一旦不搞好，你错过了九年之后你再用什么办法弥补啊？说"阳光工程"一个人拿100元、200元培训一个星期、两星期，管不管用，管一点用，但是管用实在有限，教教怎么样过马路，怎么样找厕所等等，其实还是有限。建设社会主义新农村问题如果不把教育这个事儿解决好的话，那建设社会主义新农村的目标就没有达到，说建建村、修修路都是很必要的，但是这是事

关国家发展长远大局的问题。邓小平讲最大的失误是教育，我理解他讲的可能就是教育了。所以我想结合国外，国外也同样有这样一个问题，就是不同的国家同样面临农业问题、农村问题和农民问题，但是不同国家它的重点不太一样，在同一国家不同阶段它的重点也不太一样。

所以我们研究国外的经验，研究国外如何解决"三农"问题，就是从这些侧面来看它们的经验，来看它们的教训。因为这个事情太复杂了，全世界这么多国家怎么选呢？所以我们只能是非常有限地集中地选有一些代表性的国家，这样就选了四个国家：一个是欧盟。欧盟就是它促进农业生产发展方面，我们觉得有一些经验值得我们借鉴，还有跟我们的国情也比较接近。第二是日本。日本着重侧重解决它城乡收入均等方面，日本的城乡收入差距比较小；韩国这是我们建设社会主义新农村在开始阶段大量的媒体广泛报道的这样一个案例，尤其 2005 年 10 月开完了十六届五中全会之后，很多代表团到韩国去，韩国现在接待我们新农村建设考察团就接待得忙不过来了。所以我们一定要讲国外的经验教训等等，肯定要讲新村建设这个案例，但是我们备课的时候发现媒体上很多报道都弄偏了。我们是在备课的过程当中找到了一些权威性的资料，准确地把握理解韩国的经验。这三个国家是正面的经验，那还得找一点负面的教训。其实每个国家都有教训，但是比较突出的是南美，尤其是巴西，它在解决城乡发展这方面，有很惨痛的教训，而这个惨痛值得我们深刻汲取，引起我们的警觉，避免走它的弯路。因为巴西的农业极为发达，但是城乡关系非常糟糕。上个星期在圣保罗的几个地方同时发生严重的社会骚乱，很多警察局被袭击，然后监狱暴动。所以我想就是选了这么几个案例，下面依次具体作一个介绍。

案例国家的基本情况有一个表，我们讲义最后一页就是这个表，这个表我不会展开讲，就看两行。第一行就是人均国内生产总值，实际上就是说欧洲、美国是比较发达的，韩国是居中的，巴西是比较落后的。巴西的人均国内生产总值是 2800 美元，可能跟在座的很多县长管辖的县域相比还低，因为我们平均是 1700 美元，但是很多发达的县已经远远超过了这个数。在下面倒数第三行，农业人均支持，也就是把国家财政用于支持农

城乡统筹与农村改革发展

业农村和农民的所有的支出放在一块儿，用它的农业人口一平均得到一个数，美国、欧盟、日本（我这里没有美国的，但是数是差不多的），都在6000 美元上下，韩国是 1700 美元，巴西只有 18 美元。我算了一下 2007 年我们国家人均国家财政支出是 24 美元，就是巴西的水平还不如我们国家高。

下面讲欧盟的经验。欧盟是 1957 年建立的，最早 6 个国家，以后不断扩展，到 1995 年是 15 个国家，这是西欧的，是比较发达的。2004 年进一步东扩，把原来的中欧和东欧 10 个国家也纳入了，我们这里主要是讲15 国。其实，欧盟不光农业发展好，它的城乡关系发展得很好，它在工业化发展的早期阶段就比较注意城乡的协调发展。你看一个图，尤其是左边这个图，德国的，德国的大小城镇星罗棋布，城乡一体化的发展程度很高，为什么？就是农村的基础设施很发达，它没有都挤在大中城市，尤其是德国二战的时候大中城市遭摧毁得比较严重，而农村设施比较好。两德统一之后我到东德去参观，我看农村非常好，也是绿化了干干净净的，然后村庄里面也是二层小楼。我说东德社会主义搞得也不错，陪同的西德人说 50 年前就是这样的。就是它城乡关系比较好，经济比较发达。但是二战之后它的农业问题确实是面临严峻的挑战，粮食自给率只有 80% 左右。说得极端一点，二战之后很多德国人把花园当马铃薯地了，食物很紧缺。1962 年开始，欧共体就是欧盟的前身实行统一的农业政策，从 1962 年开始欧盟内部农业政策都是一样的，小麦保护价，比如说 1 美元 / 公斤哪里都一样，法国、德国、意大利全部一样的。所以农业问题成为重点的内容，欧盟开支中农业问题最高的时候曾占到 2/3。

欧盟的农业政策它要实现什么目标呢？归纳一下它是四大目标：第一目标促进农业生产发展。20 世纪 80 年代中期以前以数量为主，80 年代以后由于过剩问题的出现，它偏向于质量为主。第二大目标就是稳定市场价格，它认为稳定价格很重要，因为价格牵两头，一边是消费者一边是生产者，你要高生产者当然满意了，但是消费者就有压力了，低的话生产者就不满意，所以要稳定在一个合理的合适的水平上比较好。我们国家这个问题比较突出，比如棉花价格一年大起一年六落，我刚从山东回来问了一下，他们就希望有一个稳定的，这样无论是纺织厂也好，还是农民也好，它有一个稳定的预期好生产好安排生产。第三是提高农民收入，20世纪80年代后成为首要目标。第四是保护生态环境，也是80年代之后日益重要。所以四大目标：生产、市场稳定、收入、生态，怎么实现这种目标？采取了很多措施，这些措施也归纳为四个方面：一个是市场支持政策，一个是政府的公益服务，第三是基础设施建设，第四是直接补贴政策。我下面分头作简单介绍。

第一是市场支持政策。其实就是跟我们现在的最低收购价格政策或者是保护价政策相似，但是它设计上更周密，执行上更严格。我没法说很细节，细节是非常细节，一个政策有这么一个本子，所以它这个册子出来之后你拿着照着实行就行了，中间没有任何问题，规定得非常仔细。保护价一年一定，比如说，所有产品，欧盟内部统一，我刚刚说了没有国家差别，没有地区差别。政府付费委托储藏，没有国有仓储，另外就是保护性收购没有上限有下限，没有上限，有多少都收，但是有一个下限。为什么有下限？你拉一吨两吨我怎么处理，我没法处理，国家没有专门的储存仓库，所以谁要是进行按照保护价收购，把这个粮食卖给国家之后，国家派人去检查你的数量、品质，然后跟你商谈，你要继续储藏在你仓库里面没有关系，我把钱给你，这小麦就是国家的了。但是，你给国家代储，国家给你付储藏费就完了，或者你说我不用这个，我要这个仓库，我没有地方储藏，国家就把这个小麦挪到另外一个私人的储藏仓库里面去。所以你要很小的话就没有法处理，所以一定要达到一定数额。20世纪90年代中期的时候是180吨/次，现在多少不清楚了，就是够这个数量才行。这样就使得政策的操作成本就很低了，然后也没有漏洞。像我们现在最低收购价格执行起来有很多漏洞，就是没有办法，农民拉一麻袋去你也得收，政策上没有说不行啊，最后就是经营企业也说不清楚到底是按保护价收了多少，也出现了某些粮食经营部门造假账骗国家补贴的事儿，所以是设计上有问题。同样人家也遇到这样的问题，它就是一个设计问题。1992年以后这项政策逐渐减弱，小麦的最高保护价格在80年代的时候曾经是国际市场的2倍，现在逐步下降，降到跟国际市场差不多了。原因就是80年代中后期之后，粮食生产情况发生了根本性的变化，但是这种变化是原来的通过政策刺激的作用。

第二个政策就是政府的公益服务。研究、推广、培训、动物疫病防治、农产品质量检验、市场促销等等，跟我们国家现在有的政策差不太多，但是关键它经费充足，服务很具体。这些数额就不说了，这个方面每年要进行大量的开支。

第三个就是基础设施建设的扶持。实际上它的扶持有两种方式：一个就是直接给你补贴，你投资国家白给你钱；另外就是贷款，在贷款上面有一些优惠，贴息贷款啊。如果进行农业基础设施建设，你要正常情况下没有办法得到贷款，但是政府有特殊贷款政策，所以扶持的范围也很宽。农机具的购买其实不是我们现有的，人家早就有，拖拉机或者是田间机械等等。谷物仓库的建设，农田的整治，农场道路，水利设施建设等等，甚至有一些国家对农产品的加工和营销设施的购置也提供支持。这个数额是庞大的，就是到现在为止每年欧盟用于农业基础设施建设的支出仍然很庞大，大概将近100亿欧元。关键你还不能看这一年，它是年年这么多啊，这个基础设施建设你今年建设了不是说只今年起作用，你明年还起作用，所以几十年积累下来这个数额是很庞大的。基础设施建设和科研等等，这类的第三个就是基础设施建设的扶持。实际上它的扶持有两种方式：一个就是直接给你补贴，你投资国家白给你钱；另外就是贷款，在贷款上面有一些优惠，贴息贷款啊。如果进行农业基础设施建设，你要正常情况下没有办法得到贷款，但是政府有特殊贷款政策，所以扶持的范围也很宽。农机具的购买其实不是我们现有的，人家早就有，拖拉机或者是田间机械等等。谷物仓库的建设，农田的整治，农场道路，水利设施建设等等，甚至有一些国家对农产品的加工和营销设施的购置也提供支持。这个数额是庞大的，就是到现在为止每年欧盟用于农业基础设施建设的支出仍然很庞大，大概将近100亿欧元。关键你还不能看这一年，它是年年这么多啊，这个基础设施建设你今年建设了不是说只今年起作用，你明年还起作用，所以几十年积累下来这个数额是很庞大的。

农业投入设施有一个特点，就是你当年投入但是长期受益。一项新的科技成果，一个新品种，你一旦发明出来之后永远就可以用了。就是投入是一次性的，但是成果是持续性的。你农田基本建设也是一样，或者类似，你投入之后至少用几年、十几年、几十年，不像科技永远可以用，但是至少可以相当长年份可以持续性使用，我觉得这一点很重要。如果你想促进农业生产增加，你用价格政策的效果就不如这个政策。价格政策只是当年管用，粮食补贴有用没有？有用，对农民收入的增加，粮食生产积极性有很大提高，每年100多个亿下去，那你这100多亿元就是当年管用，明年你说不发了，明年农民就没有积极性了，所以它就是当年管用，这是一个非常大的一个区别。就是你要满足不同的政策目标你就要选择不同的手段，你要是想增加农业生产能力的话，你把钱往这里投，你要是给农民增加收入的话就给农民补贴，那是最直接的。

后面就讲直接补贴政策。直接补贴政策怎么来的？我前面讲20世纪90年代之后保护价格往下降。保护价格的降低的理由主要有两条：一条就是出现内部过剩了，在这个过剩下去补贴，政府用于购买过剩产品，处理过剩产品的补贴很大，所以希望削减支出，这是一个原因；第二个原因就是世贸组织谈判要求欧盟开放市场，双重压力，使得它把保护价格降下来。但是，保护价格的降低意味着农民收入的损失，政府说，好了，价格降下来了我直接给你补贴。有一个计算，价格降低多少相当于农民收入损失多少，然后把这个数直接给农民。欧洲的研究人员对政策进行了长时间的讨论，其实到后来他们对市场支持政策有很多意见，很多批评，为什么呢？欧洲实行早期是要刺激生产，后来因为出现过剩产品了，你不能说目标是为了刺激生产，它说我这个政策之所以要维护，要保护我农民的收入。有的研究员就指出你在保护农民收入方面是一个很没有效率的办法，政府支出 1 元钱到农民手里面就几毛钱，还不如直接给农民钱就完了，所以这个是直接补贴政策它的起源。欧美就开始限制生产，通过限制面积，限制投入，降低保护价格，同时给农民直接补贴，按照一定的具体的规定得非常明确的办法来进行补贴。欧盟的农业补贴数很大，其中直接补贴占了非常大的数额。

效果评价。应当说欧盟在以上几个方面的措施对于促进农业生产，尤其是在政府公共服务、基础设施建设以及早期的保护价政策起到了很大的作用。表现为它的生产总量提高，农产品的贸易额增大，土地单产提高，劳动生产力水平提高，这四个方面的提高幅度都很大。所以最后讲现代农业的水平很高，产业高、质量好。下面几张图可以看出来，这是欧盟的谷物生产的发展情况，20 世纪 80 年代中期以前这个增长的幅度是很大的，但是 80 年代中期以后由于限产措施就出现了一些波动，乃至于停滞。

肉类生产的发展趋势大体相同。这个图最明显，欧盟的谷物贸易，你可以看到在 20 世纪 80 年代中期之前出小于进，是净进口，而 80 年代中期之后是变净出口，如果不是限产的话净出口的数量还要大。所以欧盟通过一系列有力的措施在短短 20 年时间不到就使得粮食的自给率从 80% 左右到了 110% 还多。欧盟是 15 个国家，现在是 25 个国家，其中荷兰农业生产成就更为突出，这个例子被广泛引用。这次我们也查了一查，它总人口只有 1500 万人，农业人口 50 万人，50 万人我估计跟我们在座的绝大部分所管的人数差不多吧，就像你们县这么大一个农业区域，并且它的人均耕地面积不到 0.9 亩，我估计比绝大部分在座的各位县长们所在县的人均耕地面积都要少。这个数是我查了又查，生怕给算错了一个小数点，最后核实是没有错，是联合国粮农组织的数，其他的数据也证实了。把它总的土地

重点提示

应当说欧盟在以上几个方面的措施对于促进农业生产，尤其是在政府公共服务、基础设施建设以及早期的保护价政策起到了很大的作用。表现为它的生产总量提高，农产品的贸易额增大，土地单产提高，劳动生产力水平提高，这四个方面的提高幅度都很大。所以最后讲现代农业的水平很高，产业高、质量好。

耕地面积拿来用农业人口一除0.9亩，各个不同的统计可能有差异，但是绝对不到1亩（我们全国平均是1.4亩）。但是它是仅次于美国的第二大农产品出口国，它2003年净出口额就比中国的农产品出口额还多，这个成就很突出。然后单产水平都很高了，欧盟主要国家的小麦单产水平相当于我们的2倍，然后奶牛的生产数量也非常高。看看小麦的生产情况可以看得很明显。20世纪80年代中期之后尽管价格是不断降低，但是单产继续增加，单产为什么增加，就是基础设施建设和农业科技水平提高所造成的。借鉴欧盟的经验，我们国家要想提高我们的农业生产，就是要在这两个方面下大力气，一个是农业科技，一个是基础设施建设。这个劳动生产率也大幅度提高，过去的40年中，农业的劳动生产率大概提高了八九倍。我们光说要增加农民收入，要增效，你说每个农民他的劳动生产力就这么多，每个人一年生产一吨两吨粮食的话，你的农民收入就没法提高。所以，劳动生产率的增加是提高农民收入的基础，是提高农民农业收入的基础。这是一个基础，如果没有农业劳动生产力的提高，农业收入的提高，就是很难的一件事情，尤其是从长期发展看，这是一个规律。

其实，刚刚也说了欧盟促进农业发展的经验，通过价格支持政策可以增加农民生产的积极性，你要想提高农民生产的主观积极性，那主要靠价格政策，这个政策当年有效。你通过什么来衡量农民是否有增加生产的积极性，其实很简单，就看播种面积，播种面积扩大了就是有积极性，播种面积缩小了就是没有积极性。产量是后面有一系列因素的结果，但是主要是看面积，面积扩大就是积极性增强，面积减少了就是积极性降低了。

农业科技创新和推广服务和农业基础设施建设，这是增加农业生产的客观可能性，所以你光有主观积极性不够，你得有客观可能性。农民很有积极性，但是没有先进技术支撑的话，这个主观积极性不会转为客观现实性的，这个措施有累计效应，有长期持续性。我觉得这两点非常非常重要。

最后一个就是，农业政策成功不仅解决了粮食安全问题，保证了社会稳定，它也大大促进了农村区域的健康发展。你单产水平提高之后就会用更少的土地来生产更多的粮食，用更多的土地进行别的开发，所以欧盟很多地方拿来做观光农业、旅游农业、退耕还林，等等。因为，你能够生产足够数量的东西，如果你生产不出足够数量东西的话你怎么退还啊？我刚刚看到很多地方退耕还林，就是一个很贫的地方栽的很多杨树在里面，然后下面全部种的是小麦。

农业的发展是建设现代农业，是建设社会主义新农村的基础和产业支撑，意义就在于此。

下面讲日本的经验，看看日本是如何来实现城乡居民收入均等的。日本也是小农经济国家，第一次世界大战之后对日本当局发生了一个很大的影响，有两件大事：一个就是1918年米骚动，这是翻译过来的，就是由于粮价暴涨引起社会动荡，再一个就是20年代后期和30年代早期的时候出现了农业危机。当时，日本农民的收入仅仅相当于城镇居民的32%，跟我们现在差不多。2007年，我国城镇居民收入是10493元，农村居民只有3225元，所以城镇居民是农村居民的3.22倍，日本那个时候跟我们现在差不多。20世纪30年代之后有所改善，但是二战之后这个情况又出现了恶化。第二次世界大战之后经过一段恢复期之后，在20世纪60年代初期日本仿造法国和德国的经验制定了《农业基本法》。这个法的目标是两条：一个就是提高农民的社会经济地位，它叫提高农民的社会经济地位。其实这个用词很有意思，它实质上就是要实现城乡居民收入均等，就是说你农民的地位你如果收入不提高的话就谈不上整个社会经济地位的提高，所以农民的地位低说到底是他收入水平低，收入水平高他地位会自然提高；第二个是培养自立经营农户。也就是说，农民农户不需要经过大规模补贴也能够达到或者是超过城市居民收入的水平。主要是

重点提示

第二次世界大战之后经过一段恢复期之后，在20世纪60年代初期日本仿造法国和德国的经验制定了《农业基本法》。这个法的目标是两条：一个就是提高农民的社会经济地位，它叫提高农民的社会经济地位。其实这个用词很有意思，它实质上就是要实现城乡居民收入均等，就是说你农民的地位你如果收入不提高的话就谈不上整个社会经济地位的提高，所以农民的地位低说到底是他收入水平低，收入水平高他地位会自然提高；第二个是培养自立经营农户。也就是说，农民农户不需要经过大规模补贴也能够达到或者是超过城市居民收入的水平。主要是三条：第一条是实行补助金农政，这也是翻译过来的，实际上跟我们说就是财政支农措施差不多；第二个实行农协加农户基本经营体制；第三个是农户的兼营化。我要翻译翻译跟我们现在国家的实际情况有一点相近：第一条就是财政支农措施；第二条就是双重经营体制，以家庭联产承包为基础的双层基层体制；第三个就是发展二、三产业，包括外出务工，等等。

三条：第一条是实行补助金农政，这也是翻译过来的，实际上跟我们说就是财政支农措施差不多；第二个实行农协＋农户基本经营体制；第三个是农户的兼营化。我要翻译跟我们现在国家的实际情况有一点相近：第一条就是财政支农措施；第二条就是双重经营体制，以家庭联产承包为基础的双层基层体制；第三个就是发展二、三产业，包括外出务工，等等。

补助金农政有两个方面：一个是无偿的财政投入，主要是用于公共设施的建设，投入主要靠财政；第二个是有偿的政策性金融，这个主要是对农民的一些生产经营措施提供一些贴息贷款，等等。一个是使农民能够获得贷款，一个是使农民获得贷款条件能够优惠一些。因为，仅仅靠农民自己的话，他很难得到商业性的贷款，实际上我们农村的金融问题现在面临很大挑战也就这样，政府性的金融又不够，商业性的金融不愿意进入。补助金农政项目预算，有很多很细致的设计就不展开说了，由于时间关系，但是其中有一条，就是无论是农民的劳务费用还是技术人员、农村干部的报酬等等都是参照城市的同等标准制定的，所以这一点在实行城乡居民均等过程中起了重要作用。我觉得这一点我们做得很不够，城乡之间同工不同酬，政府也是一样，同样一个车祸死两个人，一个是城镇居民，一个是农民，最后补偿我不知道差多少，不知道各位县长知道吗，至少差两倍以上吧。这个是一个很大的问题，其他的还有很多例子。

为什么要实行财政支农政策呢？理论原因是很简单，就是你光靠传统的农业来发展自身是很难的，因此政府必须要进行干预，帮助扶持农民，在农业生产中引入现代的要素来把传统农业改造成现代农业，这是第一个大的方面。至于政府投入多少钱我前面一张表已经有了，人均6000美元左右。

第二，为什么采取农协＋农户这样一种基本经营体制？是因为日本农户的经营规模也很小，我算了一下平均大概将近1.5公顷，我们全国是0.5

城乡统筹与农村改革发展

公顷，日本和韩国相当于我们的 3 倍。规模很小是两个问题：一个是你分散的小农户你对抗市场风险和自然风险就比较难，你搞植保也好，你一家一户光这一块地不行，必须要合作起来；另外一方面就是你采购农业生产资料或者是出售农产品，因为你规模很小，所以往往不能够得到公平的价格。那怎么解决呢？这是一个困难，另外一个困难就是政府进行扶持农业政策的时候你没有办法面对千家万户，其实跟我们现在的情况也是一样的。我们前年实行农业直补政策开始也乱了一阵子，直接面对千家万户是一件很难的事情，操作成本极大，所以为了解决这个问题就是把农民组织起来加入农业协同组合（简称农协），起一个中介性的作用。

日本的农协有鲜明的特点，其实农协这个叫农业协同组织，实际上跟国外其他的国家搞的农业合作社等等，名字不一样，它的精神是一样的，都是一种农业合作组织。欧洲的农业合作组织最早起源是 100 多年以前，但是日本的农协和欧美的农协和农业合作组织有四个方面的不同，也构成了它的特点。第一个，日本农协是综合性的，什么都包括，欧美的主要是专业的，牛奶、葡萄酒、信用合作社等等；第二个，日本农协组织架构跟行政区域大体吻合，而欧美的合作社基本上纯粹演变成一个商业的机构了，跟行政区域没有关系；第三个，日本农协的建立过程中政府起着实际主导作用，而欧美的合作社基本上都是自发组织的。最后一条，日本的农协与政府保持着既合作又有对抗的双重关系，因为国家的很多扶持政策是通过农协来进行的，所以跟政府要合作，但是反过来它也是作为农民的利益的代表，向政府提出一些政策要求等等。欧美国家没有这种情况，它基本上纯粹是商业性的组织。这

重点提示

欧洲的农业合作组织最早起源是 100 多年以前，但是日本的农协和欧美的农协和农业合作组织有四个方面的不同，也构成了它的特点。第一个，日本农协是综合性的，什么都包括，欧美的主要是专业的，牛奶、葡萄酒、信用合作社等等；第二个，日本农协组织架构跟行政区域大体吻合，而欧美的合作社基本上纯粹演变成一个商业的机构了，跟行政区域没有关系；第三个，日本农协的建立过程中政府起着实际主导作用，而欧美的合作社基本上都是自发组织的。最后一条，日本的农协与政府保持着既合作又有对抗的双重关系，因为国家的很多扶持政策是通过农协来进行的，所以跟政府要合作，但是反过来它也是作为农民的利益的代表，向政府提出一些政策要求等等。欧美国家没有这种情况，它基本上纯粹是商业性的组织。这个是日本农协的特点。

重点提示

第三个措施或者是解决农民收入的途径就是通过农户的兼营化。因为它的经营规模太小了，因为无论是靠补助金农政也好，还是农协也好，无法很好解决农民收入问题。

重点提示

我感觉到一些学者包括一些舆论对现在的合作问题的鼓吹有一点极端了，我就想如果这种极端的鼓吹再往前进一步的话就成了20世纪50年代搞集体嘛，跟集体化有什么区别呢？集体化就是人多力量大好办事，弄到一块儿来。很多领导对此也很感兴趣，因为专家提议说，通过合作社可以大大增加农民收入，也不要政府拿钱，多好啊。可实际上，哪里有这么多功效啊，你种玉米我也种玉米，大家合在一块儿你的收入大幅度提高了？怎么提高啊？对于合作的过度的吹捧，包括对一些集体经济的过度不恰当的宣传也可能导致另外一个极端。

个是日本农协的特点。

第三个措施或者是解决农民收入的途径就是通过农户的兼营化。因为它的经营规模太小了，因为无论是靠补助金农政也好，还是农协也好，无法很好解决农民收入问题。我附带说明一句，农协有这么多好处但是不能解决农民的全部问题。我们现在一些媒体包括一些个"三农"问题的专家，对于农业合作这件事情很关注，大力鼓吹，其实合作对于我们来说是很需要的。我刚从山东邹平来，山东邹平在20世纪30年代的时候梁漱溟就搞了农业合作的实验，搞棉花合作社。但是合作不是万能的。合作就是刚刚说的那个，合作起来可以共同对付一些市场风险，然后能够获得一些比较有利的条件等等，有一些积极作用但不是万能的。我感觉到一些学者包括一些舆论对现在的合作问题的鼓吹有一点极端了，我就想如果这种极端的鼓吹再往前进一步的话就成了20世纪50年代搞集体嘛，跟集体化有什么区别呢？集体化就是人多力量大好办事，弄到一块儿来。很多领导对此也很感兴趣，因为专家提议说，通过合作社可以大大增加农民收入，也不要政府拿钱，多好啊。可实际上，哪里有这么多功效啊，你种玉米我也种玉米，大家合在一块儿你的收入大幅度提高了？怎么提高啊？对于合作的过度的吹捧，包括对一些集体经济的过度不恰当的宣传也可能导致另外一个极端。

因此，要靠农户兼营，就是仅仅靠农业收入不足以使得农民的收入水平达到应有的程度，因此搞兼营化。可以分为两类：一类是以农业收入为主，一个是非农业收入为主。现在是非农业收入为主这种叫二兼，农户占的比重越来越高，大家可以看到日本农户中 80% 是以非农业收入为主。效果，应当说日本采取了这样一些措施，起到比较积极的作用，因此，1961 年以后农民收入以15% 的速度增长，到 1972 年的时候就达到了并且略微超过了市民的水平以后持续到现在，那么与此同时也实现了农业和农村全面的现代化。1959年，日本人均国内生产总值是 300 美元，1972 年 2500 美元，大体上跟我们现在发达水平其实是相当的，当然那个时候美元比现在值钱，300 美元翻四倍的话就是 1200 美元，其实跟我们现在水平大体上差不多，所以很多经验值得我们借鉴，这个是日本的情况。下面讲一讲韩国推行"新村运动"的经验。

第二次世界大战后韩国也面临着一系列的问题，也实行了土改，首先是土改让农民实现了耕者有其田。韩国的土改运动相对而言进行得容易一些，为什么？因为战前韩国有很多大农场，但是这些大农场主都是日本人，二战之后就把日本人赶跑了，跑了之后就把这些大农场分给农民了。所以在 20 世纪 50 年代和战后是恢复期。恢复期中，传统农业仍然存在，农民仍然贫穷，农村的基础设施仍然是很落后的，人均的国民收入增加的幅度也不大，从 57 美元增加到 87 美元。不过有一点，这一段时间农村教育有很大的进步，10 年之后绝大部分农村孩子都能够读完初中，这是非常了不起的一件事情。我们老家那地方靠近朝鲜，我们也知道朝鲜族人非常重视教育，包括朝鲜很重视教育的。

1961 年，朴正熙政府通过政变上台，两个"五年计划"使得韩国的经济实现了起飞，进入了亚洲的"四小龙"。但是与此同时，农村的问题并没有得到明显的改善，所以在城市化进程加快的时候，农村的改变不大，所以城乡之间的差别就越来越大。而朴正熙总统出生于一个农村的家庭，所以对农民和农村有着很深厚的感情，韩国的"新村运动"开始的时候是得力于他个人的极力推动。"新村运动"开始于 1970 年，"新村运动"的主体阶段是 1970 年到 1979 年，为什么主体阶段到 1979 年？因为1979 年朴正熙总统因为处理学生运动政见不合被他的情报局长当面给射杀了。1970 年的时候韩国农村 80% 农民住的是茅草房，80% 村庄不通电，40% 的村不通汽车，这跟我们现在估计在座的所有的县情况都比这个水平

重点提示

在这个背景下韩国开始"新村运动"。"新村运动"它的定义是什么呢？通过参加建设村庄项目，开发农民生活伦理精神，从而加速农村现代化的发展。实际上什么呢？就找点建设农村的事儿干，通过这个事儿改善农村面貌，同时又激发，它叫生活伦理精神，实际上就是提高精神文明建设，来促进农村现代化的发展，口号是"勤勉、自主、合作"，或者说这是一个宗旨，农民要勤勉、要自主、要合作。我觉得这六个字对我们新农村建设有很重要的借鉴和启迪意义。勤勉就是农民一定要勤勉，自主就是你要有自立精神，合作很多事情必须要有合作精神才行。如果新农村建设政府包打天下，拿钱给农民办事，农民在旁边袖手旁观的话，你这个勤勉的精神、自立的精神、合作的精神就不能够得到很好地提高和加强。

高了，即使是那个年代我们很多地方也比他们发达，所以当时确实比较落后。在这个背景下韩国开始"新村运动"。"新村运动"它的定义是什么呢？通过参加建设村庄项目，开发农民生活伦理精神，从而加速农村现代化的发展。实际上什么呢？就找点建设农村的事儿干，通过这个事儿改善农村面貌，同时又激发，它叫生活伦理精神，实际上就是提高精神文明建设，来促进农村现代化的发展，口号是"勤勉、自主、合作"，或者说这是一个宗旨，农民要勤勉、要自主、要合作。我觉得这六个字对我们新农村建设有很重要的借鉴和启迪意义。勤勉就是农民一定要勤勉，自主就是你要有自立精神，合作很多事情必须要有合作精神才行。如果新农村建设政府包打天下，拿钱给农民办事，农民在旁边袖手旁观的话，你这个勤勉的精神、自立的精神、合作的精神就不能够得到很好地提高和加强。

不久前，我到西部的一个省份，省政府拿了多少多少千万搞了多少试点村，每个村10万块钱，我问这10万块钱干什么？他说还不知道干什么，最担心是什么呢？农民把这10万块钱拿去了一转手包出去了，搞一个工程队修修路，修修水塘等等，农民在旁边当二监工。20个字里面乡风文明、管理民主，怎么实现啊？我觉得可能是看看报纸、读读报纸、搞一点规章可能有作用，但是毕竟是有限的，一定要通过实际的活动来树立精神文明这种新的风尚。你说村里面排水沟如果大家辛辛苦苦一锹一锹挖出来，整了之后我估计没有邻居会把这个垃圾往沟里面倒，要倒的话村民也不让，为什么？自己的辛

城乡统筹与农村改革发展

勤劳动，培养新的文明的卫生的习惯，如果政府出钱给弄好了之后，估计过几天之后又把垃圾倒进去。民主的意识也是一样的。对此，韩国政府特别强调两条：一个就是官员要有奉献精神，第二是农民要有自主精神。新农村建设的问题很多，谁是主体呀？韩国的经验很值得我们借鉴。可以分为三类问题：一个就是农民个人要解决的，比方说他讲农业生产决策主体等等，其实我要再衍生一下包括农民的住房问题，肯定是农民自己的主体了，还有农村的教育，水电路等等，这个都不是农民的主体。所以农民主体的事情主要是生产决策，另外一个主体其实农民收入问题是农民的主体，收入你还要政府包是包不起来，政府没法让农民直接增收。我们2007年和2008年两年财政补贴额加在一块儿，就是2008年的加上新增的大概250亿元、260亿元，相当于农民收入的1%左右。所以没有办法，发达国家也这样，必须靠促进生产才能够解决。比如同样一个地方，我在云南看到同样一个贫困村里面同样的自然条件，同样的土地条件，同样的政策，个人的收入相差很大，好的农户可以盖一个二层小楼，问钱哪里来的——养猪、种烟；那差的农户呢？很破旧的房屋，一贫如洗，我就问他了，你养猪了没有？没有养猪，为什么不养猪？不会养；种什么？种玉米，为什么不种烟草啊？不会种。你说这样的农户政府怎么样帮助他，让他致富啊，你只能是帮助他搞一点培训，或者是传输一点技术等等，但是没法代替他，就是个体之间的差异很大，收入问题说到底主要是个体的问题。政府的职责是提供服务、改善教育、改善培训、提供信息帮助农民外出打工等等，改善体制性的问题，但是最终靠农民个人。第二个就是政府为主体的问题，新品种的培育、农业科技、通电，建设高中、医院、水库、公路等等，这是韩国的，它就是政府要解决的事情，用我的话说极端一点跟农民有什么关系，主要靠政府来解决，政府没有

重点提示

对此，韩国政府特别强调两条：一个就是官员要有奉献精神，第二是农民要有自主精神。新农村建设的问题很多，谁是主体呀？韩国的经验很值得我们借鉴。可以分为三类问题：一个就是农民个人要解决的，比方说他讲农业生产决策主体等等，其实我要再衍生一下包括农民的住房问题，肯定是农民自己的主体了，还有农村的教育，水电路等等，这个都不是农民的主体。所以农民主体的事情主要是生产决策，另外一个主体其实农民收入问题是农民的主体，收入你还要政府包是包不起来，政府没法让农民直接增收。

城乡统筹与农村改革发展

二话,你就是解决。其实美国、日本、欧盟也是一样的,它城乡一体化程度很高,它怎么来的,不是日本、美国的农民很勤劳自己把路修好了,然后把电拉好了,都是政府的钱,所以我们现在城乡差别很大,在社会事业和基础设施方面的差异主要是国家财政投入方向的不同。建设新农村在解决基础设施方面,尤其是这些比较大型的,在社会公益性方面,它就是政府是主体,所以你说农民是主体,农民应当是受益的主体。但是,让农民做贡献,给农民进行摊派等等。城里面建这么好,路啊、公园啊等等基础设施,你说市民自己们干了多少活,拿锹去义务劳动?有哪一个市民干了多少义务劳动啊。所以,我觉得农村的基础设施、公共事业就是政府财政的责任。韩国这两方面都弄清楚,还有第三方面的问题,这些事儿靠农民个人解决有困难当然政府又不能包办,通过村民合作来解决,韩国的"新村运动"主要就是解决这类问题,那些通过村民合作要解决的问题,这是韩国经验的局限性。我为什么强调这一点?我看到报道,说韩国用了很少很少的钱然后解决了很多很多问题,现在农村多发达、多发达等等,它不是一回事。韩国用于真正新村建设的钱确实很少,但是韩国现在面貌这么大改变决不仅仅是它那点钱干的事儿,政府在很多其他的方面大量投入,没有计算到"新村建设"投入中来。然后就选择项目,选择项目层层上报,层层上报之后汇到中央最后选出来16项,这个16项可能是带有一定的普遍性,16项也排出了一个次序还有一个图示,可以看一看。这是一个典型的韩国村庄,这是居民在这里,这个叫乡间公路,乡间公路成了柏油路,被政府拿钱修好了。现在第一件事儿就是要修一条进村的公路,有可能是几十米或者几百米或者上千米,所以第一件事要把这个事儿干了,这样的话就是外出交通比较方便,风水比较好,村边还有一条小河,你要这条小河要架一个桥进来,进村之后村民很散,说要把村内的公路修一修,排水沟修一修,等等。那时候没有洗衣机,河边洗衣服，把河边洗衣的设施垒一垒，建一建，搞一点什么硬化啊，水泥等等。16 项大数，政府干什么，政府就是干几件事儿，一个就是提供实物的支持，政府的实物第一是水泥，水泥很不容易，因为当时韩国国内水泥根本就不够，是要大量进口水泥的，所以村民拿到水泥都非常高兴。第一年发水泥，第二年发现光水泥不行，还要钢筋，所以第二年发钢筋，这样的话 3.3 万个村庄 9 年时间每个村获得了 84 吨的水泥，2.6 吨的钢筋，把这些折合起来总共 2000 美元，就是 8 年期间每个村庄政府扶持的实物折合起来只有 2000 美元，是非常非常少的了，那个时候美元贵一点。我们现在一个西部地区试点一个村 10 万块，30 个户 10 万块钱，就是 1 万美元，它是一年啊，我们政府的扶持力度比这个高多了。当然，这些水泥、钢筋不是给个人的，是给村集体使用的。农民干什么？农民出力。这个图是实际统计，从 1971 年开始一直到 1978 年，每年出工不等。8 年平均下来每个农户每年出工 13 个，按理说也不算多，前两年农民义务工也是 15 到 20个。基层干什么？基层组织叫"面"，相当于我们乡镇，每个乡镇 20 来个人，20 来个村庄，所以一个人管一两个村庄，负责组织、推动、发放水泥、钢筋，等等。再下面是村，要求每个村选出一个领导人，本来有村长，为什么不用村长呢？他们研究得很明白，说村长是拿报酬的，拿报酬的人去动员村民去干活，恐怕缺乏号召力。因为，村民会想，你发动我们干活无偿劳动你是拿钱的，可能这个说服力比较差，可能找一些德高望重的或者是富于奉献精神的人、年老的长者，作为村庄领导人组织发动，全村的人进行无偿的奉献。这些当选的人有一种荣誉，很有自豪感。为什么？要进行全国性的培训。怎么样搞这样的培训？这个培训内容有很多了，案例调研、宣讲、小组讨论，等等。培训很有意思，不光是对村庄领导人进行培训，还对社会精英进行培训，培训什么人都有了，法律界的教授、国会议员、外交官、部长、副部长 200 多人，培训的目的是什么？提高他们对"新村建设"的认知，提高他们对农村、农民支持的程度。它培训跟咱们不一样的，咱们省部级主要负责同志一个班，然后县长一个班，同样的县级干部还专门县委书记一个班。它这个班是混着上，把这些社会精英掺和到村官里面一块儿，同吃同住同堂上课，很有意思。开始阶段是提高社会精英对新村运动的认知，等到后期阶段说新村运动很好，"新村运动"的精神不光对农庄发展重要，对发展城市也很重要，所以要去领悟农民的精神，把这个精神放到城市建设中来。当然效果很明显了，在所有这些建设方面，这些数额就不说了，应该确实很有成效，八九年期间确实很有成效。同期经济发生了长足的进展，农业和农村大力发展，所以水稻单产水平7年时间增加了50%，大棚蔬菜不断发展，畜产品不断发展，二、三产业不断发展，结果使得农民收入在7年时间增加了两倍。但是我要特别强调农民收入增加了两倍决不是新村建设所直接造成的，新村建设当然有作用，通过新村建设激发农民合作精神，改善农民建设面貌变成动力了，促进农业生产，有一些创新精神等等的，是管一些用，但是不是最直接的。所以，你韩国"新村运动"是很窄的，本来意义是窄的，本来就是搞村庄的整治。这个说明什么？同期你没有生产的发展的话，你新村的整治就失去了动力，新村为什么搞得很好，就是因为农民收入水平获得了很大提高，所以我们在社会主义新农村建设当中把生产发展放在重要的位置上，就是因为没有生产发展就没有收入增加，没有收入增加的话其他的谈起来就很困难。

经验有这样几点：第一个就是抓住时机，适时推进。这个时机有两个含义，一个就是当城市化发展加速的时候，你要不及时地把农村改善的话你城乡差距越来越大；另外一个时机就是那个时候城市化发展不快的时候农村发展还有劳动力，他们韩国人讲，20世纪80年代搞新村建设的时候每户出13

个工根本不可能的，都是老弱病残了。所以我们现在是不是稍微晚了一点，我们现在很多村庄大概劳动力不太多了，现在都是"娘子军"在家执政了。另外，目标明确、可操作性强、政府引导、村民主体，激发农民的自立精神，等等；另外，分类激励、全面推进，它没有搞试点，从1970年开始准备到1974年的时候全部推开，所有的村庄全部推开，所以也值得我们考虑考虑。我们搞试点，搞试点当然是有必要的，但是我有一个观点，如果你这个试点在开始试的时候你明白这个试点是没有办法推广的话，我看这个试点不试也罢。它有一个分类激励，韩国是怎么回事，就是根据政策是同样的政策，但是你根据不同情况搞了一个评比，最后分别分为自立村、自主村、基础村，在村旁边挂一个牌子。这个看起来看不出来什么差别，实际上按照我们的话说得直白就是好、中、差三等，这个村子旁边树立一个，基础村的村子村民们很不光彩，就想办法积极努力地行动起来，改善这个面貌，有这个积极性国家就给它相应的扶持。因为我们这个班学员是中部省区的，现在宣传上面有一些问题，你像我们一宣传社会主义新农村建设案例，这是我个人意见，基本上都是楼房，一看背景都是楼房。2008年"两会"之后我跟赵本山一块儿做了一个节目讲新农村，背景就是三层楼房，看不出来是城市还是哪里的，然后几乎所有的我见到的媒体上报道的新农村建设的典型除了赣南的之外，绝大部分都有二、三产业的支撑。有强大的二、三产业支撑的村庄我们国家有多少，有5%就不错了。所以广大的中西部地区是没有二、三产业支撑的，你理论上长篇累牍都是宣传，让在广大中西部没有二、三产业支撑的村民们怎么办？二、三产业不是你想办就能办的，要资金、技术、市场，等等。我的目标就是太高了，太宽泛了，因为这个宣传上面、导向上可能要注意，等等。所以推进现代化不是韩国新村建设内容，但是确实是一个重要的外在的条件。这是韩国经验的情况。韩国的经验是有限的目标，但是同时有其他的很多措施。韩国"新村

> **重点提示**
>
> 二、三产业不是你想办就能办的，要资金、技术、市场，等等。我的目标就是太高了，太宽泛了，因为这个宣传上面、导向上可能要注意，等等。所以推进现代化不是韩国新村建设内容，但是确实是一个重要的外在的条件。这是韩国经验的情况。韩国的经验是有限的目标，但是同时有其他的很多措施。

运动"是由内务部来领导，内务部我也不知道什么机构，然后农业基础设施，现在农业建设等等还是农业部管，不太一样。

讲一个教训吧。巴西农业非常发达，农业不发达也不应该。因为巴西的土地资源极为丰富，水资源就更不用说了，亚马逊河占全球淡水总量的1/4，所以它的生产量、贸易量，很多产品都居世界第一位、第二位、第三位。然后它的农产品贸易净出口额占世界第一，要总额的话，农产品出口总额美国是第一，但是美国是大进大出，所以巴西农业没有问题。巴西农业很成功，但是城乡关系处理得不好，差异非常大，基尼系数0.59，大概是世界上最高的，贫民窟问题极为突出。关于贫民窟，它有一个定义，贫民窟是50户以上的人家居住在一块儿，生活条件极为恶劣。2000年，巴西贫民窟有3605个，世界之最了，世界上最大的贫民窟，有15万多人。贫民窟会产生什么问题？贫民窟是怎么来的？贫民窟不是城市产出的问题，贫民窟是农村的贫民转移到城里面造成的，因为城市化进程中农村比较凋敝。巴西的农村基础设施很差，我没有去过，但是有同事去过，道路很差很破。但是，我可以相信，通过世贸组织的通报，巴西2002年用于农业和农村基础设施建设的投入是多少，只有6000万美元，那么大一个国土面积跟中国差不多的，只有6000万美元，可怜得很，农民很贫穷。我们一个代表团去座谈，座谈完了以后在这个回程的路上颠簸，颠簸了一半突然说照相机忘记带了，回去取；回去取的时候农民说没有看见，不知道，就反映出很贫穷的状况，比中国很多地区还要贫穷。据不同的资料，巴西有1000万到2000万失地的农民，就是失地的农民，在农村环境又那么差，他必然到城里面找工作，为什么呢？你农村基础太差了之后也没有哪一个工厂愿意到农村投资。德国不一样，德国大小城镇星罗棋布，高速公路密如蛛网，所以你的工厂在任何一个地方都行，然后安在中小城市、农村，比安在城里面还节省经费，还节省成本。所以巴西是高度的畸形城市化，城市化率80%以上，你堆积到城里面之后，巴西奉行的就是资本密集型和技术密集型的工业化战略，城市没有就业机会怎么办？那就成贫民窟。贫民窟的人是生活在绝望之中的，他过了今天不知道明天，那怎么办？一系列问题就出来了。所以，这个巴西的社会极为动荡不安，国内生产总值这两年是负增长了。你想如果生活在这样一个状况中，你说你小康社会、和谐社会、现代化社会能够构建成吗？巴西的这个问题应当说给我们很多的警示：你在工业化、城市化发展加速的时候，如果不把农村建设好的话，就有可能重蹈巴西的覆辙，都挤到城里面农村凋敝了。我们国家也不像巴西那样子的有那么丰富的资源，凋敝之后造成严重的社会问题，它叫什么呢？叫"拉美陷阱"，什么意思？你掉进去之后很难出来。我们在集中备课的时候，起草的同志找了很多巴西的经验，后来让我都给删掉了，最后用一句话，为什么删掉？就是它现在还这样，国内生产总值还是负的，社会还是动荡不安，这些没有起作用。巴西政府也不是不努力，但是积重难返，一旦掉入这个"陷阱"之后你再想要解决，要找一个有效的措施就很难了。我们国家很多领导人都去过，一讲到"拉美陷阱"他们都很熟悉。如何在我国现在已经进入现代化、工业化、城市化发展的快速阶段的时候避免出现"拉美陷阱"，我觉得是我们宏观决策层中是一个高度警觉的事情。贫民窟的事儿别说中国没有，现在可能很多城市已经有这个苗头了，但是我们有很多体制避免了这种现象的存在，我们在建设社会主义新农村当中，有"五个坚持"，其中有坚持经济建设为中心，坚持党的农村基本经营制度不变。我们的加强承包责任制让农民有一块土地在农村是非常非常的必要，一定要避免土地的过度兼并。我们农民工现在说有 1.2 亿—1.4 亿人，

重点提示

据不同的资料，巴西有 1000 万到 2000 万失地的农民，就是失地的农民，在农村环境又那么差，他必然到城里面找工作，为什么呢？你农村基础太差了之后也没有哪一个工厂愿意到农村投资。德国不一样，德国大小城镇星罗棋布，高速公路密如蛛网，所以你的工厂在任何一个地方都行，然后安在中小城市、农村，比安在城里面还节省经费，还节省成本。所以巴西是高度的畸形城市化，城市化率 80% 以上，你堆积到城里面之后，巴西奉行的就是资本密集型和技术密集型的工业化战略，城市没有就业机会怎么办？那就成贫民窟。贫民窟的人是生活在绝望之中的，他过了今天不知道明天，那怎么办？一系列问题就出来了。所以，这个巴西的社会极为动荡不安，国内生产总值这两年是负增长了。你想如果生活在这样一个状况中，你说你小康社会、和谐社会、现代化社会能够构建成吗？巴西的这个问题应当说给我们很多的警示：你在工业化、城市化发展加速的时候，如果不把农村建设好的话，就有可能重蹈巴西的覆辙，都挤到城里面农村凋敝了。我们国家也不像巴西那样子的有那么丰富的资源，凋敝之后造成严重的社会问题，它叫什么呢？叫"拉美陷阱"，什么意思？你掉进去之后很难出来。

1.2亿人是一个庞大的人口，有很多问题，但是无论如何比贫民窟是一种有利的安排。农民工在城里面工作10个月挣了8000多元，这个是从最近公布的，然后经过十几个小时，二十几个小时颠簸之后回家去了，他有一点盼头。城里面苦干了10个月以后我知道遥远的山村有一个温暖的家，然后有亲情在那里等着，有一块地在那里，万一我城里面找不到工作以后我还可以回去，我能够挣点钱挣钱盖房子，然后供子女上学等等，有一点期望，不像贫民窟，贫民窟是绝望之中。所以，最近国务院研究室报告指出，这种现象长期存在就是这样的。

"三农"问题是全党的工作之重；重中之重，建设新农村是要全面解决"三农"问题，我觉得建设新农村也应当是未来几十年全党工作的重中之重。新农村建设我觉得至少要解决三个问题：一个是十几亿人口吃饭的问题，工业化发展原料需求的问题，这个问题不解决是全局性；第二个就是避免出现"拉美陷阱"，避免出现贫民窟，要实现城乡协调发展，否则的话我们国家就不能安宁；第三条就是农村的教育。如果农村教育不搞好的话，我们国家现代化建设、和谐社会无法构建。还有很多事儿，至少我觉得这三件事是使得总书记在党校上讲，说解决"三农"问题是事关党和人民事业的全局性和根本性问题。农业、农村、农民绝不仅仅是农业本身、农民自己和农民内部的事情，而是事关全局的事情，我想巴西给我们的警示和教育是这样子的。所以以上四个国家案例讲完了，最后讲一点启示，其实很多启示在前面不同地方都说到了，这里简单再讲一讲。

一个就是刚刚讲到了农业发展问题事关国家经济社会发展全局的重大问题。农业在国内生产总值中的比重可以下降，我们发达地区现在也是百分之几了，但是农业的基础地位是不会发生变化的。发达国家像日本、美国、欧盟是如此，我们国家也同样如此，所以在世贸组织谈判中，发达国家始终把农业问题放在一个核心的位置，它的原因、它的道理就在这里。

第二点，建设现代农业的根本措施是科技创新。讲到欧美的我已经作了一些说明。

第三个就是城市化、工业化快速发展期间一定要注意加强农村基础设施建设、公共事业的建设。刚刚讲一个是基础设施建设，一个是农村教育的事情，农村教育我再补一下，就是农村的社会事业很多，医疗问题很重要，文化问题很重要，医疗问题解决起来非常复杂，世界上没有哪一个国家能够找很完美的体制，我们城镇的医疗改革经过这么多年都不很成功，所以改善农村的医疗条件和设施绝对是必要的。但是，我觉得短时间内不会发生根本性的变化。但是，农村教育这个事儿是绝对不能延误了，一延误就不断地产生新的文盲、半文盲的话，对我们未来几十年的现代化的建设会产生不可弥补的重大的影响。

第四就是国家必须加大对农业发展和农村建设的投入和扶持。我刚刚讲到了，"三农"的问题可以分为三类，但是无论是哪一类的事情政府都有它的事情要做，以政府为主的事情没有什么说的，政府为主、城乡统筹。以村民集体合作为主的，那还要政府一定的扶持，即使那些农民个人为主的事情你政府还要给予一定的服务，你说建房这件事情纯粹是农民个人为主，但是政府要提供服务，往哪儿建？一定要规划。我到绍兴去看了一个村，这个村有三种建筑：20世纪80年代的、90年代的，和近两年的。近两年是非常现代的，三层楼联体别墅，前面的绿化很好，跟城市一个中高档的小区没有区别。但是20世纪80年代、90年代的楼够很破了，即使很破但是给你的感觉很好，为什么？因为是一片已经过规划建的，所以绿化很好，上下水、有线电视都没有问题。一路之隔是另外一个村，你看楼建得很好，三层、四层，但是东一个西一个；楼建得好，好办，但房子和我这里讲两件事：一个是户籍制度。户籍制度现在是广受批评，很多学者认为它是造成城乡二元结构的罪魁祸首，它肯定是造成城乡二元结构重要的原因之一，但是绝对不是一个最主要的原因和唯一的原因。为什么？巴西、非洲没有户籍制度，但是城乡的二元结构比我们国家还突出。它产生是一个不合理的过程，现在还有很多不合理问题的根源，但是解决它是要一个过程。如果这些条件不成熟你盲目推荐的话，很容易导致像巴西出现的那种情况。

城乡统筹与农村改革发展

房子之间要不要绿化？要多宽？没有办法；占多少地，然后线路怎么管，上下水，什么煤气，或者是污水的处理怎么弄呢？非常难办。所以，规划的时候往哪里盖政府要管，然后盖什么样的房子。我曾经鼓吹过要新房要什么呢？美观、实用、特点、节约等等，农民说好。现在房子有很多房子盖得既不经济又难看，农民说我希望有这样一个房子但是我不会盖，政府的责任是什么呢？提供的图纸甚至是更好的样板房，让农民知道这个房子很好。我刚刚从山东回来，那个房子那么高，那个墙大概差不多有3米高，我说建那么高干什么？有安全感。其实就是一种风气，政府要非常美观、漂亮的房子，所以政府的职能不是没有职能，在不同领域有不同职能，有很多事情要做。

第五个就是城乡协调发展需要高效的管理体制和政策安排。我这里讲两件事：一个是户籍制度。户籍制度现在是广受批评，很多学者认为它是造成城乡二元结构的罪魁祸首，它肯定是造成城乡二元结构重要的原因之一，但是绝对不是一个最主要的原因和唯一的原因。为什么？巴西、非洲没有户籍制度，但是城乡的二元结构比我们国家还突出。它产生是一个不合理的过程，现在还有很多不合理问题的根源，但是解决它是要一个过程。如果这些条件不成熟你盲目推荐的话，很容易导致像巴西出现的那种情况。河南郑州前些年搞试点，说现在省级进行户籍改革制度走在前面的一个是石家庄，一个是郑州，但是我敢断定你们的户籍改革不是真正的户籍改革，真正的户籍改革的话石家庄和郑州至少每人每月有一个最低收入保障，有200元、300元，你省内最贫困的村庄的居民把户口迁到石家庄就能够享受这个钱？肯定享受不到，否则这样的话你石家庄和郑州就是人满为患，肯定要有一个不断演变的过程，它跟整个国家社会保障制度和其他制度是密切联系在一块儿的，所以不能操之过急。第二个是土地的制度。土地的兼并如果超过了城市化进程和工业化进程也会出现严重的社会问题，所以农民如果要失地的话，就会造成很大的问题。有人主张把土地产权明晰，要主张土地私有化，我是不同意。就现在这样一个承包制度的安排集体所有，尽管所有是虚化的，但是农民处理起来的话还是不能够很轻易地把这个承包经营权转让出去。让农民保持一个安身立命的根本是很重要的一个事情。所以温家宝总理在 2008 年记者招待会上讲到，农民的土地经营权 15 年不变、30 年不变，永远不变。第二个星期我把英文版找来一看，我发现他们就翻译错了，他把 15 年不变、30 年不变去掉了，就用一个英文的词儿就是长期，翻译错了。你 15 年、30 年不是随便一说的，15 年是第一个承包期 15 年，30 年是现在土地承包期 30 年。总理说 30 年不变了，我理解就是这个 30 年到期以后就永远不变了，就是稳定承包经营制度，让土地兼并的速度不能太快，如果处理不好的话，私有制会产生重大的社会问题。

最后一点就是建设社会主义新农村是一项长期任务。实际上你解决"三农"问题不经过长期努力是不可能的，通过我们党中央、国务院的强有力的领导，重大政策的支持，大力推动，会加速这个进程，但是不可能超越某些阶段。因为，那些科技的创新，基础设施建设，新型农民的培训，项目的转移等等，这个是解决农业、农村和农民问题的一些根本性的途径。但是，这些问题都是长期性的，你短期内肯定达不

国外农业与农村发展的经验教训与启示

到，所以胡锦涛总书记讲建设社会主义新农村需要几十年的艰苦奋斗，就是这个意思。发达国家的现代化建设和农村建设，都是经过几十年乃至于上百年的建设，所以我觉得建设社会主义新农村值得我们借鉴。当然，我很理解在座的各位，在座的各位也面临着很大压力，说中央说了建设社会主义新农村这么大一个事儿，中央2008年拿出3397亿元。我在中央党校县委书记试点班上就讲，第一个试点班县委书记讲，我们县农民尽管文化程度不高，但是会算术，3000多亿元，咱们全国有2000多个县，平均一个县1亿多元，说书记，咱们现在1亿多干一点什么呢？我儿子要结婚还要盖房子，管不管啊，肯定要做一些事情，农业建设就是很多事情要做，要做的事情很多。但是我想，在村庄整治方面至少两件事情可以做：一个就是搞点清理村庄的环境，动员农民出点工把污水沟清理清理，该填的填一填。我到村庄看到有很多废旧的垃圾，至少有攒了十多年，你稍微清理一下之后面貌就会发生很大变化，然后地方政府稍微给一点钱，弄一点水泥硬化硬化，排水沟清一清，我觉得这件事情投入不多，东部地区、中部地区、西部地区都可以干的事情。再一件事情就是一定要把规划搞好。规划不是发展规划，我们理解规划就是发展规划，我最近听建设部的同志讲很有启发，控制性规划，我划定一个地方，你要新盖房只准到我这里盖，只准盖两层楼的，不准盖四层、五层的，所以规划更主要是控制性规划，不准你乱来。我觉得这个思想非常非常重要，这个不是我要讲的内容，但是我受到一个启发。我觉得发达国家有很多经验，德国土地私有的，但是德国规划搞得非常之好。我的教授买了一块土地，然后有代表团参观的时候领到那边去，大概有两三亩，我说这一块地你让我看什么？他说是我 20 年前买的地，原来以为能盖房现在不能盖房，就空那个地方，所以土地私有控制很严格。规划，还有村庄整治这个我觉得至少是当务之急，当然其他的还有很多很多事情，各地区不同，有农民最迫切、最急迫的要求，有很多地方是解决饮水的问题，有的地方解决通电的问题，等等不一。

以上利用一个半小时时间按照要求把国外的案例的情况做一个介绍，当然讲的过程中我夹杂了一些个人的认识、看法、判断等等，仅供同志们参考，要以"1 号文件"为准，至少要以我们讲义为准了，讲义之内都是我负责，不当之处，欢迎批评指正。

全国县委书记、县长"建设社会主义新农村"专题培训班
2006 年 5 月 26 日

重点提示

我觉得发达国家有很多经验，德国土地私有的，但是德国规划搞得非常之好。我的教授买了一块土地，然后有代表团参观的时候领到那边去，大概有两三亩，我说这一块地你让我看什么？他说是我 20 年前买的地，原来以为能盖房现在不能盖房，就空那个地方，所以土地私有控制很严格。规划，还有村庄整治这个我觉得至少是当务之急，当然其他的还有很多很多事情，各地区不同，有农民最迫切、最急迫的要求，有很多地方是解决饮水的问题，有的地方解决通电的问题，等等不一。

国外农业与农村发展的经验教训与启示

关于社会主义**新农村**建设的几个问题

马晓河

讲座时间： 2006 年 5 月 22 日

作者简历： 马晓河（1955—　　），男，1983 年毕业于中国人民大学，后在南京农业大学经贸学院深造，获博士学位。曾在北京市计委工作，历任国家计委经济研究所室主任、副所长，国家发展和改革委员会产业经济与技术经济研究所副所长、所长，现任国家发展和改革委员会宏观经济研究院副院长、研究员、博导，国务院政府特殊津贴专家。兼任中国人民大学教授、博士生导师，中国农业经济学会副会长，陕西省渭南市人民政府顾问，山东省泰安市人民政府顾问等职。

内容提要： 授课人以各地调研获得的翔实案例为依据，系统梳理了新农村建设的目的，阐明新农村建设与"五个统筹"、"科学发展观"等执政理念的关系，同时以韩国"新村建设"和江西赣州新农村建设等国内外经验为例，阐释了新农村建设的近期和长期内容，即近期做好"六通五改两建设一提高"，远期做好提供基础设施、公共服务、发展支撑产业、基层组织建设以及新型农民培育等。最后强调新农村建设需要把握的重大政策问题，包括提高认识、资金倾斜、搞好规划、加快体制创新、强化政府职能、加强组织引导等。

今天给大家讲五个问题：第一是为什么要在农村开展新农村建设；第二是新农村建设与"五个统筹"、"科学发展观"的关系；三是新农村建设的国内外经验；四是新农村建设的近期和长期的内容；五是新农村建设过程中需要把握的几个重大政策问题。

一 | 为什么要在农村开展新农村建设？

大家知道，最近两年，中央推出一系列惠农、强农政策，这些政策效果非常明显。有三大标志：第一，粮食从1998年以来连续滑坡到最近两年连续增产1000亿斤；第二，农民增收，农民连续两年收入增加超过6%，2004年是6.8%的增幅，2005年是6.2%，每年农民收入增量人均超过300元；第三，农村市场开始回暖，2004年和2005年县以下社会消费品零售总额分别增长10.7%、10.8%。虽然近期在政策强力刺激下，农业农村经济得到了较快发展，但从长期看，我们国家农业农村面临的问题并没有解决，而且有些问题还在积累，在恶化，所以说单靠现有的政策和制度安排来解决"三农"问题还面临很多困难。

第一，城乡公共基础设施差距大，农村公共基础设施供给严重不足。

大家都知道，20世纪90年代以来我国城乡之间发展差距最大的一个就是公共设施建设差距，农村基础设施跟城市基础设施差距简直可以说是天壤之别，天上是城市，地下是农村。

为什么会出现这种情况呢？我认为是现有的制度和政策安排造成的。众所周知，新中国成立以来建立了严格的城乡二元制度，这种制度在公共资源分配上明显存在着城乡差别，在财政科目里面城镇的公共设施，

重点提示

第一，城乡公共基础设施差距大，农村公共基础设施供给严重不足。大家都知道，20世纪90年代以来我国城乡之间发展差距最大的一个就是公共设施建设差距，农村基础设施跟城市基础设施差距简直可以说是天壤之别，天上是城市，地下是农村。

路、水、电、气是要靠国家财政全部出钱，像城里的水、电、路、气等
方面，国家是要出钱搞建设的，居民不会谁自掏腰包去修路、通水、通气
的，特别是中等城市以上，图书馆、公园等等公共产品，完全是由财政供
给，而农村的同类产品是以农民为主，农民掏钱政府补助，尽管说这两年
稍微好一点，但也是政府补助，像陕西、贵州、四川等铺 1 公里柏油路，
大概成本是 30 万元，政府补助 10 万元，20 万元还得靠农民拿，那 20 万
元是石头、劳工等。所以在这种情况下，公共财政向全国基础设施领域投
得越多，城市享受的公共福利越大，而农民享受的公共产品要比市民少得
多。所以说，当经济发展越快、财政增收越快的时候，城市人在公共设施
方面享受的待遇就远远超过了农民，越是钱多的地方越明显。不知道各位
注意到没有，到沿海地区，一看墙上的大幅标语，"要把城市建在花园里，
要把花园建在城市里"。我突然想到一个问题，那花园都建在城市里，农
民能享受什么公共服务。这两年，我跑了很多地方，发现城乡的设施差距
在中西部地区要比东部地区差距明显，比如我去四川的叙永县，它是全国
592 个贫困县之一。我跟那里接待的人讲，你给我找一个当地中等水平的
村去看看，他说行，我说不要距离太远，你得给我留时间去看、去座谈。
结果给我安排了从泸州市出发大约有 1.5 小时里程的村子，后来我们走了
多少时间呢？走了 4.5 个小时，走到那里已经傍晚 6 点了。我就问当地的
人，不是说 1.5 小时里程怎么走了 4.5 小时，他说路程是 1.5 小时但是路
况太差，当时从泸州市到叙永县还行，是国道，从叙永县到乡还能走，从
乡到村就麻烦了，整个就像坐上了摇滚机，几乎把你的五脏六腑全部颠出
来了。到那里跟农民谈几乎是傍晚了，那个行政村共有七个自然村，村村
之间没有路，老百姓饮水是从山上面引下来的，水是黄的，孩子上学要走
3.5 公里路，看病也没有医院。后来我就继续调查，这个村 250 多户人家，
有 50 户还是 20 世纪 80 年代盖的茅草屋，当地农民人均收入是 700 元。
当时我就问，像这样的的村在全县有多少？当时县长说至少有一半。那时
我就想中国要搞新农村建设，像这样的村别说 50 年，100 年都搞不了。在
西部一些老百姓编了一个顺口溜，说"我们村真穷，交通靠走，通信靠
吼，取暖靠抖，治安靠狗"。就是说，没有车没有路只能是靠走，通信没

有电话，当然靠吼了，取暖资源也缺乏，只能发抖。这种条件跟城市比是极其不相称的。当然，这在全国是个别现象，但在西部地区是特别多的。比如，在统计资料里面发现目前在中国农村还有约 3.2 亿农民喝不上洁净水，其中西部地区 12 省有 1.15 亿人喝不上干净的洁净水。2006 年春节有幸回了一趟老家，在老家待了 4 天，转了一些农户就发现，陕西关中东部好多农民由于饮用高氟水以后导致地方病非常严重，当地一些老百姓 40 岁以上多是大骨节、腿疼胳膊疼。看了一个农户，这户的家庭主妇 60 多岁，在床上躺着，胳膊腿是弯的，直不起来，不能自理，这是长期饮用含氟量超标的地下水造成氟骨病。这不是她自己的原因，是公共设施建设不到位啊，影响了当地农民的健康。

目前，全国 65 万行政村中还有 5 万个行政村不通硬化路，大量自然村不通公路，有的即使有公路也不是硬化路，晴天一身土，雨天一身泥，晴通雨阻。但看看我们的城市，当农村人没有路可走，行路难、饮水难的时候，我们的城市在"四化"建设，即路面硬化，铺水泥可以过坦克；墙面白化，墙面贴瓷砖，你看从县城到省会，墙面全部贴瓷砖；环境要绿化，搞大广场，从乡到县到省，广场建设得非常漂亮，种草栽树，国内的草和树不行，还把国外的洋树引进来，一棵树进口十几万元，漂洋过海运到中国来，水不够从底下 800 米打井抽水。西部地区有个省会，他们从深山老林里面把 1000 年老树引到城市广场里，害怕它死了就给树吊针输液，怕树死了，树一死这个市长也当不了，就派人向树的脉管里输营养。按道理，公共资源是大家的，为什么城里人分配那么多，而农民分配那么少呢？就是说在现代化建设过程中，我们的财力在不断地增长，但是增长的结果是越来越多的公共资源份额向城市倾斜了，形成了公共设施建设方面占用不公平。

第二，城乡社会事业发展不平衡。农村教育、卫生、社保等公共服务发展严重滞后，就像基础设施建设一样，教育、卫生、社保等公共服务资源在城乡之间分配也是不一样的，因为我国是二元结构，我们历来都是在公共服务里面优先满足城里人，农村的公共服务也是以农民为主，这两年有所改变，比如说义务教育资源，《宪法》明确规定，九年制义务教育，适龄孩子人人有权享受。但是，实际情况是什么样呢？结果城里人享受的公共教育资源要比农村人多得多。2002年以前农村公共义务教育说白了都是靠农民自己办，这里有一个2002年的数据，中央在农村义务教育中只承担了总经费的2%，省地两级承担11%，县级负担9%，乡村和农民负担达78%。近几年情况有所改变，中央通过转移支付解决了乡村教师工资问题。但是从以前看，实际上城市的义务教育是国家办，农村的义务教育是农民办，所以这就导致一个问题，农村的教育经费短缺，质量差，城乡差距大。我经常想到一个问题，说越有钱的地方国家越管，越没有钱的地方国家越不管，感觉很奇怪。教育部公布的资料显示，2002年，城里高中生、初中生、小学生人均获得的公共教育经费，比农村多23%。如果将一些无法统计的隐性投入包括进去差距更大。农村公共教育经费长期不足，必然会造成地方政府通过各种渠道向农民收费。针对这个问题我们曾经做过一个调查，调查结果发现中央实行一费制以后，农民负担确实减轻了，但是在个别地方农民的负担并没有减少多少。比如一费制后，东北一个省重新规定向每个学生自愿性服务收费9项，还有中部一个省规定了收费10项，西北一个省规定11项收费。这些项目包括：自行车保管费、文明礼仪读本费、课后看护费，意思就是你把孩子交给学校，上课收你费了，课后没有人管学校还得负责看护孩子安全，还有饮水费、课外活动食宿费、体检费、班车费、服装费、电影费，等等。2005年我对陕西一户农民调查，这户农民的孩子上初三，当地的一费制一年初中是430元钱，但是他一学期向学校缴纳了1012元，而且这还没有统计完全，为什么？因为当时是从2月24号统计到6月24号，7月12号总理要找我座谈，我就没有统计以后的数据了。在现有的公共资源分配下，由于公共服务在农村不到位，最后导致地方学校只能从农民那里要钱。现在存在一个问题，同在蓝天下，农民

关于社会主义新农村建设的几个问题

重点提示

城乡社会事业发展不平衡。农村教育、卫生、社保等公共服务发展严重滞后，就像基础设施建设一样，教育、卫生、社保等公共服务资源在城乡之间分配也是不一样的，因为我国是二元结构，我们历来都是在公共服务里面优先满足城里人，农村的公共服务也是以农民为主，这两年有所改变，比如说义务教育资源，义务教育《宪法》明确规定，九年制义务教育，适龄孩子人人有权享受。但是，实际情况是什么样呢？结果城里人享受的公共教育资源要比农村人多得多。

重点提示

近年来，出现一个最明显的问题，就是城里人的孩子上大学的比例越来越高，农民孩子上大学的比例越来越低，什么原因？就是由于我国的优质教育资源持续向城市倾斜，使得农村教育质量越来越差，这个只是问题一个表象。从深层原因看，农村和贫困地区的教育质量差，穷人、困难群体改变身份的渠道将会进一步变窄，如果穷人改变身份的空间变窄，社会不稳定的隐患就会增大。

交了要比城里人多的钱，但却没有享受到优质教育。

近年来，出现一个最明显的问题，就是城里人的孩子上大学的比例越来越高，农民孩子上大学的比例越来越低，什么原因？就是由于我国的优质教育资源持续向城市倾斜，使得农村教育质量越来越差，这个只是问题一个表象。从深层原因看，农村和贫困地区的教育质量差，穷人、困难群体改变身份的渠道将会进一步变窄，如果穷人改变身份的空间变窄，社会不稳定的隐患就会增大。过去，农民的孩子改变身份就是好好上学，"书中自有颜如玉"、"书中自有黄金屋"，现在不行了，就是交了钱上了学也考不上大学，即使考上大学也就不了业，农民一看没有希望，干脆辍学，继续当农民、当穷人。

还有卫生资源。跟教育资源一样，我们也把大量的卫生资源投向城市，农村的公共卫生资源主要投向乡以上，乡也是很少的。这就出现一个矛盾，我国 60% 以上的人口在农村，而 70% 的卫生资源投向了城市，结果是优质的卫生资源不断向城市集聚。我们做过一个调查，在成都农民初次就诊 85% 在村。为什么农民看病难、看病贵，因为你们将卫生资源没有分配到农村，因此就出现这样一种奇怪现象，农民有病"小病养，大病扛，扛不过去见阎王"。现在出现了一种趋向，好多农民有病先在村看，看不了就到县城，甚至到省城去看，有一些病根本不必要到县城、省城看，但是他没有办法，乡村里医疗设备差、医生水平低，所以大家都到城

重点提示

还有卫生资源。跟教育资源一样，我们也把大量的卫生资源投向城市，农村的公共卫生资源主要投向乡以上，乡也是很少的。这就出现一个矛盾，我国 60% 以上的人口在农村，而 70% 的卫生资源投向了城市，结果是优质的卫生资源不断向城市集聚。

城乡统筹与农村改革发展

里看病，造成医院排队拥挤。一旦省城、县城的医院排队拥挤，就会产生两大问题：第一是腐败，排队出现腐败，走后门；第二是省会医院、县里医院又向省政府、县政府游说要投资，医生不够、设备不够、房子不够，所以带来的问题是下一步的公共资源又向县城、省会投。还有一个问题，农村的公共卫生资源短缺也造成了收费标准高。2005 年我去贵州，贵州黔东南苗族侗族自治州凯里，去一户农民调查。一个农民做肾结石，一个手术花了 7000 元，那个地方农民人均收入不到 1000 元，一个肾结石手术就花掉 7000 元，农民还有活路没有？所以，农民跟我们讲，"农民头上有三把刀，看病、上学和养老"。近几年，包括西北、华北，甚至湖南的山区结核病发病率特别高，现在好多村的农民自己得了结核病、肝炎也不说，就偷偷吃药，尤其是农村好多人吃饭的时候，喝酒一个杯子，吃饭没有公共筷子，极容易传染。

在社会保障方面，农村和城市方面的差距也很大。现在政府每年拿出 600 多亿元的资金，给城里面人搞社会保障，目前中等城市以上的城市人口，基本实现了基本保障，一个公共救助制度，养老、失业、最低生活保障，扶贫救助。但在农村，社会保障制度几乎是空白，只是到了近两年我国才建立了新型农村合作医疗制度。到了 2005 年年底，大概覆盖人口 22.5%，2006 年计划达到 40%，这两年中央下大力气拿钱才把新型农村合作医疗制度初步建立起来。

第三，工农发展差距不断拉大，食品特别是粮食安全隐患在增加。大家知道，20 世纪 80 年代中期我国搞了财政层层包干，90 年代中期我们搞了税费改革，这两大改革带来的结果是各级财政层层负责本级的财政收支。该制度带来一个结果是，每个政府都想办法培育财源，找项目、搞开发，至于粮食安全没有人管，谁搞粮食谁吃亏，粮食不赚钱。你让农民种粮食，种了以后你得按最低收购价收购粮食，收购了还得储备起来，储备

> **重点提示**
>
> 在社会保障方面，农村和城市方面的差距也很大。现在政府每年拿出 600 多亿元的资金，给城里面人搞社会保障，目前中等城市以上的城市人口，基本实现了基本保障，一个公共救助制度，养老、失业、最低生活保障，扶贫救助。但在农村，社会保障制度几乎是空白，只是到了近两年我国才建立了新型农村合作医疗制度。

重点提示

工农发展差距不断拉大，食品特别是粮食安全隐患在增加。大家知道，20世纪80年代中期我国搞了财政层层包干，90年代中期我们搞了税费改革，这两大改革带来的结果是各级财政层层负责本级的财政收支。该制度带来一个结果是，每个政府都想办法培育财源，找项目、搞开发，至于粮食安全没有人管，谁搞粮食谁吃亏，粮食不赚钱。你让农民种粮食，种了以后你得按最低收购价收购粮食，收购了还得储备起来，储备粮食每斤还得付出储备成本。这样带来一个结果，全国人民从下到上都搞开发了，农民要增收，地方财政要增加，最终导致土地减少，水资源减少，粮食空间在减少。

粮食每斤还得付出储备成本。这样带来一个结果，全国人民从下到上都搞开发了，农民要增收，地方财政要增加，最终导致土地减少，水资源减少，粮食空间在减少。而且，我国还存在一个问题，就是财源财权向上收，事权都向下放，越向基层财权越少，事权越大。最后没有办法，每个县（市）、乡都想办法培育财源，把重心工作放在发展工业上，粮食安全的隐患越来越严重。现在，都说地方干部没有规矩，到处加重农民负担，到处加重企业负担，想想看，为什么会这么干？实际上就是由于我们财税制度迫使他们这么做。有一个顺口溜，"中央财政蒸蒸日上，省级财政稳稳当当，地级财政摇摇晃晃，县级财政哭爹喊娘，乡级财政名存实亡"。都知道为人一届"父母官"，都想要干出点政绩来，要想提拔，你不干几件事儿不行，在基层要干几件事儿没有钱也不行，没有钱只好收钱，搞开发区卖地，所以农民、企业的负担就重了，国家的耕地、水资源就少了。我算过一笔账，按照现有的趋势发展下去，我国的水资源从农业向城市向工业转移，土地从农业向工业向城市转移，带来的结果是到2020年这种趋势要不遏制，我们的粮食供需缺口最高可达1000亿斤，将来中国的粮食自给率肯定会跌破90%，搞不好自给率会更低。

第四，资源要素从农村向外流出快，而农村劳动力向外转移缓慢。大家都知道，20世纪90年代以来，我国在资源流动方面出现了两大趋势：第一个趋势是土地以大量的强制性低价向城市流转，由此导致了4000万多农民变成了"三无"农民，无地、无业、无保障。第二个，1993年以来宏观调控紧缩货币资金，最后导致农村的资金大量向城市流。向城市流是两种形式：一是农村好多金融机构纷纷从从各县撤走，办事处向上收；二是许多在农村的贷款存储业务变成只存不贷，或多存少贷。通过这两种形式农村和城市占有的资源严重失衡。当这种失衡发生后，如果我们允许农村劳动力和人口向城市流动并促进其变为市民，就完全可以调节这种失衡。但恰恰是，在这种失衡过程中我们的城乡二元制度并没有改变，农民有权去城里面打工却没有权在城里面定居，他是"两栖人"。因此当土地和资金向城市流，农民占有的资源越来越少时，他能致富吗？我曾经考察过先行工业化国家美国、英国、法国、德国等，还有后来的日本，这几个发达国家在走向现代化过程中，农民之所以变富，这些国家城市人口之所以变多，关键是有两种制度在起作用：第一个是土地制度。因为土地是私有制，农民拥有的土地经过工业化、城市化以后不断增值，增值的收益大部分是通过市场交易农民拿到手里面，农民把自己的土地在紧靠城市和工业密集区卖掉，卖掉以后土地所有者变成了资本所有者，拿着土地资本到城里面去置房置产变成城里人。但是，我们国家这一条不具备。我们的法律规定土地是集体所有，集体的土地不能进入一级市场，土地怎么卖、卖给谁、价格卖多高、土地的收益怎么去分配不由农民说了算，结果是土地增值中农民没有拿到多少钱，所以他无法通过土地交易改变身份走向城市。全国作过一个统计，目

城乡统筹与农村改革发展

前我国的土地在交易过程中90%的收益流向了非农业，流向了政府，流向了开发商。在土地交易过程中，我们老强调说地方政府不许占农民的土地，不许卖地，但结果是中国最大的土地收益者是在省级政府以上，省和中央拿的是大头，板子拍在下面。所以，你现在看好多省会的土地收益占它当年财政收入的50%左右，农民改变身份的第一个通道在法律上就不通。

最近《物权法》要公布，《物权法》里涉及城市地权、农民宅基地权、土地承包权等。这里有三条需要商榷：第一，《物权法》规定了农民的宅基地及其房产不许作为商品转让，只能是在社区转让，农民的房子不能搞抵押，为什么城市居民的房子可以买卖？显然在法律面前不平等。第二，农民的承包地不许抵押，也不许入股。第三，《物权法》讨论那么多次，没有征求任何农民的意见，法律是给他们制定的，决定了他们的命运，但他们却又不知道要颁布这个法律。

第二个是人口流动制度。发达国家当年在城市转化过程中，远离城市的农民虽然他们的土地增值不了，但可以通过转移来改变身份，因为户籍制度在全国是统一的，农民可以到城里去打工就业，置产置业，变成城市居民。而我国是城乡二元户籍制度，改革开放以后，允许农民进城打工，但你要想在城里面住下来变成市民非常难，比如就业、上学、社会保障、经济适用房你都没有权利去享受，结果农民感觉到城市是城里人的，农民不过是到城里去挣钱，挣了钱回家盖房子。这就带来一个大问题，每年春节前后，亿万农民挤上火车、汽车、轮船，造成交通拥挤，春节前形成民工潮向农村走，春节后民工潮又向城里流。另外，城乡二元制度不消除，农民挣钱了以后不可能在城里面置产置业，拿了钱到农村盖房子，本来可以形成一种人口的集聚效应，推进城市化，但制度造成农民把钱拿回到农村盖洋楼。如果我们城乡二元制度不改变，仍然继续维持这种制度，中国的城市化就会严重滞后，如果中国的城市化严重滞后，最后中国的现代化也会迟缓。

最后一个问题，城乡居民收入差距不断扩大，农村消费品市场份额在持续萎缩。刚才我们讲了公共品供给不足，投资不足，土地资金向外流，这种情况下农民的收入增长必然不会太高。因为，资金向城市集中，技术向城市集中，公共服务向城市集中，结果是城镇居民收入增长肯定要远高于农民。有人说城市化过程中，城乡居民收入差距扩大是一个必然趋势，这个是对的，核心问题是政府在这种过程中扮演一个什么角色，是让它自然扩大化还是通过政策干预让它缩小。我以为，改革开放以来，我们过多地注重了效益，忽视了公平。在消除城乡差距、消除阶层贫富差距上我们做得还不够，甚至在有些公共资源配置上还刺激了城乡差距的扩大。目前，城乡居民收入在相对差距和绝对差距方面都在不断扩大，比如，从1990年到2004年，城市居民收入平均增长幅度是农村居民的1倍以上；又如，1998年到2004年，农民人均纯收入增加了840元，城市居民收入增加了4260元，绝对差距从1990年700多元扩大到2005年的7000元。2005年城市居民人均收入是10493元，农民人均纯收入是3255元，两者比例是3.22∶1。我们整天喊要拉动内需，为什么内需就上不来？我认为核心在我们的制度安排不合理，经济社会发展成果城里人享受得越来越多，农民享受得比较少，由此造成农民没钱消费，没有能力消费。1985年以来，农民消费的全国工业品消费份额已经从过去的56.5%降到2005年的32.9%，就是说2/3的人口只消费了1/3的工业品，内需不足的核心是农民没有能力消费。有人讲，农民不消费，可以让城里人消费，但是现在城里人边际消费倾向在不断下降，城里人每增加一单位收入他们把越来越多的钱存向银行，用于消费的份额在减少，由此带来城里人收入越高储蓄越多，消费越低。

为什么会出现这种结果？第一，城市人收入出现了分化，收入向富人集中。到了2004年，城里人20%高收入者占有的收入总额从过去的20%多上升到近40%，而20%的低收入者占有的比重已经降低到8%，收入分配不均衡，富人收入提高后将更多的钱用于储蓄而不是消费。2004年，20%的高收入者边际消费倾向是不到60%，大概有40%多用于储蓄，收入增加给富人最不利于消费。第二，20世纪90年代中期以来，我们推出的一系列改革，这些改革间接地刺激了老百姓存款，比如政府机构改革，中央政府裁一半，省裁一半，地县裁30%，国有企业搞下岗减员增效，这样在20世纪90年代中期以来我们形成了3000多万的下岗分流者，由此在我们周围不少亲戚、朋友都有下岗的，给人一种就业难的印象。就业难使得人人自保工作，收入预期不确定，说不定哪天要下岗，迫使人们存钱。第三，20世纪90年代中期以来，我国还采取了一系列改革措施，这些措施也造成老百姓不敢花钱。例如，住房商品化、教育产业化、医疗和养老制度社会化，这些改革给老百姓感觉是要自己掏腰包，住房我要买，孩子上学我要交钱，看病和养老我要交保险费，最后大家都开始竞相为自己存钱，为后代存钱，为未来存钱。在改革面前，老百姓最直接的应对措施就是少花钱多存钱。在老百姓消费意愿下降、储蓄意愿上升情况下，宏观调控即使连续13次下调利率，诱导老百姓消费，结果老百姓还是增加存款。为什么？因为利息对老百姓不起作用了，存钱是他们要防范风险，所以即使降低利率老百姓也存款，结果是全社会存款越来越多。到2005年年底，全国储蓄存款超过了28万亿，城乡居民存款是超过24万亿，85%是城里人存款。

在实际生活中，城乡差距还表现在其他方面，如我国人大代表选举制

城乡统筹与农村改革发展

度，城市和农村也有差距，人大代表选举条例规定，城镇人口是 24 万人选 1 位人大代表，农民是 96 万人选 1 位代表。直观地理解，就是 4 个农民的政治权利只能顶一个城市人，其实就是 96 万农村人选的代表最后也不一定是农民。还有农民和城里人出现意外死亡事故，获得的赔偿标准也不一样，如交通条例里明确规定，如果农民和城里人交通肇事死亡后，赔偿标准是上年收入的 20 倍，即城里人上年收入的 20 倍就是 21 万元，农民的 20 倍是上年 3255 元的 20 倍是 6.5 万多元。现在好多省开始改了，但全国统一法律还没有改，我想这个规定以后会改掉的。另外，城乡差距已经在一部分城市人的观念里开始固化了，有些城市人认为，他们生出来天然就比农民要强，比农民要高贵，他们就应该享受比农民更好的社会福利和公共服务。我曾到四川一个居民家调查，有一个居民就问我，为什么国家要把那么多钱投向农村，她说她现在每个月的退休金还拿不到，为什么要给农民。在一些决策者观念里，执行国家政策也在有意无意地歧视农民。举个例子，北京某区用公共财政盖一个公共厕所，在公共厕所门口公然贴了一个公告指出农民工不许入内，还有南方一个副省级城市用低价强制征收农民的地建了一个公园——生态公园，那个公园门口也贴一个公告不许民工入内。还有东北一个重点大学在校门口贴了一个公告不让农民工进入校园。在北京特别是夏天你坐公共汽车、地铁时，你有时候可以发现一个有趣的现象，一些摩登女郎戴一个墨镜，拿一个手机，拎一个坤包，她一进地铁看见人挤的时候，一看穿着比较脏的民工她绕圈走，满脸带着鄙视的表情躲他，为什么躲？他脏啊，跟她不是一类人群，没准可能是小偷呢。这是一种天然的歧视。如果说我国城乡二元制度长期不改，最终很有可能会导致城乡之间的族群对立，城里人长期享受比农民要多、要好的公共服务和公共设施，城里人收入高，农民收入低，进城你们还歧视农民，最后农民工将是一种撕裂心理。所以，新农村建设不但要培育新型农民，而且要培育新型市民，因为资源是国家的，城市也是国家的，居民是平等的，在我们的国度里不应该存在

重点提示

目前，我国城乡差距扩大已经到了完全用现行制度和政策不能解决的程度，必须进行深化改革，实行统筹城乡发展，开展新农村建设。

关于社会主义新农村建设的几个问题

阶层族群歧视，特别是由制度政策安排不当造成的歧视。目前，我国城乡差距扩大已经到了完全用现行制度和政策不能解决的程度，必须进行深化改革，实行统筹城乡发展，开展新农村建设。

当前在我国，工业产能严重过剩。在过剩情况下，单靠城里人消费是无法解决问题的，必须靠新农村建设来拉动。现在我们的电解铝、钢铁、水泥、汽车、电力、冶金、化工材料等，都大量过剩。面对这种过剩，我们需要在农村开展基础设施建设。你想城镇马路不可能在铺上50公分的水泥之上再浇注50公分，不可能在公园上面再盖公园，你不可能在我们的浦东干部学院的空中再来一个干部学院，城镇已经锦上添花了。经过多年的建设，城市公共设施供给已经超过了它的经济发展水平，因此消化产能过剩必须依靠农村建设拉动。还有，我国大量日用工业消费品也必须靠农民消费。目前，全国的皮鞋年产量60亿双、服装200多亿件，电风扇上亿台，彩电8000多台。没有农民消费光靠增加出口肯定不行，现在我国内需明显不足，逼迫企业向国外出口，结果世界许多国家都对中国实行反倾销，中国加入世贸组织以来是全世界反倾销案例最高的一个国家。通过新农村建设，改善农民的公共服务环境，降低他们的生活成本，增加他们的收入，以此刺激和拉动农村消费。

下一步，中国必将崛起走向世界，成为一个大国强国。但是，中国现在面临两大矛盾：一个是贫富差距，一个是就业压力越来越大。这种情况下，我们需要一个稳定的群体来支撑这个社会。从历史经验看，历代王朝的发展都是农民稳天下稳，农民不稳天下不稳。我认为，在当今社会，中国要想走向富强，要想在世界和平崛起，也必须实行农民稳天下稳的战略。采取措施让农民稳定，这个社会才有发展，如果农民不稳定，这个社会就发展不了。基于以上理由，我认为在中国开展新农村建设是非常及时的，而且非常有必要。

二 | 新农村建设与其他执政理念的关系

改革开放以来，党中央和国务院在调整城乡关系方面经过三次大的调整。第一次是在改革开放初期，实行了以家庭联产承包责任制为中心的改革，那次主要是围绕放权，来改革城乡关系、工农关系，给农民权利，把土地承包权给他们，以放权为核心，让农民有权支配他的土地，有权支配他的收益成果，让农民有权来支配他的劳动时间，这是第一次是以权利为中心的改革；第二次是 20 世纪 90 年代末期和 21 世纪初期的税费改革，围绕减轻农民负担进行改革，这次改革是一种单向改革，改革主要是以农民少取甚至不取为中心；第三次就是最近这次了，在调整城乡关系、工农关系方面，中央推出了一系列措施，实行统筹城乡发展、以工促农、以城带乡、新农村建设，这些决策理念和措施，核心体现为从过去的单向改革向多向改革发展。改革开放初期是放权，后来是少取，这次是从单向向多向改革发展，主要体现的是一种多予，从少取向多予转化。多予的改革内涵在于要给农民更多的国民待遇和公平，让农民有权能够享受跟城里人一样的权利。这是第一个要点。

第二个要点是，新农村建设到底跟科学发展观、"五个统筹"、"两个趋向"、小康社会等执政理念是什么关系？大家都知道，这一届政府执政以后，首先提出了"五个统筹"，"五个统筹"里把统筹城乡发展放在第一位，可见"五个统筹"中，工农关系、城乡关系是占重要位置。而且，要知道"五个统筹"是科学发展观的重要方面，没有"五个统筹"就没有科学发展观，没有城乡统筹也就没有"五个统筹"，这是第一层的意思；第二层意思，统筹城乡发展是这届政府处理工农关系、城乡关系的一个战略思路，就是说这一届政府要解决"三农"问题，是要靠统筹城乡之间的发展，要靠统筹城乡之间的资源，统筹城乡之间的产业，统筹城乡之间的制度政策来解决"三农"问题，但有思路还不够，必须有战略方向和举措。

在党的十六届四中全会上，胡锦涛总书记提出"两个趋向"，指出一般国家在经济发展初期阶段，都是依靠农业哺育工业，是农民提供原始资本积累支持工业的发展，但是当经济发展到一定阶段之后，工业开始反哺农业、城市带动农村。目前，我国正好到了这个阶段。他提出"两个趋向"，实际就指明了解决"三农"的方向。怎么去解决"三农"问题？就是要靠以工补农、以城带乡。前两天广播电台一个听众问我，说按照总书记的讲话，是不是要让我们工业拿利润拿钱给农民，是不是让城里人掏腰包给农民？实际不是这个意思。在现阶段，中央希望靠工业发展、靠城市发展来积累公共财政，财政再拿这些公共资源向农村倾斜。因此，以工补农、以城带乡只是解决"三农"的战略方向。而新农村建设实际是城乡统筹发展，以工补农、以城带乡的具体化，它是落实统筹城乡发展，以工补农、以城带乡的战略措施。所以，战略思路、战略方向、战略措施这三个之间是一种明显的逻辑层次关系。

统筹城乡发展和全面小康社会建设是什么关系？有一个村干部问我，全面小康社会跟新农村建设是什么关系？前两年这个村搞小康示范村，现在又让搞新农村建设了，需要不需要换牌子？我理解，小康建设有专门的定量化指标，到2020年我们必须完成22个指标，国内生产总值翻两番。但是，新农村建设没有具体的定量指标，它是一种动态的，比如发达地区和落后地区，西部地区和东部地区，宁夏跟江苏、上海标准是不一样的，经济发展水平不一样新农村建设的内容形态也不一样。还有，我国农村特别是中西

重点提示

我国农村特别是中西部地区的农村太穷，即使到了2020年，西部地区农村要想建成新农村目标根本达不到，好多新农村建设恐怕是一种长期的过程，所以新农村建设需要时间长，小康建设时间短，新农村建设是一种动态的指标，小康建设是一种静态指标，但两者之间有交叉，在2020年以前新农村跟小康建设其实是一个内容。2020年我们要完成小康建设，必须依赖新农村建设，靠新农村建设去实现小康，这是一个关键点。

部地区的农村太穷，即使到了 2020 年，西部地区农村要想建成新农村目标根本达不到，好多新农村建设恐怕是一种长期的过程，所以新农村建设需要时间长，小康建设时间短，新农村建设是一种动态的指标，小康建设是一种静态指标，但两者之间有交叉，在 2020 年以前新农村跟小康建设其实是一个内容。2020 年我们要完成小康建设，必须依赖新农村建设，靠新农村建设去实现小康，这是一个关键点。有一个领导讲新农村建设在落后地区没准需要 100 年，但是小康社会建设总体上要在 2020 年就能够实现。到 2020 年全面小康社会建设目标实现以后，新农村建设仍然还会存在。

　　到底我们怎么理解新农村的概念？我认为，新农村建设关键是要围绕 20 个字、5 句话来理解。前几天去河南济源市跟 25 户农民座谈，我说各位谁知道新农村建设，后来 25 位农民举手，100% 都说知道，后来就问他们谁能准确回答新农村建设内容，但实际统计结果是只有 11.6% 的农民能准确回答新农村建设，而且还有个别农民能把这 20 个字一字不落背下来。理解新农村建设，关键要抓两个字：新农村建设关键在"新"，重点在"建"。"新"主要是体现在新背景、新理念、新目标。我国开展的新农村建设是一种新背景：第一，我国目前正在处于工业化中期阶段，人均国内生产总值超过 1700 美元，基本国力在世界上排行第四，财政收入每年以 6000 亿元的目标在增收，农村劳动力占全国劳动力的比重已经降到 50% 以下，等等，开展新农村建设需要考虑这个新背景。第二，新理念。我国这次推动新农村建设理念不一样。首先，新农村建设综合理念，不是靠单个方面推进建设；其次，科学理念，现在搞新农村建设，是在科学发

> **重点提示**
>
> 理解新农村建设，关键要抓两个字：新农村建设关键在"新"，重点在"建"。"新"主要是体现在新背景、新理念、新目标。

> **重点提示**
>
> 我国这次推动新农村建设理念不一样。首先，新农村建设综合理念，不是靠单个方面推进建设；其次，科学理念，现在搞新农村建设，是在科学发展观下用一种可持续的思想来推进新农村建设；再次，新目标。这次新农村建设有新目标，这个目标就是通过新农村建设达到"五新"：培育新农民，培育新产业，建设新组织，提供新设施，塑造新风貌。重点在"建"，"建"就是建设。建设主要体现在四个方面：经济建设、政治建设、文化建设、社会建设，四位一体，光"新"不行，光"建"也不行。"新"和"建"是有机的统一体。

重点提示

有的人问，新农村建设是不是这一届政府要搞新玩意儿，要另起炉灶，要抛弃以往的"三农"政策？我认为不是。新农村建设不是要另起炉灶，也不是要标新立异，而是它要把以往的好的惠农政策、强农政策拿过来，进行重新包装给它赋予一种新时代的内容，然后变成一个整体形象。跟大家举个例子不一定确切，比如一个工厂，里面生产好多品牌，像上海大众汽车一样，生产几十种品牌，这些牌子记都记不过来，最后统一用上海大众标牌表示，这就容易记了。新农村建设，就相当于一个标牌，也像戴个"帽子"，"帽子"下面好多内容，当然这个比喻不太恰当。还有人讲，新农村建设是个"筐"，新货旧货往里装，这个比喻把含义理解歪了。

展观下用一种可持续的思想来推进新农村建设；再次，新目标。这次新农村建设有新目标，这个目标就是通过新农村建设达到"五新"：培育新农民，培育新产业，建设新组织，提供新设施，塑造新风貌。重点在"建"，"建"就是建设。建设主要体现在四个方面：经济建设、政治建设、文化建设、社会建设，四位一体，光"新"不行，光"建"也不行。"新"和"建"是有机的统一体。

有的人问，新农村建设是不是这一届政府要搞新玩意儿，要另起炉灶，要抛弃以往的"三农"政策？我认为不是。新农村建设不是要另起炉灶，也不是要标新立异，而是它要把以往的好的惠农政策、强农政策拿过来，进行重新包装给它赋予一种新时代的内容，然后变成一个整体形象。跟大家举个例子不一定确切，比如一个工厂，里面生产好多品牌，像上海大众汽车一样，生产几十种品牌，这些牌子记都记不过来，最后统一用上海大众标牌表示，这就容易记了。新农村建设，就相当于一个标牌，也像戴个"帽子"，"帽子"下面好多内容，当然这个比喻不太恰当。还有人讲，新农村建设是个"筐"，新货旧货往里装，这个比喻把含义理解歪了。

三 新农村建设国内外经验

2005年10月，我们课题组专门对韩国作过考察，另外还对江西赣州做了调查，今天重点讲一讲这两个方面的经验教训。社会主义新农村建设很早就有的，20 世纪 30 年代初，中国的晏阳初、梁漱溟、陶行知等等，就想通过平民教育搞乡村建设，但没有搞成功；后来毛泽东在解放初期，人民公社、"大跃进"、"文化大革命"等，曾经多次提出要建设社会主义新农村，但是也没有成功，为什么？制度设计和政策不合理。还有，在 20 世纪 70 年代，日本于 1979 年提出"造村运动"，相当于咱们新农村建设，当时日本城乡差距比较大，他们提出一个 1.5 级产业，什么是 1.5

级产业，就是农业产业是 1 级，养殖业、加工业包括销售算是 0.5 级，想以此把农村和城市差距缩小了。再有，1970 年韩国的朴正熙提出"新村运动"。

朴正熙是农民的儿子，军人出身，后来通过军事政变夺取政权。夺取政权后，于 1970 年开始在全国推广"新村运动"。"新村运动"主要是从六个方面开展新农村建设。第一，20 世纪 70 年代初期，在全国搞修路架桥，给每个村铺 3.5 米宽、长 2 公里到 4 公里的进村路，给他们修公路、架桥。第二，在 20 世纪 70 年代中期，改造农民茅草屋，当年韩国经济比较落后，农民好多茅草屋，他把农民茅草屋顶全部扒掉，政府出补助换成瓦片和铁片。第三，20 世纪 70 年代中期到末期，全国 98% 的农户都装上电灯，通电，实行电器化。第四，解决农民饮水困难问题。韩国丘陵多，老百姓主要住在山区丘陵，饮水比较困难，像我国西部地区一样，后来他把饮水问题解决了。第五，为农民引进水稻新品种。韩国农民主要种植水稻，通过财政补贴给农民引进一些良种。第六，韩国从新农村建设开始就给各个村建立村民会馆，就相当于我们文化活动中心一样，建村民会馆，提供活动场所。韩国的"新村运动"分五个阶段，前三个阶段是有组织的，后两个阶段是自发的。第一个阶段是基础设施建设，主要是为农民改善生产生活条件，比如说改善厨房、屋顶、厕所，修建围墙、道路、公共洗浴场。当年农民没有洗衣机，政府就在每个村建一个公共洗衣场所，政府为每个村无偿提供钢筋、水泥，而且评上优秀村奖励更多的水泥。第二个是扩散阶段。包括修村民会馆、自来水建设，包括改善住房，甚至包括发展多种经营。第三个阶段是充实和提高阶段。这个阶段"新村运动"可以说发生了一些质的变化，促进推动文化村建设，甚至搞一些农工开发区，就是把一些农产品加工、一些特色产业放在园区发展，为农民建立保险等等。最后两个阶段是进入20世纪80年代，自发阶段主要是靠农民自己了。韩国的"新村运动"主要有三条经验、三条教训。

三条经验：第一个经验在建设内容上，韩国政府主要是以注重优先改善农民基本生活条件设施建设为起点，而且这么搞最容易引起农民的共鸣和支持，在此基础上新村建设内容逐步向农业、流通领域和其他方面扩散；第二个经验在组织方式上，政府主要履行好几个职能：第一规划，履行好规划；第二服务，协调服务；第三政府投入，政府投入大量的资金。当时财政投入了好多钱，据韩国研究院测算，在20世纪70年代，政府为每个村大概投了3000美金，如果按10倍美元贬值计算就是3万美元，因为20世纪70年代世界石油每桶价格大概是10美元，现在是80美元，所以那时美元相当于现在8倍到10倍。韩国的村都比较小，一个小村得到政府的资金还是比较多的；第四个是广泛动员，社会参与。当时，政府规定公务员必须参加"新村运动"，好多公务员必须到村去，谁要不去是要惩罚的。韩国当时"新村运动"是从上到下，我理解跟我国差不多，因为我国新农村建设也是政府提出来的，并从上到下推进。第三个经验是明确农民的主体地位，注重培养农民自立、自强、协同精神，发挥农民的主体作用。

有三条教训：第一条教训是"新村运动"主要是靠行政强制推动，从上到下，伤了一些人的积极性，好多城市人是不愿意去农村的；第二，没有考虑韩国的民族风貌，搞成千房一面，全部把茅草屋扒掉了换成灰瓦片、黑铁皮，到村里一看全部是灰色，失去了民族特色；第三，"新村运动"没有考虑到后来劳动力转移和人口流动，在农村大量投入搞基础设施建设，恰恰在20世纪70年代末期到80年代韩国大量农村人口向城市流动，后来形成了空心村，导致基础设施浪费，现在你到韩国去，好多农村都是老人多，有些村是空的。

再看国内，国内好多地方也开展了新农村建设，有一些地方是在新农村口号提出来之前就搞了一些生态文明村、小康村建设。新农村建设一提出，这些生态文明村、小康村建设又成了新农村建设。比如说前两天中央电视台、报纸宣传最多的是贵州遵义市开展"四在农家"活动、"七个一"工程。

什么是"四在农家"？就是富裕在农家、学习在农家、乐在农家（和谐在农家）、美在农家（环境美）。围绕这四个活动他们又开展了"七个一"活动。第一，给农民找一条致富增收的路子；第二，帮助农民修建一栋宽敞整洁的房子；第三，帮农民弄一套家具和家用电器；第四，帮农民安装一部电话；第五，帮助农民提供一门以上农业实用技术；第六，帮助农民改造一间卫生厨房和厕所；最后一条是为农民提供一种以上文体爱好。还有江苏提出"六轻六建"，河北提出"三清三化"，辽宁提出"六项整治、八项建设"，四川提出"三清四改五建设"。北京市为了促进新农村建设提出来叫"108项折子工程"，就是围绕108项工程开展新农村建设，发表在《北京日报》上。

　　具体到村，每个典型村在开展新农村建设方面也有一些做法，我归纳成三种：第一种是引进工业入村改造模式，像江苏省的华西村，山东省的南山村，包括上海的郊区好多村都是这样，就是优先发展工业，工业有钱后再来改造村貌，给村里搞公共设施建设，搞公共服务，治理环境。第二种是农业产业化模式，像山西的大寨村，河南的南街村，还有济源的西枳村，这些村都是优先发展农业，通过农业然后搞贸易、搞加工、搞产业一体化。产业化让农民富了，村也有钱了，然后回过头来改造农村，比如西枳村，我们去那里参观，村长带着农民种玫瑰，农民致富后愿意出资改造自己的房子、修路、通电话、装电脑、办学校，等等。第三个是引进企业家入村改造模式，在这方面有好多经验，比如有好多农村出去的孩子，出去创业发家致富了，衣锦还乡，愿意给家乡办事，修路、搭桥、盖房子、改造村。例如，山东省梁锥村有个梁希森，他在北京搞房地产开发，赚了钱后，拿出4200万元到老家去改造他们村。他把村里的房子全部扒掉，给每户农民免费建了一栋别墅，农民好高兴啊，都说梁老板好。盖了别墅以后出现了问题，有了别墅没有产业，老百姓舍不得买煤气或买煤球，做饭怎么办？梁希森一看光靠盖房子不行，后来在村里建一个养牛场发展肉牛养殖产业，让农民进了养殖场去养牛，给他们发工资，这就解决了收入问题。所以说，新农村建设不能单建楼房，不能单建别墅，产业是新农村建设的核心。

　　我们去赣州调查，他们在新农村建设方面有六条做法、四条效果、八条经验、五个问题。六条做法是：第一个做法，先搞规划，以村镇规划为龙头开展"三清""三改"，就是先从规划开始，规划搞好以后，在试点村清垃圾、清污泥、清路障，改水、改厕所、改路。第二个做法是以农民增收为目标，发展新产业，就是每个县都要制定产业建设规划，抓两到三个主导产业，新农村的示范镇和村要搞一乡一业、一村一品，围绕这些，政府提供支持。第三个做法是以农民知识化为依托，培育新农民，这方面他们做了几件事儿：一是先建立农民知识化的师资库，编教材，二是开展多种形式的培训，比如订单培训、协议培训、农民技术培训（农民生产技术培训）、打工培训（阳光工程），还有"两委"干部（村委会、党支部干部培训、农村能人培训），另外还要搞农村遵纪守法，移风易俗培训。大家知道我国五千年文明有一个最值得骄傲的传承精神，是尊老爱幼，可现在我国许多农村出现了爱幼不尊老，护幼不养老。我们曾经做过一个调查，如果农民有钱，按照优先排列四个内容，第一，教育孩子；第二，养老；第三，发展生产；第四，管自己。调查结果是：90% 的农户都认为有了钱以后首先发展生产，其次是教育孩子，再次是养老人，最后才是管自己。当前，中国不少农村人不是不愿意养老，是由于经济实力不够，如果说有钱的话大家都会孝敬老人。因此，要对农民进行培训法律知识，进行文明道德培训。第四个做法是以农业产业化为动力建立新经济组织。赣州政府拿出钱支持农民，特别是支持龙头企业、农村能人，搞合作经济组织。第五个做法，创建文明村镇，塑造新风貌。通过"四进农家"活动，道德、文化、法律、科普知识四进农家，开展文明信用户，文明村镇评比。目前，全国许多农村都开展此项评比活动，评十星级农户、五星级农户。在赣州市，凡是文明村镇，政府都要给村里建设文化活动中心。第六个做法，创建好班子。新农村建设一定要有个好班子、好组织，赣州通过围绕"三民"：亲民、爱民、富民，建立好班子，培养好干部，同时他们鼓励选拔大学本科毕业生到乡村工作。在这方面，全国各地有好多经验，比如北京选派 2000 名大学生到村里当村委会副主任、副书记、村长助理。陕西省省财政每年拿 5000 万元，地方配套超过 5000 万，鼓励大学生到村里去，如果哪一个大学毕业生愿意签合同到农村服务 5 年，5 年合同内给你建立一个固定工资卡，每个月把工资打过去，然后你进村一次性给你补助 1 万块，这些都是很好的做法。

　　赣州的做法带来四个效果：

第一，通过新农村建设试点示范，村容村貌显著改变，脏乱差明显减少，凡是示范村、示范镇脏乱差现象都减少了。

第二，农民的思想方式、思维方式发生了变化。当时新农村示范的时候，好多农民还是有担心，说这些当官的整完了城市来整农民来了，城里面出不了成绩、政绩，城内现在建设非常漂亮，城市建设提官提不了你们又来农村搞政绩了。后来经过实践，政府给水泥、水管、钢筋给农村修路，还给打井，农民一看确实得到了实惠，在心里由反感变成欢迎。搞新农村建设开始时，是政府给农民，后来是农民从政府要。新农村建设还使农民的生活方式、思维方式也发生了变化。2005年4月我到泸州江阳区一个村调查，这个村每户都装上了沼气，有的农户一家装了两口沼气池，沼气通了以后最大的变化是，农民可以像城里人一样洗澡。

第三，干群关系得到改善。过去农村基层干部是"三要干部"：要钱、要命、要粮。要钱：三提五统；要命：计划生育；要粮：农业税。现在随着政策的改变，农业税免了，计划生育是变成以奖代罚，

重点提示

赣州的做法带来四个效果：

第一，通过新农村建设试点示范，村容村貌显著改变，脏乱差明显减少，凡是示范村、示范镇脏乱差现象都减少了。

第二，农民的思想方式、思维方式发生了变化。当时新农村示范的时候，好多农民还是有担心，说这些当官的整完了城市来整农民来了，城里面出不了成绩、政绩，城内现在建设非常漂亮，城市建设提官提不了你们又来农村搞政绩了。后来经过实践，政府给水泥、水管、钢筋给农村修路，还给打井，农民一看确实得到了实惠，在心里由反感变成欢迎。搞新农村建设开始时，是政府给农民，后来是农民从政府要。新农村建设还使农民的生活方式、思维方式也发生了变化。2005年4月我到泸州江阳区一个村调查，这个村每户都装上了沼气，有的农户一家装了两口沼气池，沼气通了以后最大的变化是，农民可以像城里人一样洗澡。

第三，干群关系得到改善。过去农村基层干部是"三要干部"：要钱、要命、要粮。要钱：三提五统；要命：计划生育；要粮：农业税。现在随着政策的改变，农业税免了，计划生育是变成以奖代罚，三提五统也不要了。试点村新农村建设，干部去农村都是带着政策：第一，带去直接补贴、间接补贴；第二，带着物，水泥、钢筋，修路、沼气池、打井，带政策是现在政策好，各种政策有好多。所以过去的干部进村老百姓形容说"鬼子"进村了，赶快关门，没有好事儿，躲得远远的。现在干部进村农民十分欢迎，为什么欢迎？带实惠来了。但现在又有一个变化，农业税免了以后，农民不求干部了，要想管你农民没有了约束条件，就你给他送政策带东西行，但是让他尽义务、尽责任非常难。第四个变化是节约了耕地。像兴国县把路从弯变直，把鸡舍、牛圈、猪舍改了以后腾出一些耕地。

三提五统也不要了。试点村新农村建设，干部去农村都是带着政策：第一，带去直接补贴、间接补贴；第二，带着物，水泥、钢筋、修路、沼气池、打井，带政策是现在政策好，各种政策有好多。所以过去的干部进村老百姓形容说"鬼子"进村了，赶快关门，没有好事儿，躲得远远的。现在干部进村农民十分欢迎，为什么欢迎？带实惠来了。但现在又有一个变化，农业税免了以后，农民不求干部了，要想管你农民没有了约束条件，就你给他送政策带东西行，但是让他尽义务、尽责任非常难。第四个变化是节约了耕地。像兴国县把路从弯变直，把鸡舍、牛圈、猪舍改了以后腾出一些耕地。

赣州的新农村建设通过近一年的实践，积累了一些经验值得提倡。赣州人均纯收入2004年是2400元，2005年大概是2700元，在低于全国水平的情况下能够开展新农村建设，有一些经验值得推广。

第一，用人得当，领导先行。新农村建设之所以能在赣州推广，关键是赣州市委书记是从广东调过来的，他是一个博士毕业生，他写的毕业论文叫《农民主体论》，他把那些博士论文的思想结合韩国经验都学到赣州去了。

第二，新农村建设政府是引导，农民是主体。新农村建设受益者是农民，所以要充分发挥农民的作用，首先是规划的编制要广泛吸取村民代表大会的意见；其次是新农村建设要充分发挥村民代表大会和理事会的作用，这里行政村成立村民代表大会，自然村成立村民理事会，村民理事会是由"五老"参加，老党员、老干部、老劳模、老军人、老教师，当然自然村的理事会不全部是"五老"，还有年轻人，通过选举产生。

第三，改变政府的扶持方式，给农民扶持实行是以物带扶、以奖带补的方式。

第四，新农村建设的示范点群众要申报。村民代表大会和村民理事会同意了才搞，不是政府让你搞，而是农民要提出申请。再就是实事求是，量力而行。新农村建设一定切合实际，不搞形象工程，不搞脱离实际的政绩工程。

第五，因地制宜，科学指导。新农村建设的规划、模式，都是以人为本，与自然和谐，形式多样，不搞一刀切，不搞齐步走，要与当地的实际相结合。像一些沿海地区，好多农村建的房子全是欧式建筑，根本没有当地民族特色，到了那里好像到了欧洲一样，失去了当地民族的特色。如果全国农民都搞成欧式建筑，最后农村全变成欧洲了。

第六，建章立制，规范操作。新农村建设规划搞好了以后怎么去建设，首先要立规矩，搞规范操作。

第七，整体推进，突出重点。新农村建设点多面广，一旦选好示范点，示范点村就搞全面推进，而不是说 A 村修路 B 村打井 C 村搞沼气。当然哪个村先搞就优先受益。因此，好多村抢着搞示范，这好像不公平。

第八，典型示范，以点带面。赣州一般选择的示范点都是交通干线，看得见的地方。

第九，整合资源，优化配置。新农村建设筹集资金采取五个一点，把五个一点筹集的钱整合一块集中投入新农村建设。五个一点：即政府投一点（中央政府、地方政府、省政府），涉农资金捆绑一点，受益群众出一点，帮扶单位捐助一点，社会各界捐一点。

新农村建设也有些问题：

第一，新农村建设范围广、对象复杂、困难比较大，光说服农民就有许多困难，100户农民有 5 户农民不同意新农村建设也不能推进。

第二，新农村建设需要投资多，政府投资严重不足，财政资金缺乏。

第三，资源整合困难。把钱要整合到一块儿是好用了，但上面好多钱都是专款专用，整合了会出现两个问题：一是审计通不过；二是出钱的单位不高兴，把人家的钱整合了，下次不给了。

第四，农村的内部土地管理法规不完备，新农村建设调整土地不合法。

最后，一事一议、筹资酬劳往往会突破省政府的规定。赣州市规定每人每年每位农民公益性事业即使农民同意也不能超过 15 元，但是实际往往都超过 15 元。

四 | 新农村建设的近期和长期的内容

新农村建设近期和远期内容是什么？我国新农村建设范围广，内容庞大，建设时间长，一定要有重点和阶段。还有，新农村建设是惠及亿万农民的实际工程，首先要考虑的是农民需要，不是政府要干什么，而是要考虑农民的真实需求。最后，新农村建设千万不要理解成是建房、架桥修路，这只是新农村建设的一个方面，新农村建设实际是硬件和软件的集合。

新农村建设到底是需要什么？湖北咸安市对 1000 户农民做了一个调查，这个调查反映了农民的需求。当前，农民第一需求是发展经济，发展生产，53% 的农民要求发展经济；第二公共设施，要求政府给他们提供公共设施，生产生活设施；第三要求提供市场信息、农业技术信息；第四要求治安、公共安全；第五是文化教育、卫生。最后一个是保障，即民主保障权利，经济利益保障。还有，这1000 户农民对村委会要求也有一个排序：第一位是农田水利建设；第二位是技术服务，种养技术；第三位是购销信息；第四位是治安、安全；第五位是医

> **重点提示**
>
> 新农村建设到底是需要什么？湖北咸安市对 1000 户农民做了一个调查，这个调查反映了农民的需求。当前，农民第一需求是发展经济，发展生产，53% 的农民要求发展经济；第二公共设施，要求政府给他们提供公共设施，生产生活设施；第三要求提供市场信息、农业技术信息；第四要求治安、公共安全；第五是文化教育、卫生。最后一个是保障，即民主保障权利，经济利益保障。还有，这 1000 户农民对村委会要求也有一个排序：第一位是农田水利建设；第二位是技术服务，种养技术；第三位是购销信息；第四位是治安、安全；第五位是医疗；第六位是合作组织。从这里看农民的要求还是有趋向性的。

疗；第六位是合作组织。从这里看农民的要求还是有趋向性的。

我们去济源时候也调查了几户农民，问农民新农村建设想要干什么？我们曾问了一个姑娘，姑娘刚刚结婚4个月，是学大专电算，问她新农村建设想要干什么？姑娘笑了，她想要一个像城里人一样稳定的工作。我们感到很奇怪，现在城里好多人都失业，不一定有工作。后来她解释，政府能不能给她提供一些就业信息，像她的专业能不能去哪里找一个工作。又来一个小学教师，她有稳定工作了，新农村建设需要什么？她说需要在他们学校门口建立一个公共汽车站，她说学生们去县城方便。后来问一个老农民，这个农民在小浪底旁边养鱼，养了好多鲤鱼卖不掉，问他需要什么？他说新农村建设谁能帮我把鱼卖掉，他说的也有道理，缺乏市场信息。后来又问小伙子，因为小浪底工程把农民的地全部给占了，用土地补偿金盖了新房，但没有工作，他说就想找一个工作，但又没有知识，他说你看我们村，政府征地以后盖房子有一点小钱，过去小浪底搞旅游，骑马、骑骡子、骑车照相，上次小浪底翻船以后不让搞旅游了，所以农民没有了工作。我们曾经在四川问过一个老农民，新农村建设农民最希望政府给你干什么？老农民笑了，说最希望一天吃一顿肉。我们到他家去看家里养着四头肥猪，想吃肉杀了猪不就行了吗？他说不行，为了孩子上学要卖钱，实际上他希望政府帮助他发展生产。

从近期来看，我认为新农村建设应该搞好"六通五改两建设一提高"。六通是：帮助农民通路、通水、通气（洁净能源）、通电、通信、通广播电视，帮助农民搞这些，

城乡统筹与农村改革发展

大多是公共品，政府应该有责任；五改是：改厕所、改厨房、改校舍、改圈舍、盖卫生所，这属于环境了；两建是：建立公共活动场所，建立集中垃圾处理站；一提高是：发展新产业提高农民收入，就是新农村建设，农民还需要有产业支撑，新农村建设没有产业支撑不行，产业是提高农民收入的一个重要保障。"六通五改两建设一提高"没有顺序，只是为了好记才汇集成"六通五改两建设一提高"。按道理，我认为生产是第一位的。我们曾经算了一笔账，对4省25个村搞了个调查，调查结果是要完成"六通五改两建设"13项，每户农民平均需要8200元，每位农民2000多元，从13项里面扣除掉已经建成的，你们希望政府出多少钱？调查结果是农民需要政府出50%多一点，大概是50.5%，农民愿意出49.5%。那么根据这个推算，全国要完成"六通五改两建设"需要20500亿元，其中政府需要出10330亿元，农民需要出10200亿元。当然，这是通过4省25个村调查获得的数据，只是参考资料。

从长期看，新农村建设应包括五个方面的建设：

第一，要为农民提供最基本的基础设施，刚才所说的"六通五改两建设"都在里面了。

第二，为农民提供最基本的公共服务，包括医疗卫生、贫困救助、义务教育、基本生活保障，解决农民的上学难、看病难、养老难等问题，让农民享受均等的公共服务。

第三，改善农业农村生产条件，培育支撑产业，为农民增加收入提供基本保障，这是核心。特别是在西部地区，一定要为农民培育和发展一些特色产业，没有产业，新农村建设就没有心。前两天我去延安，在距延安市40公里处访问了一个村，这个村原来很穷，到当地跟农民交谈，政府给农民出了二十多万块帮助这个村发展养猪

重点提示

从长期看，新农村建设应包括五个方面的建设：

第一，要为农民提供最基本的基础设施，刚才所说的"六通五改两建设"都在里面了。

第二，为农民提供最基本的公共服务，包括医疗卫生、贫困救助、义务教育、基本生活保障，解决农民的上学难、看病难、养老难等问题，让农民享受均等的公共服务。

第三，改善农业农村生产条件，培育支撑产业，为农民增加收入提供基本保障，这是核心。特别是在西部地区，一定要为农民培育和发展一些特色产业，没有产业，新农村建设就没有心。

业，这个村近两年2/3的农户全部养猪，结果这个村从过去的贫困村一下子变成了富裕村，2005年人均纯收入4000元，在山沟里面4000元相当了不起了。但没有养猪的农户明显就很穷，2005年凡是没有养猪的农户人均收入不到1000元。所以培育产业非常重要。

第四，深化改革，要完善乡村治理结构，新农村建设一定要把基层组织建设搞好了，加强基层组织建设，在此基础上培育农村的合作经济组织、专业化协会，发展"三+模式"，即村委会、党支部+合作组织、中介组织，再+村民代表大会、理事会。

第五，培育新型农民。新农村建设不能富了口袋，穷了脑袋，误了下一代。新农村建设一定要在富裕农民的同时要提高他们的素质，要开展三方面的培训：（1）劳动技能培训，包括农业技能培训、进城打工培训；（2）传统文明道德、乡风乡俗的传承发扬培训；（3）法律知识培训。

新农村建设要坚持几项原则，其中重要的是要坚持以点为主，相对集中，就是不能过分强调新农村建设要以行政村为主。好多山区并不适应以行政村为主，像西部地区贵州、四川，一个行政村有七八个自然村，七八个自然村山那边一半，山这边一半，你要集中在山北边去，农民到山南边上地都不方便。例如四川叙永县，有个农民跟我说如果集中到山北边住，要到山南边干活，从早晨走，走到下午才能到，并不方便，所以说能集中就集中，不能集中要相对集中。说到这里，给大家讲两个故事：中部地区有一个省搞新农村建设，为了图漂亮，要求农民养牛养猪相对集中，说家里面不许养牛养猪，要集中到一块儿。后来农民不高兴了，说把猪、牛集中到一块儿去，将来我们家吃完了饭剩下的东西，过去一扔就进猪圈了，现在不行了，我得攒着还要跑到很远地方喂猪，不方便。还有，东北一个地方，零下 20 多度，搞文明示范村，文明示范村有个规定，老百姓的柴火不能在房檐底下放，说这有碍村容村貌，把柴火集中在一个广场上，A 户、B 户、C 户。你想零下二十多度，他冬天烧炕做饭，得穿上棉袄、棉靴到广场去抱柴火，后来东北的妇女嗓门高，抱了柴火一路走一路抱怨，不切合实际。

新农村建设是一个长期任务，我认为要有阶段，应该分三个阶段：第一，用两年搞试点，千万不要操之过急，尤其像我们宁夏、陕西、贵州这种穷地方，千万千万注意，千万不要头脑发热搞天女散花，片面开花。你比如一个镇、县我能不能先选几个点集中一些财力搞示范，在成功基础上再搞推广，这是第一阶段搞示范、试点。第二，推广扩散，用 10 年搞推广扩散。第三，再用 10 年搞提高和完善。

> **重点提示**
>
> 新农村建设是一个长期任务，我认为要有阶段，应该分三个阶段：第一，用两年搞试点，千万不要操之过急，尤其像我们宁夏、陕西、贵州这种穷地方，千万千万注意，千万不要头脑发热搞天女散花，片面开花。你比如一个镇、县我能不能先选几个点集中一些财力搞示范，在成功基础上再搞推广，这是第一阶段搞示范、试点。第二，推广扩散，用 10 年搞推广扩散。第三，再用 10 年搞提高和完善。

五　新农村建设过程中需要把握的几个政策问题

通过调查发现，农民目前有四大需求：第一，农民盼的是增产增收，整天想着怎么能来钱；第二，农民最缺的是资金和技术；第三，农民总发

重点提示

通过调查发现，农民目前有四大需求：第一，农民盼的是增产增收，整天想着怎么能来钱；第二，农民最缺的是资金和技术；第三，农民总发愁的是产品没有销路；最后，农民最想要的是公共服务。

重点提示

围绕这几点，我认为新农村建设要把握好几个政策问题：

第一，提高认识。要提高全民对新农村建设的认识，就像对"三个代表"一样重视，投入一定的资金，投入一定的人力，搞好宣传。为什么要搞好宣传？现在我们发现，有一些农民对新农村建设有顾虑，比如有的农民一讲新农村建设，就是要政府拿钱，所以现在好多农民认为，新农村建设是政府要给我好处，给农民盖房子修路、打井。还有的农民认为，新农村建设政府雷声大、雨点小，干打雷不下雨，别信那一套。另外，有农民认为，新农村建设不管怎么着，肯定要农民出钱，肯定要加重农民的负担。怎么去动员农民？让他们相信新农村建设是为农民好，这就需要做好宣传。另一方面，城市人对新农村建设也有误解，比如一些机关干部曾经问我，说现在搞新农村建设是不是太早了，目前城里面还有那么多工作需要做，钱是不是投得太多了。还有的市民讲，市民现在连饭都没有吃，工作都没有，社会保障都没有，干吗把钱投给农民。还有的城市人担心，新农村建设政府提出那么多决策理念，什么"三个主要用于"、"三个提高"、"三个增加"等等，是不是要伤害我们城里人的利益，这些都要做好宣传。

愁的是产品没有销路；最后，农民最想要的是公共服务。

围绕这几点，我认为新农村建设要把握好几个政策问题：

第一，提高认识。要提高全民对新农村建设的认识，就像对"三个代表"一样重视，投入一定的资金，投入一定的人力，搞好宣传。为什么要搞好宣传？现在我们发现，有一些农民对新农村建设有顾虑，比如有的农民一讲新农村建设，就是要政府拿钱，所以现在好多农民认为，新农村建设是政府要给我好处，给农民盖房子修路、打井。还有的农民认为，新农村建设政府雷声大、雨点小，干打雷不下雨，别信那一套。另外，有农民认为，新农村建设不管怎么着，肯定要农民出钱，肯定要加重农民的负担。怎么去动员农民？让他们相信新农村建设是为农民好，这就需要做好宣传。另一方面，城市人对新农村建设也有误解，比如一些机关干部曾经问我，说现在搞新农村建设是不是太早了，目前城里面还有那么多工作需要做，钱是不是投得太多了。还有的市民讲，市民现在连饭都没有吃，工作都没有，社会保障都没有，干吗把钱投给农民。还有的城市人担心，新农村建设政府提出那么多决策理念，什么"三个主要用于"、"三个提高"、"三个增加"等等，是不是要伤害我们城里人的利益，这些都要做好宣传。

第二，钱从哪里来？新农村建设没有钱是搞不了的。因为，新农村建设有许多是公共服务、公共产品，需要政府提供，政府要是不拿钱或者拿不出足够钱，肯定会失信于民。所以，新农村建设的重点之一是怎么把钱向农村倾斜。

1号文件包括中央党校省部长培训班上，温家宝总理讲话明确提出，在"十一五"期间开展新农村建设，第一要落实"三个高于"，即财政增量投入到"三农"要高于上年；预算内投资和国债资金用于农业农村的比重要高于上年；国债和预算内投资用于直接关系到农民生产生活设施建设的增量投资要高于上年。还有温家宝总理在中央党校提出"三个主要用于"：今后中央用于教育、卫生、医疗方面的经费支出的增量主要用于农村；土地出让金的收益主要用于农村；基础设施建设的资金增量今后主要用于农村。如果说这些都能够做到，我相信新农村建设就会做得越来越好，不会失信于民。

但是，我认为，仅靠这些还不够，还必须建立新农村建设专项资金，这些专项资金应该从三个方面筹集：第一，各级政府每年财政的增收部分应该拿出一块用于新农村建设。比如，2005年全国增收6200亿元，6200亿元的10%用于新农村建设行不行？第二，用国债发行方式能不能专门设立一个新农村建设专项国债。目前我国存差10万亿元以上，每年能不能发500亿、600亿元专项国债，用于新农村建设；第三，土地出让金的主要收益能不能用于农村，比如说50%以上主要用于新农村建设。所以，新农村建设千万不要搞成政府出政策，农民出钱，最后变成"新农村建设是个筐，新的负担向里装"，这是农民讲的，如此就很麻烦了。

新农村建设为什么要政府出钱呢？

一是农村公共品就像城市一样，政府出钱责无旁贷。二是我们对四川泸州建行区的100户农民调查结果认为，100户农民里有68%的农户

重点提示

第二，钱从哪里来？新农村建设没有钱是搞不了的。因为，新农村建设有许多是公共服务、公共产品，需要政府提供，政府要是不拿钱或者拿不出足够钱，肯定会失信于民。所以，新农村建设的重点之一是怎么把钱向农村倾斜。

认为新农村建设如果政府不出钱他们就坚决反对，那么只有 26 户农民认为政府出钱不出钱都支持新农村建设，有 6% 的农民认为你出钱也罢，不出钱也罢，我就是反对。以此看，新农村建设政府一定要出钱。

第三，要搞好规划。新农村建设一定要搞好总体规划，规划的内容包括几个面：新农村建设一定要跟当地的城镇规划、经济发展规划统筹考虑，同时新农村建设内容很多，要有整体性，互相衔接。还有新农村建设要有前瞻性，要充分考虑城镇化人口变动趋势，防止出现空心村，也要防止出现脱离实际，贪大求洋，搞形象工程。还有新农村建设东部和西部地区是不一样的，西部地区不能盲目地学东部，一定要结合当地实际，不能搞的标准太高。我认为，东部地区要建楼房，人口向城镇集中，土地向种田能手集中，工厂向开发区集中。那么这在某一个地区是对的，但全部要在东部地区实现就困难了。比如，你即使有钱给农民盖房，农民上楼也不愿意，现在农民编了一个顺口溜："上了楼，添了愁，城镇化过了头"，不能盲目给农民盖房。

第四，要加快体制创新。新农村建设需要大量的投入，同时会形成大量的固定设施，这些设施需要维护管理，这些都需要体制创新。创新包

中浦院
城乡统筹与农村改革发展

括：一是怎么整合新农村建设投入？二是怎么去调集社会积极性，鼓励社会各个单位和个人向农村投资，都需要创新。三是怎么去管理形成的农村公共设施和固定资产，也需要一些新的管理方法。四是要改变国家资助方式，不能简单理解新农村建设就是给农民钱。应该采取一种以物带扶、以奖带补和先垫后补的方法，比单纯给钱要科学。

第五，各级政府在新农村建设中一要定好位服好务。首先，在新农村建设中，各级政府主要任务是增加投入，提供公共产品服务，搞好规划，引导农民。其次，各级政府的职责要分开、要分工，中央政府与地方政府之间的责任要分清。比如，东部地区新农村建设主要靠地方政府，中西部地区新农村建设中央和地方政府各自应当承担相应的责任。例如，外部性比较强的纯公共品，中央应该承担更大的责任，社区产品地方政府应该承担；又如，目前的义务教育、公共医疗卫生、地方病治理、饮水、道路中央应该拿更多的钱；还有什么村文化站、垃圾场、农民培训，法律道德的治安培训等等，地方政府负责。特别是落后地区，他们连工资都发不出来，让他们自己搞新农村建设绝对不实际。所以，这些地方中央应该通过大量转移支付来支持他们搞新农村建设。

第六，加强组织引导。新农村建设要有组织保障，这么大的工程需要相当长的时间，从中央到地方，应该有专门部门专门人负责，这是第一。第二，要帮助基层按照"四民原则"：民主选举、民主决策、民主管理、民主监督的方法选好村委会，组建好村班子，在此基础上搞好村民代表大会组织，建好村民理事会，同时支持农民建立合作经济组织。

总之一点，新农村建设是一个庞大的历史性工程，千万不要着急，一定要稳步推进。

西部地区领导干部"西部大开发"

专题培训班（第1期）

2006年5月22日

城乡统筹与农村改革发展

生态**文明时代**的村镇规划与建设

仇保兴

讲座时间： 2008 年 11 月 17 日

作者简历： 仇保兴（1953—　 ），男，浙江乐清人，1971 年 9 月参加工作，1977 年 7 月加入中国共产党。杭州大学物理专业毕业，复旦大学经济学专业毕业，同济大学城市规划专业毕业，经济学博士学位、工学博士学位，高级城市规划师。曾担任中共浙江省乐清县县委书记，中共浙江省金华市市委书记，中共浙江省杭州市委副书记、市长。2001 年任建设部副部长、党组成员。现任中央纪委委员，住房和城乡建设部副部长、党组成员。

内容提要： 授课人从六方面全面阐述了在生态文明时代背景下，新农村建设如何进行村镇规划与建设。剖析了机遇与挑战，梳理了经验与教训，分析了问题与原因，探讨了思路与原则，指出需要建立多种机制和制度，包括推进村镇规划管理的规范化与制度化；强化县乡村镇规划建设管理政府职能；建立村镇规划建设民主管理机制；建立健全公共财政支持村镇建设的制度，推动城乡公共服务均等化；建立长期稳定的以奖代拨的城乡财政转移支付的投入机制，完善村镇规划建设的多方参与制度。

党的十七届三中全会指出，我国总体上已进入以工促农、以城带乡的发展阶段，进入加快改造传统农业、走中国特色农业现代化道路的关键时刻，进入着力破除城乡二元结构、形成城乡经济社会发展一体化新格局的重要时期。城乡规划是落实统筹城乡发展最重要的公共政策，是城镇和新农村建设发展的蓝图，是管理城市和乡村建设的重要依据。深入推进农村改革发展、建设社会主义新农村、促进城乡经济社会一体化发展，必须加强和改革创新城乡规划。

党的十七届三中全会通过的《中共中央关于推进农村改革发展若干重大问题的决定》（以下简称《决定》）再次强调建设生态文明。生态文明是在当前的时代背景下，解决城市、农村、工业、农业应该采取什么样的模式去发展的问题。生态文明与以前的工业文明有什么区别？党中央为什么提出生态文明？建设生态文明对乡村建设有什么要求？下面，我从六个方面谈一谈对这些问题和生态文明背景下的我国村镇建设的看法。

一 | 挑战与机遇

重点提示

人类文明发展大致经历了四个阶段：最早是原始文明，距今大概有2万至5万年历史。其次是农耕文明，有7000年至2万年历史。比如在浙江省浦江县发现了1万年前的稻米种子。再次是工业文明，尽管工业文明只有200年左右的历史，却根本改变了人类和世界。在此期间，科学技术和生产力发展突飞猛进。

先说挑战。

人类文明发展大致经历了四个阶段：最早是原始文明，距今大概有2万至5万年历史。其次是农耕文明，有7000年至2万年历史。比如在浙江省浦江县发现了1万年前的稻米种子。再次是工业文明，尽管工业文明只有200年左右的历史，却根本改变了人类和世界。在此期间，科学技术和生产力发展突飞猛进。靠工业化和现代科技武装起来的人类第一次认为大自然并不可怕，可以"人定胜天"改造大自然。在原始文明时期，人们惧怕自然；在农耕文明时期，人们利用自然；在工业文明时期，人们挑战自然。虽然20世纪的100年间，全球国内生产总值增长了18倍，石油、钢铁、铜的年消费量分别增长了170倍、29倍和27倍，但是这也让人类付出了极大的代价。人们利用一切技术装备和技术手段来榨取自然界最后一点油和水，仅仅300年就把地球上几十亿年积累下来的化石能源使用殆尽，使得人类面临着环境污染、资源枯竭、气候变化这样一个恶性循环境地，大气中二氧化碳含量增加了1倍，造成了现在气候变化的难题。所以，有人说气候变化是有史以来对人类的最大挑战。人类在气候变化面前，第一，表现得是非常无奈；第二，表现得是空前团结。工业文明既给发达国家人们的生活条件带来了翻天覆地的改变，也造成了日益严重的全球生态危机，引发了人类在这个地球上能不能持续生存发展的根本性挑战。所以，人们想到要重建一种新的文明，就是生态文明。

生态文明的概念是20世纪60年代由少数生态学家提出的，到了本世纪初，绝大多数国家都已接受，也已成为联合国等国际组织的行动纲领。在十七大的报告中，第一次以党的最高级领性文件，把我国今后的文明发展阶段确定为生态文明。而农业、农村是全国的生态屏障，作为大国，没有农业、农村，城市也就无法生存和可持续发展。这种生存不仅是供给意义上的，更重要的是一种生态性的保障。所以，生态文明必然首先基于农业、农村的生态环境的保护与改善。

中国传统文化中有"天人合一"、"物人同一"的观念，这有助于中华民族在生态文明的时代潮流中和平崛起。也就是说，我国传统文化中天然就包含着生态文明的因素。现在许多西方科学家、经济学家都在反思，他们不约而同地认为，应该转向东方的思维方式。所谓东方的思维方式，就是"天人合一"式的整体宇宙观，人类不能把自己作为主宰地球为所欲为的唯一主人，应该学会与人类赖以生

生态文明时代的村镇规划与建设

重点提示

中国传统文化中有"天人合一"、"物人同一"的观念，这有助于中华民族在生态文明的时代潮流中和平崛起。也就是说，我国传统文化中天然就包含着生态文明的因素。现在许多西方科学家、经济学家都在反思，他们不约而同地认为，应该转向东方的思维方式。所谓东方的思维方式，就是"天人合一"式的整体宇宙观，人类不能把自己作为主宰地球为所欲为的唯一主人，应该学会与人类赖以生存的地球和谐同存的整体思维。

存的地球和谐同存的整体思维。

目前，对生态文明还没有非常准确的科学定义，但我理解的生态文明是对农业文明、工业文明的扬弃，把自然界放在人类生存与发展的基础地位上，实现人类生存与环境的共同进化，是可持续发展的文明形态，是一种实现人口、资源、环境生态相协调的新的社会结构模式。生态文明一方面是弘扬前两种文明的好处，另一方面又要抛弃影响人类可持续发展的缺陷。它不仅仅是经济发展的模式，也包含了技术、文化习俗、法律制度、政治结构等方面。

对我国来讲，社会主义新农村建设是处在"五化"的大背景之下开展的，即城镇化、工业化、市场化、信息化和全球化。诺贝尔经济学奖获得者约瑟夫 · 斯蒂格利茨（Joseph E. Stiglitz）认为：21 世纪影响人类进程的两件大事：一是以美国为首的新技术革命；二是中国的城镇化。另一位诺贝尔经济学奖获得者迈克尔 · 斯宾塞（A. Michael Spence）则进一步指出：城镇化能不能有序地开展，是对任何一个发展中国家政府能力的主要考验。

挑战之一，有序城镇化。有序城镇化的关键在于拉力和推力的均衡，也就是农村富余劳动力能否有序地、自然地从农村转移到城市，不能太快，也不能太慢。这个过程必须与城乡经济社会发展相协调，与自然和谐相处，应该是一个健康有序的转化过程。就拉力而言，第一，城市提供了就业机会；第二，在城市能获得较高的预期收入；第三，生活的自由度增大；第四，城市医疗、教育条件优越和交通便利；第五，文化生活丰富。医疗条件吸引老年人，文化生活吸引年轻人，子女教育吸引中年人。乡村则反之。在日本等后城市化国家中，每年有千分之几的人口回流到农村。我国上海、广州等大城市也出现了类似的情况，很多城市老年人到农村去定居。因为，农村有良好的生态环境，清洁的水和空气，还有良好的邻里

城乡统筹与农村改革发展

关系。乡村传统的邻里关系是互助友爱，当然也会管闲事。农村自然的景色、低廉的生活费用和传统的文化习俗等等，这些都是吸引老年人回归农村去的基本因素。

就推力而言，如果城市社会治安混乱、房价过高、空气污染严重、生活费用高昂、交通拥堵、对外来人口有文化歧视等等，都会造成推力。现阶段乡村的推力因素众多，为什么那么多的农民离开农村？首先是因为贫困。从事农业"靠天吃饭"，收入没有保障。其次是就业机会不断减少。第三是落后的教育条件，另外还有低劣的卫生医疗、贫乏的文化生活等，这些状况不改变是留不住年轻人的。我国有 2.5 亿农户，户均农地经营规模不足半公顷。农业的经营化、农村的空心化、农民的老龄化日益严重，农村劳动力总量过剩与结构性短缺，素质下降等问题并存。因此，我们讨论城镇化和农村问题时，要关注农村劳动力过剩，还要关注务农劳动力的短缺。

挑战之二，村镇公共设施短缺。目前，我国城乡差距很大，不仅仅反映在城乡居民收入上，还集中体现在人居环境的差距上，特别是享受公共设施和基础设施的差别。据我部统计，2007 年我国城市用水普及率 89.7%，城市燃气普及率 81%，污水处理率 59%，城市生活垃圾无害化处理率 56%，而 2006 年年底，乡政府驻地用水普及率 60%，污水处理率 1.7%，生活垃圾无害化处理率 5.2%，城乡差距非常巨大。

长期以来，农村地区的人口多、分布散、经济实力薄弱，快速增加的生产生活污水和废弃物超出了农村生态环境的自我平衡能力。公共财政长期忽视对农村的投入，造成村庄公共设施只能因陋就简，道路、供水、垃圾、污水处理等设施欠账严重，农村人居环境面貌落后。近年来，在社会主义新农村建设中，农村基础设施和农村公共服务体系建设投入有所加大，农村面貌得到改观。但与城市日新月异的变化相比，差距还在扩大。

挑战之三，生态环境退化。我国单位农田使用的农药比发达国家多出 30% 到 50%，化肥使用量高出 1 倍，直接导致了我国许多省份的出口农产品遇到了国际绿色堡垒的限制。同时，有机肥的使用量逐年减少，再加上不适当的垦殖、耕作和灌溉模式等等，造成了日益严重的水土流失，土壤和水体污染加剧，这些现象都是有目共睹的。

尤其当前存在的不仅是农药和化肥使用量过多的问题，更出现了一个人文的意识。举个例子，"文革"期间我在一个村子里插队3年。最近再回到那个村子里时，发现一个以前从未有过的现象：一户农户种两块田，一块田的蔬菜长得非常茂盛，叶子油亮亮的；另一块田的蔬菜则长势不盛，又黄又小。我就问："同样的两块田，为什么蔬菜长势完全不一样呢？"农民说："油亮亮的蔬菜施过农药化肥，专门卖给城里人，我们不吃，那些小的菜是给自己留着吃的。"我对他们说："40年前你们可不是这样教育我们的，那时你们都说要将好东西留给城里人吃。"他笑笑说，时代变了，谁叫现在污染那么严重呢？！正是基于这样一种意识，各种各样农产品的污染才会肆无忌惮、日益猖獗。这说明，目前除了环境的污染，在农副产品生态环节中出现了法规和道德方面的管理问题，这对社会来说是一个非常重大的挑战。

从对已经灭绝的古代文明废墟的考古学结论中，我们可以得知，走向衰败的最初标志不是经济而是环境。首先往往是森林树木的过度采伐，接下去是水土大量流失，导致农作物减少，最后才是文明自身不可逆转地衰落。著名经济学家、生态学家布朗认为：许多早期文明都走上了让自然无法承受的经济发展道路。我们目前也同样走在这条道路上……而今天的形势更具挑战性，除了森林缩小、土壤被侵蚀之外，我们还须解决地下水位下降使农作物枯萎以及热浪频繁、渔业衰败、沙漠扩张、牧场退化、海平面上升、物种消失等等问题。[①] 在解决这些问题的同时也提醒我们，农村发展的模式以及工业发展的模式应当向生态文明渐进和转变。

挑战之四，城乡收入差距扩大。从我国城乡收入差距曲线可以看到，城镇居民家庭人均可支配收入与农村居民家庭人均纯收入之间差距的喇叭口越来越大。2007年年底，我国城乡收入差已达到3.3：1。不少经济学家认为，衡量收入差别的基尼系数有临界点，超过0.43社会就可能不稳定。但是，我国已经超过了0.43。国际上比这一差距更大的国家也有，最高的达0.6，大部分在非洲和南美。这说明基尼系数并不是影响社会稳定唯一的决定性因

① 参见［美］莱斯特·R.布朗：《B模式2.0：拯救地球　延续文明》，林自新、暴永宁等译，东方出版社2005年版，第12页。

素。最近两年，我国城乡收入差距的这个喇叭口扩大的趋势有所减缓，但是仍未形成稳定势态。从绝对数来看，按照我国现行标准，2006年年末，农村人均年收入低于693元的绝对贫困人口还有2148万人；年收入在694—958元之间的农村低收入人口有3550万人。如果按照世界银行每人每天消费1美元的标准，我国贫困人口还有上亿人。

挑战之五，耕地和水资源短缺。近年来，中央一直强调要确保农副产品供应，稳定农副产品价格。我国人均耕地和水资源稀缺的程度很高。人均耕地面积不到1.4亩，不及世界平均水平的一半；人均水资源占有量仅为世界平均水平的27%，被列为全球水资源最为稀缺的13个国家之一。简而言之，我国是以全世界9%的耕地、7%的淡水资源来支撑占全球总人口21%的中国人的生存、发展需要。而且水资源的空间分布极不平均，58%的水资源分布在其人口仅占全国人口1/3的西南部。复种指数比较高的优质耕地恰恰位于城市化快速发展的地区，水资源短缺地方恰恰是人口最密集的地方，而水资源丰富的西南部人口又比较稀少。与此相关的是，我国又是世界上水浇地比率最高的国家，淡水有效资源的80%以上被用来浇地了。北方地区40%以上的河流为季节性河流，因地表水严重污染，绝大部分自然河道的水生态严重衰退，气候变暖的总趋势将使水资源更为稀缺，这对我国未来农作物产量的影响将是巨大的。正是这样一种地理环境迫使我国要建设资源节约型、环境友好型社会，只有这样我们才能应对气候变化的挑战，才能顺利进入生态文明时代。

挑战之六，农居安全存在隐患。20世纪，我国发生六级以上的大地震占了全球的 30%，是仅次于日本的地震密度最高的国家。我国大陆处于地震烈度 6 至 9 度的地震区占国土面积的 60% 以上。从国家地震局提供的中国活动构造图中可以看出，我国很多地区都是地震活动区域，分布密密麻麻的地震断裂带。

农村民居抗震能力低，安全隐患突出。2008 年 8 月 30 日，攀枝花—会理的 6.1 级地震，就造成当地数百人伤亡，数十万间农房倒损。而几乎同期，日本发生了震级更高的 6.8 级地震，但人员伤亡极少、财产损失较少。我国此次地震引发较大的伤亡和损失，主要是因为农村房屋抗震能力低。日本地震的密度、发生的频度都比我国高，但因地震死亡的人却比我们少得多，他们的经验很值得我们借鉴。地震是无法预测的，但死人与不死人是可以通过工程办法解决的。

此外，一些地区农村抵御自然灾害的能力低下，每年在台风、山洪、河洪等灾害中损毁的房屋主要是农房；各地农村困难群众的住房简陋破烂，无力修缮或建新房；一些地区还有不少泥草房、土坯房等危旧住房，亟须改造；有的农民住房选址不安全，结构安全隐患突出，严重威胁农民的生命财产安全。据相关部门统计，2007 年年底，农村住宅约 270 亿平方米，非永久性（砖木、砖混）结构住宅占 10%，其中相当部分是危房。另据部分省初步调查，农村危房比例在 1.5% 到 10% 之间，若按 5% 比例测算，目前全国农村危房面积 13 亿平方米左右，这些简陋破烂的危旧房，农户仅依靠自身力量，无力新建或修缮，改造任务十分艰巨。

再说机遇。

在面临诸多挑战的同时，我国农村发展

也迎来了许多新机遇。这些新的机遇是在构建生态文明的框架之下，重新考虑农业、农村、农民问题的解决思路所带来的，也是构建我国整体健康发展的生态屏障，建立更稳定的粮食和农副产品供应体系的重要机遇。

机遇之一，城乡一体化目标的确立。《决定》提出，"新形势下推进农村改革发展，要把加快形成城乡一体化新格局作为根本要求，建立促进城乡经济社会发展一体化制度。尽快在城乡规划、产业布局、基础设施建设、公共服务一体化等方面取得突破，促进公共资源在城乡之间均衡配置、生产要素在城乡之间自由流动，推动城乡经济社会发展融合。"城乡一体化目标的确立为农村发展提供了新的动力，可以引导城乡生产要素双向流动，城市产业向农村扩散，农产品向城市流通；可以综合协调城乡空间利用，平衡城镇各种功能发展的空间需求，缓和各方面的利益冲突；可以规范城乡资源的有效利用，城乡人居生态环境的有序改善，历史文化遗产的有力保护；可以引导适应农村环境和生产特点的工业下乡，促进城市和周边农村经济社会共同发展；可以引导人口和劳动力有序流动，促进城镇化健康发展。

机遇之二，农村土地依法流转。《决定》提出，按照城乡统筹发展的要求，深化改革农村集体土地管理制度，建立健全土地承包经营权流转市场，逐步建立城乡统一的建设用地市场。土地是农业和农村发展最大的资产，也是农民和农村最有潜力的财产。农村土地的合法流转是与农民土地承包权长期稳定不变相联系的，能为促进农民致富增收、维护农村繁荣稳定、增强县域经济活力提供历史性机遇。为农民提供了将土地权利转化为经营性资产的途径，有利于农民放心参与城镇建设，也有利于土地向种田能人、养殖专业大户集中，促进农村人口和劳动力有序流动，推动中国特色城镇化健康发展。

机遇之三，"三农"投入持续增加。近年来，国家对"三农"的投入稳步增加。2003年至2007年，中央财政用于"三农"的资金投入达15060亿元，相当于前10年（1993年至2002年）的总和。党的十七届三中全会要求，切实把国家基础设施建设和社会事业发展的重点转向农村，扩大公共财政覆盖农村范围，推进文化惠民工程，健全农村公共文化服务体系，加大对农村教育、医疗卫生、社会保障、基础设施和环境建设、扶贫开发、防灾减灾、社会管理等方面投入力度，推进农村基本服务制度化，推动我国农村公共事业快速发展和农村民生加快改善，让城乡居民共享改革发展成果；并决定大幅度增加国家对农村基础设施建设和社会事业发展的投入，大幅度提高政府土地出让收益、耕地占用税新增收入用于农业的比例，大幅度增加对中西部地区农村公益性建设项目的投入。

机遇之四，"农家乐"的迅猛发展。我国现在每年外出旅游的人数达10亿多人次，其中相当一部分被"农家乐"所吸引，而且每年的数量呈翻番的速度增加。四川、广东、重庆、浙江、上海、江苏、江西、安徽等省、直辖市，包括北京的郊区大量涌现了"农家乐"。这一方面是因为我国传统文化来自于农耕文明，就如晋朝诗人陶渊明所描述的"采菊东篱下，悠然见南山"，许多人都有一个回归田园的梦想；另一方面是因为节地型、高密度的城市建设模式，导致城市的高密度发展。据测算，中国农村人均住房面积几乎是城市的1倍。在我国城市建成区每平方公里平均有1万居民，是世界上平均密度最高的国家。最近国际某学术组织统计了世界上20个人口密度最高的城市，中国在其中就占了5个，还有5个在印度。高密度的城市发展模式能节约土地，但城市里很难见到田园风光，所以许多风貌依旧的村庄就成了城市老年人和旅游者向往的地方。许多生态良好、住房宽裕的村庄无疑是居住的"天堂"。

农村大量的传统文化和自然景观遗产也是吸引人的因素之一，再加上"一村一品"的推行，[①] 促使大量的城里人到农村去采购优质的农副产品。我调查过浙江省的长兴县，该县一年增加了7000多户"农家乐"，主要吸

---

① "一村一品"发端于日本大分县，是由日本大分县前知事平松守彦先生于1979年倡导的。大分县位于日本西南部，面积6337平方公里，人口约124万人，由于境内多山少地，自然条件差，人口流失现象非常严重。平松守彦上任伊始，就到县内各地视察，所到之处尽是"我们村里没有资源"、"我们没有学校"、"道路条件太差"等叹息声。平松守彦认为，无论怎样抱怨都摆脱不了贫困，于是提出将一个村子或一个地区值得骄傲的东西，如已有的土特产品、旅游资源，哪怕是一首民谣，无论什么都行，开发成在全国以至全世界都能叫得响的产品，这就是著名的"一村一品"运动的开端。"一村一品"就是一个村子或一个地区，根据当地的特点，按照国内外市场需求，生产具有当地资源优势特色的品质优良、特色明显、附加值高的优势农产品，通过专业化、规范化、标准化的开发，建立健全服务体系，在技术上不断完善，使之成为畅销全国乃至世界的品牌产品。

引上海人。小两口带着孩子星期五到长兴，仅一个小时左右的车程，到农家住两三天，花费仅 300 元钱，然后再以很便宜的价格买一篮子当地的农副产品，回城后往冰箱里一放，一家人一周的食品蔬菜就解决了，非常合算。以前认为农村要经历工业化才能现代化，所以要发展乡村企业。然而由于环境污染、缺乏技术人员和运输成本等问题，现在乡村企业在农村出现衰退，但是"农家乐"的兴起说明了农业、农村也可以直接发展第三产业，而且是能带动种养殖业发展的绿色产业。

机遇之五，节能减排发展趋势。传统农业本身就是一种可持续的循环经济，但如果对农村盲目进行城镇化改造，也像城市一样会产生大量废物。正确的策略应对农村房子进行节能改建，如北方农房朝阳面装上一个玻璃取暖房，或在屋顶装上太阳能热水器。山西、陕西的窑洞是最简单的地热能利用方式，只要进行通风采光改善就可以了。太阳能光伏发电、生物质能、风能、小水电、沼气，这些都是应该在农村推广的可再生能源。农村人口转化为城市居民后，人均能源消耗一般增加 3.5 倍。如果在农村将可再生能源加以推广利用，保留和改良传统的农业循环经济模式，农村人均的能源消耗和二氧化碳排放量可以减少到城市居民的 1/5，甚至更低。此外，可再生能源在农村的应用将会成为一个发展迅猛的大产业，也可以成为促进农民就业和发展农村服务业的支柱产业。

生物质能源兴起。仅全国八大主要农产品的秸秆能够作为农村燃料的总量就可达 6.5 亿吨，可折合 3.3 亿吨的标准煤。林副产品可达到 0.72 亿

> **重点提示**
>
> 以前认为农村要经历工业化才能现代化，所以要发展乡村企业。然而由于环境污染、缺乏技术人员和运输成本等问题，现在乡村企业在农村出现衰退，但是"农家乐"的兴起说明了农业、农村也可以直接发展第三产业，而且是能带动种养殖业发展的绿色产业。

> **重点提示**
>
> 如果在农村将可再生能源加以推广利用，保留和改良传统的农业循环经济模式，农村人均的能源消耗和二氧化碳排放量可以减少到城市居民的 1/5，甚至更低。此外，可再生能源在农村的应用将会成为一个发展迅猛的大产业，也可以成为促进农民就业和发展农村服务业的支柱产业。

生态文明时代的村镇规划与建设

吨标准煤，这两项合计超过 4 亿吨标准煤，远远超过现在所有农民用的燃料总量。从发达国家来看，美国到 2030 年的国家目标是，生物液体燃料（酒精、甲醇）至少要替代 30% 的石油，到 2050 年时要替代 50% 的石油。从美国最近的实际进展来看，比规划速度几乎快 1 倍，预计到 2020 年时就可以达到预定目标。美国现在 25% 以上的玉米产量用来做燃料，提炼酒精。欧盟和日本到 2050 年时可再生能源将占总能源供应量的 50% 以上，而由农业提供的生物质能源占 30%。巴西目前已经有 40% 以上的工业、交通业燃油来自农作物。巴西作为一个贫油的人口大国，依靠农业生物质能源的发展，成功地解决了石油需求问题。

目前，我国用甘蔗、鲜薯、高粱制酒精成本低于每吨 4000 元，相当于现在进口石油成本。但是，我国发展生物质能源也要避免过多地占用农田，可以在"不与粮争地、不与田争水"的前提下，采用荒坡地栽种麻风树、油棕、黄连木、石栗等木本油料林来替代，而且提炼液体燃料的成本也较低。

人类社会进入工业化以后，催生了石油和能源危机，造成了二氧化碳排放量过大所引发的气候变化。农业能不能部分代替化石能源产业？地球表面大部分的能源储藏来自于太阳。我们现在所使用的天然气、石油、煤炭等商品能源，都是远古时期的太阳能转化成动植物，然后因为地层结构的变动，在地底下形成的化石燃料。也就是说，工业文明把地球几亿年甚至几十亿年间储存的二氧化碳在短期内集中释放出来，造成了全球气候异常变暖。而农业所产生的酒精、油料，为什么被称为是"零排放"能源？因为农作物是在一个年度或者是几个年度中，通过叶绿素把太阳能转化成碳水化合物，然后人类把这些化合物提炼成酒精或油料，再把它们燃烧。农作物在利用太阳能转化为碳水化合物时吸收了二氧化碳，用其提炼出的燃料在燃烧时又将二氧化碳排放了出去，也就是说在这个过程中，二氧化碳的吸收与排放实现了均衡，实现了碳的"零排放"。不像燃烧石油、天然气、煤炭等化石燃料，把远古时代的二氧化碳的储存在短期内集中释放。另一方面，目前，世界上太阳能转化率最高的商用太阳能电池，其转化率也只能达到 15% 左右，但是一般的植物通过叶绿素参与的光合作用，太阳能转化率能达到 35% 以上，这也是地球在几十亿年的进化过程中自然界竞争淘汰的结果。目前，人工技术还没达到这么高的太阳能转化率。

碳汇林的大规模开发。2007 年秋季，胡锦涛主席参加了在德国海利根举行的八国首脑峰会。世界上最大、最强的八个国家的首脑出席了该会议。原定的会议主题考虑的是全球化时代的经济贸易，但结果该峰会最终确定的议题是应对气候变化。因为，现在二氧化碳头号排放国是美国，第二位是中国，现在许多发达国家在美国的唆使下把矛头对准中国。但是，我们可以负责任地说，第一，现在大气层中比正常情况高出 1 倍的二氧化碳浓度主要是 20 世纪 100 年间工业文明的产物，主要是工业化国家造成的，全球 60% 以上的能源和 50% 以上的矿产资源是由占全球人口不足 15% 的发达国家消耗的，[①] 中国才刚开始排放。第二，中国现在排放那么多二氧化碳，相当部分是为发达国家排放的，因为发达国家把产品的生产过程都转移到中国来了。第三，中国正在积极应对。应对的办法是什么？若要通过工程技术把二氧化碳重新固定，成本非常昂贵，但是如果通过植树造林，利用植物光合作用来固碳，成本就非常低。在本次峰会上，胡锦涛主席提出建立碳汇森林的提议，各国对这一提案非常响应。如在澳大利亚的力推下，《悉尼气候宣言》中把这条写进去了，要求亚太地区发展 2000 万公顷以上的碳汇森林。其实，在我国"十一五"规划中，就要求森林覆盖率从现在的 18.5% 提高到 23%，也就是说要新增加 4400 万公顷森林，比整个亚太地区在《悉尼气候宣言》中提出的 2000 万公顷高出 1 倍多，可新增碳汇 400 万吨以上，累计 10 年可以吸收 1.5 亿吨的二氧化碳。由此可见，如果在农村采取生态改良的办法增加森林覆盖率，可以再次救

① 参见国家发展和改革委员会副主任毕井泉：《科学发展观辅导报告》，2008 年 1 月 12 日，第 19 页。

城市。① 因为，75%以上的二氧化碳气体排放源于城市。现代城市是工业文明的产物，更是工业文明的摇篮，但是也是温室气体排放的主因。

从上述分析中可以得出：在新农村的建设过程中，城市反哺农村，但是农村也支撑着城市，农业和农村在几个方面挽救了城市和工业；工业支撑农村，农业也援助了城市；市民帮助了农民，农民也惠及了市民。在城乡互动的过程中，再造符合生态文明原则的现代农业、农村，应成为我国的重大战略。

二 | 经验与教训

几乎世界上所有的发达国家和有作为的领导人都曾思考过如何实现城乡的协调发展，许多先行国家都经过了大量的试验。从城市化的历史来说，英国在100年前就完成了城市化的进程，时间最早，欧盟其他国家大概是80年前，美国是在50年前完成此过程的。从城乡协调的角度来看，先行各国的城市化发展模式各有利弊。

第一种模式：城乡相互封闭式发展。在美国伯克利大学城市规划学院里有一个"马克思主义"地理学专业，那里的教授们就曾提出城乡必须相互封闭发展。他们认为，城市像一块巨大的吸铁石，把农村的劳动力、水、矿产、农产品等资源都吸收到城市来，城市像一个贪得无厌的吸血鬼，导致了农村的衰败。要想保持农业和农村的良性发展，就要通过孤立来杜绝城市的并吞。他们提出的这一理论具有很强的逻辑性，但是从来没有成功地实践过。我国计划经济时代实际上是采用了城乡分割的模式，结果导致了"三农"问题的积累。

第二种模式：城市优先发展。在非洲和拉丁美洲的城市化进程中都接受过世界银行经济学家所开的药方。这些"专家们"认为，一国的经济要

---

① 中国在改革开放前一直是利用"剪刀差"压低作为工业原材料的农产品价格，使工业企业的效益人为拔高，从而促进工业的发展（救了工业）。

摆脱贫困，首先要发展大城市，只有大城市才能提供足够的就业，才能促进农业现代化，等等。所以，在非洲、拉美，不少国家 80% 的人口都集中在一两个大城市里。但城镇体系并不健全，中等城市和小城市寥寥无几，村庄大量地消失，农民迅速地涌入大城市，结果找不到就业岗位，就形成了大片的贫民窟。一般城市 70% 的土地面积被贫民窟所占用，这是非洲和拉美国家的普遍现象。这就把城市给毁掉了，因为在城市里没有良好的投资环境，脏乱差，疾病流行，治安恶化；在农村，因为农村劳动力基本上跑光了，没有人种地，造成仅非洲的饥民总数就达 2 亿人之多。英国著名的规划学家彼特·霍尔教授认为，当前世界上的城市化可分成三种类型：第一类是失败的城市化，发生在非洲与拉美国家，劳动力转移在前，就业安排在后，造成国家和地区的经济发展不可持续。第二类是以中国和东亚为主的有序城市化，也就是劳动力的转移与就业的安排基本匹配。第三类是像日本、欧盟，正呈现逆城市化现象，每年都有不少老年人，甚至一些年轻人回归乡村生活。

> **重点提示**
>
> 英国著名的规划学家彼特·霍尔教授认为，当前世界上的城市化可分成三种类型：第一类是失败的城市化，发生在非洲与拉美国家，劳动力转移在前，就业安排在后，造成国家和地区的经济发展不可持续。第二类是以中国和东亚为主的有序城市化，也就是劳动力的转移与就业的安排基本匹配。第三类是像日本、欧盟，正呈现逆城市化现象，每年都有不少老年人，甚至一些年轻人回归乡村生活。

第三种模式：城乡同质化发展。最典型的是美国。因为，该国在城市化过程中正好伴随着机动化，就像目前我国一样，形成"车轮上的城镇化"。人们一旦有了私家车，就有了移动的自由度，可以在广大的地理空间内选择他们自己认为适合的居住地，这时城市就开始蔓延了。美国的城市蔓延发生在 20 世纪的 30 年代，到现在也没有遏制住。这种城市的过度郊区化导致了美国的城市人口密度从 1890 年时的每平方英里 8000 人，下降到 1990 年的每平方英里不足 4000 人，现在还在持续地下降。

城市完全呈摊大饼式蔓延，造成了一系列的危机。危机之一就是生态环境破坏严重，城市和城市连在一片，几乎看不见农田和原生态的地域，动物找不到栖息的场所。危机之二是城市的蔓延导致人们不能步行和自行车出行，几乎全部要依赖小汽车。在美国西南部，因为没有可供行人步行的道路，连买一包香烟一瓶酱油也都要开着汽车去，没有汽车则寸步难行。这就导致了人均国内生产总值和欧盟一样的美国，人均汽油消耗却是欧盟的5倍。此外，美国人日常生活在车中度过的时间全世界第一，造成了美国的肥胖病增长速度是世界最高的，从而引发了慢性病的快速增长，也造成了世界第一的医疗保险支出。2006年美国医疗保险支出高达1600多亿美元，年均增长35%，目前已达国内生产总值的16.4%，日益成为国民经济沉重的包袱。正因为如此，美国前副总统戈尔在与布什竞选时就提出以"精明增长"（Smart Growth）作为竞选纲领。虽然布什最后胜出，但现在布什因伊拉克战争而受到非议，戈尔虽然因为少了几票没有被选上总统，却因投身于环保运动在2007年获得了诺贝尔和平奖。

必须着重指出的是，片面的城市优越论、农村现代化就是城市化已成为城乡同质化发展最强有力的动力。这些错误观念正在发挥"推土机"的功能，正在"抹平"城乡之间的各种差别，而这些差别是两者协调发展的基础。

第四种模式：城乡差别化协调发展。法国的农村看上去农居建筑的布局较为密集，围绕教堂聚集在一起，四周被田园和树林所环绕。欧盟其他国家和日本、韩国的农村也都呈现出与城市景观的巨大差异，这些农村的生活条件非常好。世界上连续几年评出的最佳人居环境，一般都是在小镇和农村。

借鉴国外城乡发展的经验和教训，城乡差别化协调发展是符合我国国情的城镇化发展模式。落实党的十七届三中全会提出的城乡经济社会一体化发展目标，不是要把农村都变为城市，不是追求城乡一样化，而是要按照社会主义新农村建设"生产发展、生活宽裕、乡风文明、村容整洁、管理民主"的要求，走城乡差别化协调发展道路。

这"二十字方针"是目标、内涵、途径的统一，所涵盖的五个方面是相互联系、互为因果的。这其中，以村庄整治为主要手段，改善农村人居生态环境，实现"村容整洁"目标，对于其他四个方面工作的推进，意义重大。

从"生产发展"的角度来讲，生产发展必须依靠好的环境。村庄的人居环境是农村、农业经济发展的前提条件，安居才能乐业、才能创业，才能创造就业岗位和吸引住劳动力，才有可以"教育"的农民对象，培养新农村的建设者。农业现代化的前提是高素质的农民，如果年轻人都到城里了，乡村里都是老头子、老太婆，谁来创建现代农业？城市需要优质的投资环境，农村也需要良好的创业条件和安居环境。人们常说的"安居才能乐业"，对农村和城市都是适用的。

从"生活富裕"上来看，村庄的人居环境是富裕的要素之一。传统的计划经济用国内生产总值来衡量农村富裕的程度，实际上是一种误导。大家都知道，国内生产总值是指某一时期所有产品与劳务的货币价值的总和。^① 生产出来的产品或劳务必须在市场交换中来体现价值，然后才能被计算到国内生产总值里面去。这样的统计办法所得出的结果，在很多场合是非常荒谬的。例如，某农民家里有一只母鸡生了一个鸡蛋，他自己吃了就不统计在国内生产总值里边，要是在市场卖了就统计在国内生产总值里边。他家的田，家庭成员如儿子、老婆自己去种，劳动力消耗就不能计算入国内生产总值，而雇佣外人帮助种田，付了工资就算到国内生产总值里。如果不请保姆自己带小孩就不算入国内生产总值，请了保姆就增加了国内生产总值……这种国内生产总值的结算本身就充满着矛盾，更不适应以家庭经营为主的农村。所以，联合国早就提出，应以"人文发展指数"或"绿色国内生产总值"来核算财富的增长。对于农村，发达国家普遍认为应用"富裕指数"来代替国内生产总值，如果村庄人居环境改善了，尽管以货币计算的农民收入不比城里人高，但农村的实际购买力以及与自然环境紧密结合的居住条件就比城里好，从而形成一种均衡。村庄整治所产生的效果是让农民直接受惠、感受生活质量的富裕。这是我们根本的目的，而不能用国内生产总值挂帅来搞农业、农村的现代化。

从"乡风文明"来看，村庄整治是文明建设的重要载体。人与环境是相互联系影响的，环境好了，文明程度才能够提高。乡村建设应该从看得

---

① 参见［美］斯蒂格利茨：《经济学》第二版，中国人民大学出版社 2000 年版，第 521 页。斯蒂格利茨将国内生产总值定义为：消费＋投资＋政府支出＋进口－出口，或用收入法变更为出售产品的总收入。

见、摸得着和真正使农民得到实惠的人居环境来抓起。另一方面，文明程度与教育水平密切相关。根据我国第五次人口普查资料，在全国 15 岁及以上人口中，城镇的文盲率为 5.22%，农村则高达 11.55%；在 15—64 岁劳动年龄人口中，农村地区初中以下文化程度的劳动力比重高达 91%，而且教育的质量与城镇的差距日益扩大。在日本、韩国等国提出向"人才农业"进军的今天，不改变农民素质是无法推行我国农业现代化的。由此可见，在乡村规划建设中注重完善乡村中小学何等重要。长期的实践证明，不去消除农民的无奈、无知和恐惧来塑造文明，往往是不会奏效的。

从"管理民主"来讲，村庄的整治是培育农民管理民主意识的重要实践活动。通过农民自主、村民自治、自我决策的村庄整治过程，可以培养村民们的民主决策的新风尚。只能通过"干中学"，通过实践活动，农民们当家做主的能力才能够成熟起来。只有这种民主决策直接给农民带来利益，管理民主之习惯才会真正育成。从某种程度上说，村庄整治的过程，是实践农民民主自治的过程，是我国农村民主体系逐步发育、成长、成熟的过程。民主的进程必须依托于农民民主意识的培育、生态环境和生产力的变革，离开了这些空谈民主是没有意义的。

建设社会主义新农村的提出，是实现我国有序城镇化总体战略的一个组成部分。我国农业现代化的真实含义在于：要想用仅占全球 7% 的耕地、7% 的淡水资源来支撑占全球 21% 人口的中华民族的生存和发展，就必须留得住农民，留得住农业生产和生态空间，即农村的耕地、林地、水源地，等等。而且要建立起人与自然和谐相处的农业和农村发展的新模式，即生态文明时代农业发展的新模式。这是我国根本的和长期的战略任务之一，也能为我国农村、农民、农业问题的解决带来许多新的机遇。从先行国家的经验来看，也可以得出同样的结论。如日本1980年制定的"农改基本原则"，主张农村要发挥五大功能，即供给粮食；适度配置人口，维护社会均衡；有效利用资源，提供就业场所；提供绿地空间，形成自然植被；维护文化传统。

三 问题与成因

首先讲讲先行国家的教训。

第一，改变现存的乡村居民点布局，已被证明弊多利少。在法国、英国，通过拆并村庄来建立规模较大的村落、集镇都造成了农业成本上升、交通费用增加、原有风貌和历史古迹被破坏等恶果。

第二，以一种政策、一个方向来决定乡村的发展模式是错误的。乡村的发展常是由多种力量、机遇交织而成的，抓主要问题的解决不能扼杀其他的发展机会。

第三，把经济发展和其他"非经济"建设分开考虑，难以奏效。乡村良好的生活质量最为重要，这就要求把发展可持续性、平等、包容、尊重历史传统等问题提高到经济富裕同等高度。

第四，把乡村经济发展模式锁定在单一农产品生产或工业移植都是不可持续的。事实上，发展乡村旅游观光业，不仅可以缓冲"靠天吃饭"的农产品生产风险，并且也可以避免城市工业进村所引发的环境污染和市场风险。

第五，由政府包办村镇的基础设施与公共服务设施是一种不合理的公共服务模式。应依据分散、小型、多元、循环的特征给予村镇财政补助支持，充分发挥村民自主、自力更生建设家园的积极性。

第六，以政策条文来取代规划设计往往使村民难以理解。乡村建设和发展必须依靠规划设计把政策、目标和法规转变为百姓容易解读的形体远景图。

从 2005 年党的十六届五中全会通过的《中共中央关于制定国民经济和社会发展第十一个五年规划的建议》中提出社会主义新农村建设以来,社会主义新农村建设活动已经实践了一段时间。在此过程中,成绩是巨大的,但也出现了一些值得高度重视的问题。那么,我们新农村建设出现了哪些问题呢?

问题之一,盲目撤并村庄,片面理解城镇化。在某些省市,撤并村庄是一种普遍的现象,美其名曰撤并村庄乃"一石三鸟":一可以节约耕地,二可以集中居住减少基础设施投资,三可以推进"城镇化"。当前,各地用地指标压得很紧,在每一个县直至省区都追求耕地的"占补平衡","占"是很容易的,"补"从哪里来?一是造假,二是反复。所谓"反复",就是把过去退耕还林的地重新开垦,然后统计为新开垦地,过几年又把它退耕还林。还有就是把村庄撤并,认为是既可以推进"城镇化",又能"创造"耕地的"良方"。有人认为,平均每户农居占地半亩左右,300 多平方米,而城市居民人均只占用 100 平方米,通过撤并村庄,将农村居住密度提高到城市水平,地方政府可用的耕地转建设用地的指标就增加了。所以,目前基层干部对撤并村庄的积极性非常高。这种大撤大并浪费了巨大的资源(一般搬迁一个中等规模村庄需要 3000 万元投资,而整治只需500 万元左右),这不仅会消耗大量建筑材料,破坏众多文化遗产,也忽视了农业生产的特征。农村的生活和生产应该是组合在一起的,"庭院经济"的效能非常高。农民户均占地 300 平方米包括利用宅基地种植蔬菜、瓜果。在某些地区所做的农村规划中,把许多村庄合并成一个村庄或合并到镇,传统农居也被城市常见的多层楼宇所取代。但据我们的实地调查,这些地方因农业生产所需的农机具和粮食、种子没有地方搁置,农民只得在楼房下面搭建大量的棚子,实际上占地面积并没有减少,所以农民并不欢迎。北方某省也出现这样的情况,农民上楼后,每年要交 4000 元钱的取暖费,农民舍不得付费,又不能在新房里烧炕,就只能挨着冻过冬。

另外一种撤并现象发生在山区县,被称之为"下山脱贫"。此项工作对于那些生态退化、原住民无法生存的石漠化、沙漠化、盐碱化地区的生

城乡统筹与农村改革发展

态恢复、脱贫致富十分有效，但不少地方正呈现扩大化的负面效应。与此相反的是同样人多地少的日本，在 1992 年出台《山区振兴法》之后，又在 1993 年出台《特定山区活性法》，加快山区村庄的就地繁荣发展。日本山区的土地面积、乡村数量、耕地面积、农村人口分别占全国国土面积的 70%、乡村总数的 55%、耕地面积的 40%、农村人口的 40%，而其农业产值仅占全国的 37%。但是，日本在政策上并不强调山区的农业产值，而是强调其公益功能，强调其对"国土保全"的重大社会意义。鉴于山区的多样性，日本政府的山区支农政策也追求"精细化"。从 2002 年起，对山区农业的补助金实行"直接支付制度"，即根据山地的可耕种规模、耕者与弃耕者状况、山地与平地收入差别等具体情况发放补助金。其目标是将农民植根于土地，强调人与自然的协调、共存，坚决杜绝将山区农民迁移到平原的"大迁移政策"。

问题之二，盲目对农居进行改造，忽视村镇基础设施建设。有许多干部非常热衷于统一发放《农宅标准图册》，国家部委发、省里也发，大城市发、小城市也发。许多图册完全忽视了农民收入的差别化，完全忽视了不同地方的民居特色，也完全忽视了传统民居的节能特性。不论是陕西的窑洞、山西的半窑洞，还是徽派建筑，这些传统农居因充分利用了浅表地热能，冬暖夏凉，非常节能。而现代农居标准图册看上去很漂亮，但是并不节能节材。

由于我国大多数地区农村生产力水平尚处于不发达的状态，农民造房一般都采用"搭积木"的办法。第一步往往先盖一层，过几年后再加楼层，再过几年再配套完善。而正规设计院所提供的标准图册，完全忽视了农民的实际造房过程。再比如说，农居改造中有一个非常重要的指标——抗震性能，在农房的抗震设防改造中就要因地制宜，不能盲目改造。坐落在 7 级以上地震带的农居要进行抗震设防的危房改造，但是坐落在烈度在 7 级以下的，特别是 6 级以下的广大地区的农房就不需要进行过高的防震设防改造。尤其是江南大部分经济发达地方农居通常都很坚固，已达到了抗震级别。但是，我们的干部还年复一年向农民发放农宅的标准图册，完全忽视了农民收入的差别性，爱好的差别化，忽视了传统农居的节能、节地等等的效能，也对大量的历史文化遗产带来破坏。

现阶段，我国绝大多数的农民都很满意自己盖的房子。在农民对农村各项设施、服务项目满意度的调查中，对住房条件满意的农民高达70%—85%。在所有项目中位列第一。而有些地方忽略这一前提，为了搞形象工程，强制农民加高楼层，导致出现假楼层，利用率低，又花钱，又危险。

另外，一些领导热衷于搞那些看得见，少数人临时拍手叫好的东西，而对长期性、隐蔽性、根本性、系统性，特别是事关长远发展和人民群众根本利益的基础设施建设倒是忽略不计，漠不关心。即使在基础设施建设的具体工作中，部分地方干部的浮躁情绪和急功近利的行为非常严重，只修"看得见"的，不修"看不见"的但农民最急需的安全饮水、污水和垃圾处理等设施。

问题之三，盲目地进行牲畜的集中养殖，片面地进行人畜分离。前段时期，猪肉价格的猛涨与部分地方盲目推行人畜分离有一定的关系。农民散户养猪一般是用菜梗、菜叶、剩菜、剩饭和农田里的杂草藤蔓作为饲料。猪是农户生产、生活循环生态链中的一个关键环节，扮演着分解者的角色。在城里被当做垃圾的剩菜、剩饭、烂水果和菜叶梗等，都是猪的饲料。许多农副产品加工的残余物也都可以用来喂猪。而把猪集中饲养，那些剩菜剩饭不可能再端到几百米外的地方喂猪。原来猪粪一家一户堆砌起来，成为堆肥，然后再施回农田去，或者直接进入沼气池作为燃料。集中养殖之后，各户的猪粪混在一起，把整个分配循环链条打碎了。不少农民因养猪成本的提高而放弃养猪，许多已建的沼气池也因缺乏原料而废弃。

我老祖母住到城里来，跟着我们住了二十几年了，还在想着养猪。她觉得城里人把许多食品垃圾扔掉很可惜，应该是猪吃的。现在不少地方片面追求"人畜分离"，把猪和家禽集中起来养殖，原来占猪存栏数70%以上的散户养猪就受到了影响。正是因为一些城里的"专家"夸大了散养可能引起人畜疾病交叉感染，认为猪养在农户住宅旁边可能会引发传染病流行。那市民在家里养狗养猫怎么不传染，还当宝贝呢？其实有一种观念上的误区。

问题之四，盲目进行城乡无差别化的能源系统建设。国电公司"十一五"规划中写明，计划投资236亿元，解决老少边穷地区120万农户的用电。这是一项艰巨而又光荣的任务，估算实际投资将达500亿元，也就是每户农户要平均投资 2 万到 4 万元，算下来这些钱几乎能给每户农户安装一套太阳能伏打电池系统，或就地建设风能发电站，这样产生的绿色能源不但为农民在以后的使用中省下了电费，而且也节省了国家电网的资源。另一个问题是，以城市供电模式用这么长的线路把电送到边远农村，70%—80% 的电能都消耗在线路上面，农户实际能够用到的只有20%—30%。电费和效能怎么算？维修保养的成本也极其高昂。由此产生的一系列后续问题，值得关注。

边远山区牧区的能源系统建设应该符合农村分散的特点，采用分散性的能源系统、可再生能源系统来加以解决，这是已经被发达国家的成功经验所证明了的。按照我国传统的，以工业化、集中化的办法来处理分散农民、农户的能源问题，值得商榷。

问题之五，盲目安排村庄整治的时序。北方某省市组织了一次教授下乡调查，教授们回来说：村里的路还是土的，农田小道都铺上了水泥路，因为进行了所谓的"标准基本农田"改造；水渠里的水是严重污染的，河岸上已糊上了水泥，因为推行所谓的农田"水利化"；农民饮用的自来水还没有，还要靠打井，玉米地里铺上了自来水管；村小学校舍还是危房，但是村里各种活动室已达十多个。经调查：一个一百多农户的村庄，各种从上而下设定的"活动室"就达 16 个。实际上，各类名称繁多的活动室，除了一个社区卫生站外，农民都无需要。但是每一个"室"都是上头带钱来建的"钓鱼工程"，建设时序常常与农民现阶段的实际需求脱节。

问题之六，忽视小城镇建设。各级政府和有关部门支持小城镇发展的积极性很高，但是扶植的政策措施协调性不够，扶植的资金分散，没有形成推动小城镇协调发展的合力。缺乏有效的分类指导政策和措施，城镇的职能和目标定位不够明确，发展重点不突出。小城镇建设相互攀比、重复建设、产业同构的问题比较严重。小城镇建设的管理机制也不能适应各地实际发展和城镇化的要求。

产生这些问题的原因有以下四点：

成因之一，农民群众没有充分参与。我国传统封建文化中的"为民做主"、"替民办事"，扼杀和阻碍了农民的创业自信心和民主意识的提高。

农民产生了这样的依赖思想，认为只要上级派来一位"青天"就可以为他们包办一切。现阶段农民群众不成熟的民主意识以及沉默的习惯，也助长了一些干部"将政绩刻在地球上"的热忱。他们的共同点是特别希望用国家的权力为农民的劳作习惯、生活方式、文化习俗和世界观带来巨大的、乌托邦式的变化。[1]

成因之二，盲目照搬城市模式。决策者以城里人的眼光、思维进行乡村规划和村庄整治建设，错误地认为城里人所拥有的东西才是现代化的，才是优越的。这是一种工业文明的思想。城里人认为乡下人笨，需要用城里的一套办法来灌输给农民，改造农业和农村。工业文明的思维模式保证了人类从神话、宗教和迷信中解放出来，但同时也将滥用权力和人类本性的黑暗面释放了出来。[2]在这方面，苏联"农业集体化"的实践可被看成反面教材中的典型代表。苏联的农业工程师们一度认为：现代农业应该是大规模的，规模越大越好；它应是高度机械化的，按照科学的泰勒制原理等级分明地运作；耕作者不再是原来的农民，而是有高度技能和纪律的无产阶级。1928年5月斯大林写道：集体化的目的在于将小的、落后和零碎的小农场转变为联合的、大的公共农场，它们具有现代科学的机械和科学的数据，可以为市场大量生产谷物。[3]但后来的实践结果表明，

---

① 参见 Control in Bangladesh Environmental Management 14，No.4(1990):PP.419-428.
② 参见 Harvey., The Condition of Post-Modernity，P.12.
③ 参见 Quoted in Fitzpatrick，Stalin's Peasants，P.39.

集体化农场使用了 10% 的劳动力（更不用说大量地投入和土地了），但其可怜的生产量只占农产总量的 2.2%。[1] 苏联的计划模式在我国运行过几十年，我国各级干部也或多或少地受到该模式的影响。

成因之三，片面追求政绩和偏好大工程、大规模生产的习惯思维。前段时间，某省有几个城市里的干部为村庄整治活动编了一本书，书名就叫《再造乡村面貌》，充满了旧貌换新颜的雄心壮志和工业文明时代挑战自然的豪气。与他们热衷于推行城市化、规模化的家畜集中养殖完全不同的是，美国世界观察研究所于 2006 年 1 月 11 日发表的《2006 年世界现状年度报告》指出：封闭式的大规模生产反而为家畜疾病的传播提供了绝佳条件……对全球肉类工业的重新思考，不仅意味着采取安全措施可防止疾病的爆发，更重要的是转变禽畜产业的生产模式和观念，大力提倡小规模的农户养殖。一个可悲的事实是：规模越大、资本越密集、越是中央集权的项目所要求的权力就越大，追随者也会越多……其结果是对充满实践性、主动性、随机性、多样性和非线性的农业农村的真实生产和生活模式的破坏[2]。

丘吉尔曾经说过：政治家有个偏好，就是在地球上留下自己的痕迹，这个痕迹有的时候是盲目的，甚至是摧毁性的。这类偏好就是与国内生产总值崇拜、大工程崇拜相联系的"极端现代主义"。这种极端的现代主义在基层干部的有限任期内会表现出极大的能动力。历史表明，那些持极端现代主义倾向的官员们往往以简洁的美学观点来改造农村、农业。在他们看来，一个有效率的、被理性地组织起来的村庄、农业生产体系，是一个在几何学上显示出标准化和有秩序的村庄或农场。他们所热衷的农村改造计划、农业现代化方案，往往与基层干部在有限任职时间内尽快出政绩的强烈愿望和自身利益密切相关。

> **重点提示**
>
> 历史表明，那些持极端现代主义倾向的官员们往往以简洁的美学观点来改造农村、农业。在他们看来，一个有效率的、被理性地组织起来的村庄、农业生产体系，是一个在几何学上显示出标准化和有秩序的村庄或农场。他们所热衷的农村改造计划、农业现代化方案，往往与基层干部在有限任职时间内尽快出政绩的强烈愿望和自身利益密切相关。

---

[1] 参见 Davies，The Socialist Offensive，P.6.

[2] 参见 James K. Boyce，Birth of Megaproject: Politics Economy of Flood.

生态文明时代的村镇规划与建设

成因之四，片面理解城乡二元经济[①]。其实，二元经济是对发展中国家早期发展阶段的一种描述，是发展中国家社会经济发展过程中最基本的经济特征，是指经济从完全依赖于农产品的生产状态向生计农业部门与现代工业并存的二元状态的转变，这一过程的实现是经济发展的一个里程碑。当经济发展到一定程度，二元结构逐渐转化为一元，正如钱纳里所说的二元经济结构的转化具有显著的增长效应。我国在经济发展的过程中也不可避免地出现了二元结构，二元性在 1970 年达到最大，因为此时二元对比系数最低，为 16%；改革以后系数上升，意味着二元结构有所缓解和改进，但改进的速度缓慢，并且有再度拉开的趋势。这都表明中国经济的二元结构并不是一直朝着一元化的方向迈进，具有一定的刚性。

二元经济在我国好像是洪水猛兽，不少学者一提到二元经济就好像忍无可忍，非要把它消灭干净不可。实际上，这是一种极大的误导，是没有从中国经济发展的实际出发，忽视了中国经济二元结构的刚性。作为一个传统的农业大国，工业化、城市化起步较晚，农业人口多，我国的城乡二元经

---

① 刘易斯在《劳动力无限供给条件下的经济发展》一文中系统地提出了经济发展过程中的二元经济理论。该理论明确提出了各国经济发展过程中的一个普遍存在的现象，即以主要为满足农村人口自我消费为主的传统经济部门与资本主义性质的以大工业为代表的现代经济部门并存的"二元经济"。刘易斯关于二元经济的思想大致可概括为：（1）资本积累可提高现代部门的劳动边际生产力，从而扩大该部门的劳动力需求；（2）现代部门的工资收入略高于传统部门；（3）在现行工资水平上，现代部门的劳动力需求大大超过供给，劳动力供给弹性是无限的；（4）现代部门的增长依赖于从传统部门吸收劳动力，而传统部门有大量剩余劳动力存在，这些劳动力的转移不会影响传统部门产量；（5）现代部门产量增加，导致就业增加，导致传统农业部门的劳动力转移，同时维持现代部门的既定工资率，可保持现代部门的高利润，资本家将获得的利润重新投资，导致现代部门进一步增加资本积累，再一次开始上述循环，直至农村剩余劳动力全部转移到现代部门中；（6）在不增加外部投入的情况下，可以在二元经济结构内部找到积累机制，这样发展中国家可以自己走出困境，而不必依赖发达国家的资本输出，从而摆脱殖民主义，避免对外依赖和由此带来的社会、政治、经济损失。

济结构仍将长期存在，并在很长时间内会表现出强二元经济结构和强二元社会结构。尽管二元刚性的加固会对我国的工业化进程造成严重障碍，会对社会稳定造成一定的压力，我们还是应该正视这个问题的存在，从政策制定上采取措施防止人为的扩大，而不能不顾现实盲目追求一元化。

四　思路与原则

先谈思路。

英国 200 年前就开始了城市化，也是追求城乡协调发展模式最早的国家，同时该国至今还是城乡发展比较协调的国家。现代城市规划学的创始人、社会学家霍华德当时就提出：城市和农村必须结为夫妇，这样一种令人欣喜的结合将会萌生新的希望，焕发新的生机，孕育新的文明。[①] 但是我们现在不少地方的工作思路是把农村改造成城市，把农民改造成工人、改造成居民，然后把农业搞成工业。这种以消灭"三农"来达到城乡同质化发展目的的做法，早已被历史的实践证明是本末倒置。

如果把城市与农村搞成同一种发展模式，其实就是"同性恋"，不可能形成城乡协调发展的格局。协调发展的基础是尊重固有的城乡差别。从生产来讲，农村是家庭经营为主，城市以工业、企业为主；从消费水平和方式来讲，农村的消费是低水平、低成本、循环式的，任何东西都可以得到循环利用。这是传统农村生活模式的低成本和循环式。

重点提示

如果把城市与农村搞成同一种发展模式，其实就是"同性恋"，不可能形成城乡协调发展的格局。协调发展的基础是尊重固有的城乡差别。

环式。但城市是高成本的，直线型的，城市必须要把外面的农副产品运进来，加工成产品，然后消费，消费后变成废品、废水再排放处理；从工业品的提供方面讲，农村以自助合作为主，城市是政府包干的；从公共品的

---

① 参见 Ebenezer Howard，Garden Cities of Tomorrow，Cambridge，MA: The MIT Press，1965，PP.33–35.

角度来讲，农村长期以来而且今后也必须坚持下去的是公共品主要是由村民自主、合作、国家补助来提供的。无论是修桥、铺路、建学校还是修建医院，都称之为合作医疗、合作办学、合作建设。但是，城市里基本上以政府包办为主，市民纳税政府用税金来提供公共品；从景观特色来看，农村、农业是自然的、宽广的、情趣的、传统的，城市、工业是文化的、现代化、娱乐的、多样的；从文化特点来看，农村是比较单纯的，我国农村尤其是受长期农耕文明影响下的农村，一个村往往就是一个姓氏村民的聚落，村落里一般还有一个祠堂，是一个熟人的社会，相互之间关系密切，和城市完全是不一样的。

费孝通在《中西文化的差异》举了一个例子，中国的农村就像一块石子掉到一个池塘里，波浪一圈一圈的，核心的一圈是家庭血缘关系，外面一圈是亲戚关系，再外面一圈是同宗关系，再外面就是熟人和同乡关系。而城市则是多元化的文化，从空间关系来讲，农业、农村是生产、生活、生态三者是不可分离的，无非也是一个同心圆的关系。而城市与工业，生产、生活、生态是分开的，生态有污水处理厂，有垃圾场，有公园，有绿地，有河道等等；生活有居住区，生产有工业区，还有商业区等等，它们是分离的。

这些特征说明了农村与城市的规划建设手段是不同的。现代城市规划学里面还提出了功能分区的概念，把城市空间分割成不同的功能区去发展。盲目照搬城市的规划显然违背了农村的生产生活规律。不尊重城乡之间由于生产生活方式所造成的差别，就不可能达成城乡的协调发展。

新农村建设活动开展比较早的韩国也在反思他们的"新村建设"。韩国最近两年提出来"传统题目的农村建设"项目。这是韩国人在重新反思20世纪他们"新村建设"的利与弊的基础上的又一个创新，也被称之为阿美尼体（Amenity），意为"生活福利设施、便利设施"理论的具体实践。它是指将农村的历史、文化与自然生态资源，包括农耕文化景观、田园景观、农村风土人情等有形和无形资源（既包括原生态的资源，如原始

城乡统筹与农村改革发展

林、空气、水源、土壤和无噪音的环境，也包括自然生态和人类加工相结合的资源和景观，如树林、公园、田园、水塘等；还有与历史文化相关的土特产品、文化景观和风土人情，如民俗、节日、纪念馆、有机食品、农村旅游等）结合在一起所形成的一种完全区别于城市的新的乡村发展形态，也就是说新农村必须要与城市差别化发展。为发展这一项目，2007年，韩国在春川、平昌等5个所（县市一级农业科研技术推广组织）投入了5亿韩元。城乡交流与合作共存，在韩国叫"都农相生"。此项扶持项目，自2002年开始实施以来，仅在江原一个道就已经扶持了12个郡。仅2006年到这些农村旅游的人数就达到6万名，通过民宿、体验农村生活、品尝和销售当地特色农产品，当地农民已经获得10.1亿韩元收入。韩国的这项发展计划，已经成为增加农民收入的稳定渠道，获得了与我国"农家乐"一样的成功，与我们选择差别化城乡协调发展的模式是不谋而合的。由此可以看出，农村可以不经过大工业的阶段，直接进入服务业的发展来带动农村的可持续发展，这就是生态文明所要求的生产力转化的一种模式。因此，我国的村镇必须按照城乡空间差异化协调发展的思路进行规划建设。

通过以上分析，我们可以总结出符合生态文明观的村镇规划建设原则：

第一个原则，保护生态和农村特色。村镇得以维持的基本自然资源直

重点提示

韩国最近两年提出来"传统题目的农村建设"项目。这是韩国人在重新反思20世纪他们"新村建设"的利与弊的基础上的又一个创新，也被称之为阿美尼体（Amenity），意为"生活福利设施、便利设施"理论的具体实践。它是指将农村的历史、文化与自然生态资源，包括农耕文化景观、田园景观、农村风土人情等有形和无形资源（既包括原生态的资源，如原始林、空气、水源、土壤和无噪音的环境，也包括自然生态和人类加工相结合的资源和景观，如树林、公园、田园、水塘等；还有与历史文化相关的土特产品、文化景观和风土人情，如民俗、节日、纪念馆、有机食品、农村旅游等）结合在一起所形成的一种完全区别于城市的新的乡村发展形态，也就是说新农村必须要与城市差别化发展。为发展这一项目，2007年，韩国在春川、平昌等5个所（县市一级农业科研技术推广组织）投入了5亿韩元。城乡交流与合作共存，在韩国叫"都农相生"。

生态文明时代的村镇规划与建设

重点提示

村镇规划与城市规划的重要区别在于,应该尽可能地保留乡村原有的资源、地貌、自然的形态,生物的多样性及人与自然、生物之间的紧密不可分离的共生共存的关系。而大规模"农民上公寓楼"的村庄重建模式,"规模化"的单一农作物种植计划,"工厂化"的盲目推行机械化、电气化都会破坏村庄、田野与周边自然生态环境的多元化、有机的共生关系。

重点提示

乡村生活与生产在土地和空间使用上的混合是一种有效率的存在。比如猪、家禽的散养,必须养在农房周边,这才能构成生活生产循环过程中不可缺少的分解者环节。如一定要按照城里人的眼光搞集中饲养,那肯定是经济上不合算的,也会造成浪费。所以,应该尊重传统的饲养模式并加以"拾遗补缺"式的优化,而不能按照城市"规整"的模式将它推倒重来。

接来自于它周边的区域,在村镇规划建设中必须加以保护。村镇规划与城市规划的重要区别在于,应该尽可能地保留乡村原有的资源、地貌、自然的形态,生物的多样性及人与自然、生物之间的紧密不可分离的共生共存的关系。而大规模"农民上公寓楼"的村庄重建模式,"规模化"的单一农作物种植计划,"工厂化"的盲目推行机械化、电气化都会破坏村庄、田野与周边自然生态环境的多元化、有机的共生关系。

正如长期从事农业研究的耶鲁大学教授詹姆斯·C. 斯科特所说的那样:工业化农业和资本主义市场实践清楚表明了,强大的资本加上政府的力量成为均质化、一致化、坐标化和大刀阔斧简单化的推动者。[①] 其结果往往动摇了农业可持续发展的基础。

第二个原则,坚持功能和空间的有机混合。乡村生活与生产在土地和空间使用上的混合是一种有效率的存在。比如猪、家禽的散养,必须养在农房周边,这才能构成生活生产循环过程中不可缺少的分解者环节。如一定要按照城里人的眼光搞集中饲养,那肯定是经济上不合算的,也会造成浪费。所以,应该尊重传统的饲养模式并加以"拾遗补缺"式的优化,而不能按照城市"规整"的模式将它推倒重来。从种植业来看,所有农作物的栽培都发生在特定的空间(农田、水源和作物)、特定的时间(气候类型、季节、害虫周期),为了特定的目的(有自我需求或特定的交易对象)。

---

① 参见〔美〕詹姆斯·C. 斯科特:《国家的视角——那些试图改善人类状况的项目是如何失败的》,王晓毅译,社会科学文献出版社 2004 年版,第 9 页。

不顾这些特殊性，机械地运用城市规划、工业文明的模式改造农村、农业，只能导致失败。

第三个原则，保持乡村生态循环。乡村居民的生理健康在很大程度上依赖于周边良好的环境，维持干净的水、土壤、生态良好的生态系统应成为村镇规划的主要目的。这也将成为脱贫致富之后农民的第一需求，更是吸引城里人下乡旅游、定居的主要因素之一。村庄周边的区域对农民的资源供应能力、与农业农村的生态共生能力和废物吸收分解能力是限定的，所以村镇规划必须更加重视"生态的承载力"。因为，良好的生态环境是农业之本，农民的生存之本，它与城市的情况不同。城市是通过技术和工程手段改造出的一种人工生态复合环境，农村、农业则要通过保留、保护的办法来维护与人类共生的生态环境。

> **重点提示**
>
> 乡村居民的生理健康在很大程度上依赖于周边良好的环境，维持干净的水、土壤、生态良好的生态系统应成为村镇规划的主要目的。这也将成为脱贫致富之后农民的第一需求，更是吸引城里人下乡旅游、定居的主要因素之一。村庄周边的区域对农民的资源供应能力、与农业农村的生态共生能力和废物吸收分解能力是限定的，所以村镇规划必须更加重视"生态的承载力"。

早在 20 世纪 30 年代，苏联大规模推行"集体农庄"所带来的失败，清晰地说明了那些疯狂不切实际的规划与乌托邦抽象的幻想相匹配的恶果。那时，专家们往往只要有地图和很少几个关于规模和机械化的假设就可以编制规划，无须参考地方和气候条件。一个典型的例子是根据上级指示，12 位农学家要在 20 天内为一个县制订出操作层面的生产计划，他们完全不离开办公室，也不到实地考察，将 8 万公顷的土地分成 32 个相等的正方形，每个正方形 2500 公顷。每个正方形就是一个集体农庄，根本不管土地上的定居点、村庄、河流、山丘、沼泽等自然地形特征。[①] 类似的错误也正在我国重现，必须基于因地制宜、因村制宜的原则认真纠正。

第四个原则，传承乡土文化。农民的心理健康是来自于对社区的认同感、友好感和安全感。村庄的规划、建设、整治应该保留和传承他们熟悉

---

① 参见 Fitzpatrick，Stalin's Peasants，PP.105–106.

重点提示

农民的心理健康是来自于对社区的认同感、友好感和安全感。村庄的规划、建设、整治应该保留和传承他们熟悉的传统文化场景；村庄的规划和建设要尽可能地向历史学习，尊重与保护村庄的文化遗产、地域文化特征以及与自然特征的混合布局相吻合的文化脉络。这不应该仅仅成为城市规划师参与村庄整治建设的守则，也不仅只是村庄整治的重要内容，而且是把农村建设成为吸引人的、"农家乐"基地的一个主要的方法。不按照这种方法去整治村庄，如果把这些老房子、街区都推倒重建，把这些传统文化建筑和分布格局破坏了，那就没有人愿意去农村了。

重点提示

乡村生态的循环链、乡村生活与生产混合等特点必须加以完整细致的保护。在农村，应尽可能应用小规模、微动力、与原有生态循环链相符合的"适用性"环境保护技术和能源供应方式，而不能盲目照搬城市大型污水垃圾处理设施或盲目追求所谓的"高新技术"。

的传统文化场景；村庄的规划和建设要尽可能地向历史学习，尊重与保护村庄的文化遗产、地域文化特征以及与自然特征的混合布局相吻合的文化脉络。这不应该仅仅成为城市规划师参与村庄整治建设的守则，也不仅只是村庄整治的重要内容，而且是把农村建设成为吸引人的、"农家乐"基地的一个主要的方法。不按照这种方法去整治村庄，如果把这些老房子、街区都推倒重建，把这些传统文化建筑和分布格局破坏了，那就没有人愿意去农村了。像安徽的宏村正是遵循了正确的整治的方针，现在每年仅门票收入就有 3000 万元人民币，更不说旅游周边带动的经济增长。实际上，村庄的发展像语言的进化一样，是在成千上万年中村庄的居住者所逐渐创造的。从这个意义上说，只有当村庄规划是由每个人参与的时候，才有能力为所有的农民提供他们所需求的东西。

第五个原则，坚持适用技术推广。乡村生态的循环链、乡村生活与生产混合等特点必须加以完整细致的保护。在农村，应尽可能应用小规模、微动力、与原有生态循环链相符合的"适用性"环境保护技术和能源供应方式，而不能盲目照搬城市大型污水垃圾处理设施或盲目追求所谓的"高新技术"。在农村能源系统建设方面，首先应推广太阳能或其他可再生能源，但是不一定是太阳能电池。在发达国家，太阳能电池在农村已经普遍推广。我国目前可先利用太阳能热水器或太阳房，也就是在农居朝阳面装几块玻璃把太阳光的热量引进来。第二是地热能利用。第三是生物质能源，压缩秸秆等。第四是沼气、小型风能、小水电等再生能源。不应把陕北、山西等地的窑洞式传统农居拆除重建成"大江南北一个样"的农民小别墅。窑洞冬暖夏凉，是一种利用浅层地热能的好办法。虽然传统的窑洞通风不好，只要装一个通风道，自然通风的问题就解决了。

第六个原则，尊重自然。村庄的"建成区"往往叠加在比它大几十倍的农田之中，规划应列明管制重点。农业和生产用地的保护，特别是基本农田、湿地、水源地、生态用地的保护。其中，某些对村庄日常运行和安全有关的地域，应该成为村镇规划管制的重点。浙江省武义县郭洞村被评为第一批国家历史文化名村，这个村里保留了大量的明清建筑。更重要的是这个村有座郁郁葱葱的山头，森林茂密，有树龄达 1000 年的红豆杉、针叶松、银杏树等珍稀树木。为什么这座山上会保持那么好的原生态？就是因为在 1000 年前这个村庄建立的时候，人们发现这座山是乱石堆成的，很容易坍塌，而这个村就建在山坡下。这座山上的植被一旦被破坏，水土流失造成泥石流的话，整个村庄就会被毁掉。所以，当地人在 1000 年前就定了乡规民约，山上不能动一棵树、一棵草。如果谁到山上砍了一棵树，就要给予砍掉一只手的处罚。这块禁令石碑至今还立在村头，这就是一种最早期的规划管制，就是规定了哪些地方是禁止开发的，所以这个村庄得以完整地保留下来。由此可见，乡村规划与城市规划不一样，村庄与自然环境是共生的，破坏了自然环境就等于破坏了村庄的生存发展环境。1000 年前人们就懂得这个道理，但至今我们在村镇规划设计时却往往无视这种基本道理。

> **重点提示**
>
> 村庄的"建成区"往往叠加在比它大几十倍的农田之中，规划应列明管制重点。农业和生产用地的保护，特别是基本农田、湿地、水源地、生态用地的保护。其中，某些对村庄日常运行和安全有关的地域，应该成为村镇规划管制的重点。

第七个原则，分类指导。我国不同地区的县、乡、村的自然条件、经济社会发展水平和城镇化阶段有很大不同，应当从各自实际情况出发，确定不同的县、乡（镇）、村庄规划编制方法和重点。对于长三角、珠三角等人多地少、村镇分布密集、经济发展水平较高的地区，应当按照统筹城乡发展的要求，创新城乡规划编制方法，编制县域总体规划。将整个县行政区域作为规划区进行统筹规划，加强城乡规划与土地利用总体规划、环

城乡统筹与农村改革发展

重点提示

我国不同地区的县、乡、村的自然条件、经济社会发展水平和城镇化阶段有很大不同，应当从各自实际情况出发，确定不同的县、乡（镇）、村庄规划编制方法和重点。对于长三角、珠三角等人多地少、村镇分布密集、经济发展水平较高的地区，应当按照统筹城乡发展的要求，创新城乡规划编制方法，编制县域总体规划。将整个县行政区域作为规划区进行统筹规划，加强城乡规划与土地利用总体规划、环境规划等的衔接与交叉内容的有机整合，统筹布局全县域的城乡居民点、产业发展空间、生态保护空间、永久性农田保护空间、区域基础设施廊道和城乡公共设施建设，实现城乡规划在县域范围内的全覆盖。

重点提示

县城关镇规划必须注重为县域经济发展服务。县人民政府所在地镇对全县经济、社会以及各项事业的建设发展起到了统领作用，其性质职能、机构设置和发展前景都与其他镇不同，被称之为县域经济发展的火车头。

境规划等的衔接与交叉内容的有机整合，统筹布局全县域的城乡居民点、产业发展空间、生态保护空间、永久性农田保护空间、区域基础设施廊道和城乡公共设施建设，实现城乡规划在县域范围内的全覆盖。目前，浙江省、江苏省已经在这方面进行了大胆创新，并取得了一定成效，对于条件类似的地区很有借鉴意义；对于人口较为密集，村镇分布均匀、经济发展水平中等的地区，应当充分发挥现有城乡规划体系的引导调控作用。当前的主要任务是下力气编好县域村镇体系规划、乡（镇）、村庄规划，提高规划的编制质量并有效实施这些规划；对于人口密度小，村镇分布稀疏、经济发展水平较低的地区，应当注重编好镇和中心村的规划，引导乡（镇）对村的地区经济社会的发展带动作用。

第八个原则，强化县城建设促进县域经济发展。县城关镇规划必须注重为县域经济发展服务。县人民政府所在地镇对全县经济、社会以及各项事业的建设发展起到了统领作用，其性质职能、机构设置和发展前景都与其他镇不同，被称之为县域经济发展的火车头。党的十七届三中全会明确提出了增强县域经济活力和实力的要求，贯彻这一指示精神，进一步发挥县城关镇总体规划对统筹城乡协调发展，引导构建合理的产业和县域城镇空间，指导重要基础设施配置的调控职能，是各级政府面临的重要任务。

因此，要改变一些地方存在的重视县城区规划编制，忽视县域村镇体系规划编制的倾向。按照 2020 年农村改革发展基本的目标，地方政府要加大财政投入，全力推进全国县域村镇体系规划全覆盖，力争东部地区 3 年内、中西部地区 5 年内完成编制任务。

东部沿海发达的浙江省，在全省范围内开展了县（市）域总体规划的编制，把整个行政辖区作为规划区范围，确定全县的产业布局，统筹安排面向农村的各项基础设施和公共设施建设，优化了城乡空间布局。通过县（市）域总体规划的实施，为"村村通"工程的合理布局提供了技术支持，提高了公共财政和社会资金支持的集中度。

另外一点，我国的县城都有悠久的历史，甚至有 2000 年的历史，但是没有多少风貌能够保存下来。回良玉在安徽当省委书记的时候曾经说过，黄山市应该遵循正确的建设方针：一是所有的徽派建筑必须无条件地保留；二是所有的新建筑必须是徽派的；三是那些玻璃幕墙、马赛克的不符合徽派建筑风格的建筑都应限期整改。做到了这三条，几年以后，一个充满特色的黄山市就会呈现在世人的面前，就会跟风景秀丽的黄山珠联璧合。他这个方针同样适合于很多县城的建设。

第九个原则，强化小城镇规划，带动周边农村发展。小城镇对于有效吸纳农村富余

生态文明时代的村镇规划与建设

重点提示

回良玉同志在安徽当省委书记的时候曾经说过，黄山市应该遵循正确的建设方针：一是所有的徽派建筑必须无条件的保留；二是所有的新建筑必须是徽派的；三是那些玻璃幕墙、马赛克的不符合徽派建筑风格的建筑都应限期整改。做到了这三条，几年以后，一个充满特色的黄山市就会呈现在世人的面前，就会跟风景秀丽的黄山珠联璧合。他这个方针同样适合于很多县城的建设。

重点提示

小城镇对于有效吸纳农村富余劳动力就地就近就业，为农业产前、产中、产后提供规范化服务，提高农村地区现代化水平具有重要作用。一些地方通过制定小城镇规划，明确了产业的布局，为依托农业和服务现代农业的产业发展提供了服务，实现了小城镇的差异化发展。小城镇围绕主导产业发展产业链，培育和促进各具特色的产业集群发展，打造"一镇一品"、"一镇一业"格局，增强了县域经济的活力。

劳动力就地就近就业，为农业产前、产中、产后提供规范化服务，提高农村地区现代化水平具有重要作用。一些地方通过制定小城镇规划，明确了产业的布局，为依托农业和服务现代农业的产业发展提供了服务，实现了小城镇的差异化发展。小城镇围绕主导产业发展产业链，培育和促进各具特色的产业集群发展，打造"一镇一品"、"一镇一业"格局，增强了县域经济的活力。近年，小城镇规划建设也出现了一些不良倾向：一些镇的产业发展忽视了与当地农村经济的联系；土地利用粗放，工业用地浪费现象突出；脱离实际，以城市模式建设镇。规划建设中盲目追求镇区空间规模的扩张，盲目追求"现代化"和建筑体量及建筑高度，抹杀了镇的特色风貌。镇规划必须以构建资源节约型、环境友好型和谐社会、服务"三农"、推进社会主义新农村建设为基本目标，坚持城乡统筹原则；必须根据不同地区、不同类型镇的发展特点与作用，确定镇的职能定位和发展目标，确定合理的建设标准。必须统筹安排镇行政区内的土地利用、空间布局以及各项建设，保护生态环境和历史文化遗产。

五 | 方法与对策

方法上，要明确"三先行"的工作方法。

镇、乡村整治规划的编制先行。首先要依据各地城镇化和工业化的水平、居住环境、风俗习惯、收入水平、自然资源、经济社会功能方面的基础条件，区分城市近郊区、工业主导型、自然生态型、传统农业型和历史古村型等不同的村庄性质类型，依照"保护、利用、改造、发展"相协调的原则进行规划编制。不仅要贯彻"先规划、后建设整治"的法定要求，区别对待，而且规划编制时要遵循上节提出的九项原则。尤为重要的是由于大部分农村居住人口仍以农业和相关产业活动为主，其耕作的半径一般在 1 公里左右，这就要求我们必须防止盲目推行大撤大并"农民上公寓楼"式的规划建设模式。

通过湖州市的例子我们可以看到农村有无区域总体规划效果是不一样的。湖州市实施"乡村统一规划、联合资源，城乡联动，区域一体化规划"，以点带面，示范引路，取得了很好的效果。他们通过区域规划，将原有的二十多个自来水厂整编成为 5 个，节省投资 30%，5 个自来水厂之间互相连通，而且供水的安全度，可持续度以及污水的协同处理程度得到了很大的提高。

第二个就是历史文化名镇名村的评选先行。就是每一个县、城市、省都要建立名镇名村的评选机制。县一级的名镇名村是基础，要把历史名村评选出来。那些古建筑多的、村庄建筑布局与自然环境协调、建筑风貌有地方特色的村庄都可以参选。然后是市一级、省一级，再到国家级。现在住房城乡建设部已与国家发改委、国家文物局联合，对评上国家级历史文化名城名镇名村的给予资金扶持。在"十一五"期间中央拿出 10 亿元，地方上、省里再拿 10 亿元，这 20 亿元投资，既可以保护一大批原生态的村落、小城镇，又能有效地促进社会主义新农村建设。村庄整治之前，必须要编制历史文化名村的保护规划，一定要在整治规划建设过程中突出保护历史风貌和自然景观，要抢救性地保护一些不可再生的文化遗产，同时要弘扬传统历史文化，发展旅游产业，增加农民收入，推动地方经济发展。

在编制历史名镇规划时要注意把握以下六个原则：

第一，注重历史文化遗产的传承。通过旅游业的发展，恢复历史文化遗产的原有价值。旅游业的发展，能使人们认识到古村落、历史或民族小镇独特的文化遗产的价值，促进遗产的保护，扩大遗产的影响，从而实现遗产资源保护机制的建立，使独特的村镇历史风貌的价值得到全社会的公认。通过旅游业的发展，还可以使得这些宝贵的文化资源

重点提示

第一，注重历史文化遗产的传承。通过旅游业的发展，恢复历史文化遗产的原有价值。旅游业的发展，能使人们认识到古村落、历史或民族小镇独特的文化遗产的价值，促进遗产的保护，扩大遗产的影响，从而实现遗产资源保护机制的建立，使独特的村镇历史风貌的价值得到全社会的公认。通过旅游业的发展，还可以使得这些宝贵的文化资源不至于受到低级的开发性破坏。但另一方面也要防止旅游企业承包开发、短平快追求商业利益和游客低级感官刺激而盲目改造古村落，造成开发性破坏。

走中浦院

城乡统筹与农村改革发展

不至于受到低级的开发性破坏。但另一方面也要防止旅游企业承包开发、短平快追求商业利益和游客低级感官刺激而盲目改造古村落，造成开发性破坏。

第二，注重独特风味特产的开发。首先要体现在这些原有的、祖先留下来的各种各样丰富的、独特的产品开发利用上，体现在传承和创新独特的生产模式上。国际农产品贸易中流行"证明商标"，与一般的商品商标不同之处在于它为当地的地域性传统商品所共享，如法国的香槟酒就是香槟地区所有香槟生产者所共享。这是一条发展当地经济、富裕农民的好途径。村镇建设，就是要从历史传统中发掘出具有优势的农副产品，向传统的名特产品要"一村一品"，向科学技术要独特的产品，促进生活富裕。

第三，注重和谐自然景观的保护。历史文化名镇名村本身就证明了悠久的历史就是合理的存在，展示了人与自然和谐相处的一种典范；是现代人向历史、向古人学习如何善待自然、开拓生存发展空间的活生生的教材；同时也是社会、经济、生态三种效益相互平衡、相互促进的成功范例，是人类与自然和谐相处的历史见证。

第四，注重浓郁乡情民风的传承和开发。如果说优美的古建筑和村镇建设的格局是凝固的音乐，乡风民俗则是活着的文化遗产，是与自然和谐相处的独特的地方文脉的延伸和继承，是真实的历史文化的现代场景。充分保留、利用不同地域丰富多样的乡情民风，从服饰、歌舞、文字、习俗、物品、生产工具……一切与其他地区有所区别的独有的东西，都会激发游客们的好奇心，都是具有欣赏价值的旅游资源。

第五，注重乡村休闲生活的展示。农村许多地点和场景，在大多数城里人看来就是现代版的"清明上河图"，是人与社会和谐相处的见证，是人类精神回归的世外桃源，也是东方文明的缩影，是当地村民对自然、对环境、对社会各类矛盾的处理不急不躁、不走极端的中庸之道的体现，是健康、和谐的生活方式的延续。城里人一旦进入这些"世外桃源"，从现代繁忙、紧张、充满竞争压力感的都市生活中暂时"解脱"出来，就会充满欢悦的心情。乡村的质朴常常是城市人忧郁症的良药，这就是"农家乐"在全球持续兴旺的奥秘。

第六，注重优美田园风光的利用。如果说城市、工业是生产、消费、废弃物排放这种单向经济活动模式的象征，那传统的农村、农业则是受到大自然、生态系统启示的生产、消费、循环利用的循环经济模式的代表。正确的村镇环境治理和发展"农家乐"的方针，一定要体现"反向整治"的原则，即外国城镇、乡村没有的，我们中国要有；城市里没有的，农村要精心保留和展示，这样才能发

生态文明时代的村镇规划与建设

重点提示

第四，注重浓郁乡情民风的传承和开发。如果说优美的古建筑和村镇建设的格局是凝固的音乐，乡风民俗则是活着的文化遗产，是与自然和谐相处的独特的地方文脉的延伸和继承，是真实的历史文化的现代场景。充分保留、利用不同地域丰富多样的乡情民风，从服饰、歌舞、文字、习俗、物品、生产工具……一切与其他地区有所区别的独有的东西，都会激发游客们的好奇心，都是具有欣赏价值的旅游资源。

重点提示

第五，注重乡村休闲生活的展示。农村许多地点和场景，在大多数城里人看来就是现代版的"清明上河图"，是人与社会和谐相处的见证，是人类精神回归的世外桃源，也是东方文明的缩影，是当地村民对自然、对环境、对社会各类矛盾的处理不急不躁、不走极端的中庸之道的体现，是健康、和谐的生活方式的延续。城里人一旦进入这些"世外桃源"，从现代繁忙、紧张、充满竞争压力感的都市生活中暂时"解脱"出来，就会充满欢悦的心情。乡村的质朴常常是城市人忧郁症的良药，这就是"农家乐"在全球持续兴旺的奥秘。

展继承、充分地利用三大资源发展新农村。

第三个就是重点整治项目先行。村庄整治的重点和时序一定要根据农民生产生活的需要，逐村进行村民自行投票来确定。让村民主动提出他们所生活的村庄目前最突出的影响人居环境的问题是什么，切忌从上而下指令性"一刀切"来确定整治建设项目。特别要防止以城里人的观念、把城里人熟悉的办法简单带到农村去。要强调先公后私、以公带私，即要将投资集中在公共品的提供方面，突出解决一家一户无法提供的公共品。如村民们提出"喝干净水、走平坦路、使卫生厕、住安全房、用平价电"。这是最起码的生活保障。这几条做到了，就是最好的为民办事。据对北京市519户农户的调查表明，74%的被调查农户对居住现状满意和比较满意，不满意的仅占26%，满意程度较低的村庄基本集中在山区。南方某省的调查也证明了农民对住房的满意度最高。① 就是建设和整治公用品也要注重量力而行，梯次推进。尽管农民提出来喝干净水、走平坦路、使卫生厕、住安全房、用平价电，在许多经济不发达省区，也不可能一年内就可以全部解决，也应该梯次推进，将好事办实、实事办好。江苏省实施的"三体系一中心"，即以村级服务中心（100—200平方米）为中心，带动服务设施体系、村庄道路体系、村容清洁体系逐步建立，重点整治影响农民生活和生产环境的难点，中心带动，三管齐下，许多问题逐步得到了改善。

还有，要坚守村庄整治的"四底线"：即不劈山，不砍树，不破坏自然环境；不填池塘，不改河道，不破坏自然水系；不盲目改路，不肆意拓

---

① 参见韩俊等：《引导农民集中居住区存在的问题与对策思考》，国务院发展研究中心信息网"国研专稿"，2006年12月12日。

城乡统筹与农村改革发展

宽村道，不破坏村庄肌理；不拆优秀乡土建筑，不破坏传统风貌。这几项底线也是与上节所述的九项原则相联系的。

一个是按照城市模式进行村庄建设，花了大本钱建成的兵营式的"现代化"村庄。另一个是浙江省安吉县坚持"三不主义"，不拆一幢农民的房子，不砍一棵树，不填一口塘，低成本整治后的农村村庄呈现的景象。到底哪一种农村对城市人更有吸引力，哪一种农村是符合生态文明的村庄，我相信大家会作出正确的回答。

> **重点提示**
>
> 要坚守村庄整治的"四底线"：即不劈山，不砍树，不破坏自然环境；不填池塘，不改河道，不破坏自然水系；不盲目改路，不肆意拓宽村道，不破坏村庄肌理；不拆优秀乡土建筑，不破坏传统风貌。这几项底线也是与上节所述的九项原则相联系的。

在工作思路上，要确保"五重点"：一是村庄道路硬化。村庄之间、村庄内部的道路具有公共产品属性，是方便农民生活、提升居住质量、支撑农村经济社会发展最基本的硬件条件。近年来，我国不少地方村庄人居环境治理都取得了积极的成效，但还有不少地方，农村宅前屋后的巷道、村庄内部道路等基本是土路，"晴天一身土、雨天一身泥"，极不适应农民群众的需求。在推进新农村建设过程中，要重视解决村内道路建设，加大公共财政投入，积极引导村集体组织、村民投工投劳完善村内道路、桥梁设施建设，尽量采用当地材料、当地工法硬化路面。

二是村镇生活垃圾污水治理。近年来，还有不少地方，村庄垃圾和污水不处理，随意堆砌、肆意排放，严重影响村容村貌。在社会主义新农村建设中，各地要将创建公共卫生放在重要地位，加强农村生活污染治理。要尽量采用小规模、微动力、与原有生态循环链相符合的"适用性"环境保护技术。可结合各地实际，积极推进生活垃圾的分类收集和就地回收利用，坚持减量化、无害化，推行"户分类、村收集、乡运输、县处理"的农村生活垃圾处理方式。不能盲目把农村的垃圾运到城市搞集中处理。

三是加强农居安全。各地村庄还不同程度存在农房简陋破烂、结构安全隐患突出、抵御自然灾害能力低下等问题，需要地方政府充分重视，并抓紧予以解决。各地在村庄整治中，引导农房建设逐渐从单纯追求面积向不断完善功能转变，从单纯注重住房建设向注重改善居住环境转变，从简单模仿建筑和装修形式向更加注重安全和乡土特色转变，既满足抗震、通风、采光、保暖、消防、安全等建筑结构要求，也要适应现代农村发展，妥善考虑储藏、晾晒、团聚等方面的需要。要推进农村危房改造，采取多种方式优先解决农村困难群众住房安全问题。

四是改善人居生态环境。充分利用村庄原有的设施、原有的条件、原有的基础，按照公益性、急需性和可承受性的原则，改善农民最基本的生产生活条件，重点解决农村喝干净水、用卫生厕、走平坦路、住安全房的问题。加大村庄整治力度，要按照城乡统筹、以城带乡，政府引导、农民主体、社会参与、科学规划、分步实施、分类指导、务求实效的原则，充分依托县域小城镇经济社会的发展优势，推动村庄整治由点向片区、面上和县域扩展。依据《村庄整治技术规范》，完善村庄公共基础设施配置，推进农村生活污染治理，全面改善农村人居生态环境。

五是优先发展重点镇。近几年来，小城镇发展对地区经济发展的影响越来越大，涌现出了一批发展态势良好、带动作用显著的小城镇。城镇密集地区和大城市郊区小城镇重点发展深加工产业链和第三产业，承接中心城市的工业转移和改造升级。农业地区小城镇重点发展农副产品深加工工业，服务现代农业，逐步建立贸工农一体化经营体系。重点镇对于带动现代农业、为农村特色产业服务、改善农村人居环境作用明显。必须加大资金、政策支持力度，优先支持重点镇供水、排水、供电、供气、道路、通信、广播电视等基础设施和学校、卫生院、文化站、幼儿园、福利院等公共服务设施的建设，积极引导社会资金参与重点小城镇建设，改善人居生态环境，增强集聚产业和吸纳人口、繁荣县域经济的能力；结合农村经济社会发展和产业结构调整，推动现有规模较大的重点小城镇适度扩展行政权能，增强服务现代农业发展的能力，为周边农村提供服务；改善进城务工农民返乡就业创业条件，探索建设返乡创业园区，研究解决转移进城进镇农民的住房问题，推进农民带资进镇，引导农村劳动力和农村人口向非农产业和城镇有序转移。在经济比较发达的小城镇连绵区，还要做好小城镇之间的协调发展，鼓励小城镇之间建立跨行政区域的协作，统一协调区域性的公共设施和基础设施建设。

六 | 机制和制度

第一，推进村镇规划管理的规范化与制度化。

近年来，各地推动社会主义新农村建设，加大农村人居环境治理力度，取得了积极成效。但由于农村规划建设管理规范化和制度化严重滞后，扭转农村规划布局散乱、建设用地粗放、基础设施短缺、生活污染加重、生态环境恶化、村容村貌落后局面的任务十分艰巨。面对城镇化发展和新农村建设的新形势和新任务，促进城乡经济社会一体化发展的新要求，加强农村规划建设管理法律法规建设刻不容缓，必须尽快立法，解决农村建设活动管理法制不健全、无法可依的问题。

转变乡镇村庄规划编制理念。当前，乡镇村庄规划的实施情况不容乐观，除规划覆盖率不高、管理不严的原因外，规划编制质量与水平不高、建设用地规划标准不完善、相关制度不健全也是十分重要的因素。贯彻党的十七届三中全会精神，推进农村建设用地节约集约利用，保护耕地和维护国家粮食安全，必须转变规划编制理念，创新规划编制技术与方法，适应农村改革发展对乡（镇）、村庄规划的新要求。加大各级政府资金投入，吸引专业技术水平较高的队伍参与编制，全面提高乡（镇）、村庄规划覆盖率和编制质量；科学制定和严格实施村镇建设用地规划标准，落实最严格的耕地保护与节约用地制度，统筹协调建设、土地利用和生态环境等空间规划，逐步降低农村人均建设用地水平。要有基于反映农民真实想法的反馈修正机制，时刻注意农民的真正利益所在，修正各种错误的决策。村镇规划绝对不是一次性就完成或一劳永逸的设计，而是一个反复循环修订的过程。规划师不能够也不应该成为"算命先生"，修编规划无法预测出 10 年、20 年以后的变化，规划必须每几年进行反馈修订。

健全乡村规划建设管理制度。乡村建设规划许可是 2008 年初实施的《城乡规划法》中新设立的行政许可制度，是强化政府对农村建设行为管制，加强规划建设管理的重要行政手段。必须尽快制定村镇建设规划许可证管理制度的实施细则，切实将农村各项建设行为按法律规定纳入政府的管制范围，保证党和国家的相关政策落到实处，保障乡镇村庄规划的有序实施。

第二，强化村镇规划建设管理政府职能。

建立健全村镇规划建设管理机构。基层村镇规划建设管理的任务十分繁重，一方面需要深入广大农村和农民群众，面对面管理和服务的对象数量大、分布散，对人力和经费的投入要求较高；另一方面业务范围广，涉及规划编制与管理、农房建设全过程管理、农村基础设施建设管理等多个不同专业领域，对专业技术的要求高；同时，管理工作责任重大，不仅直接关系农民的生命财产安全，而且关系农村建设大额投资的效益水平。贯彻落实党和国家对农村的各项方针政策，推进新农村建设，关键在县乡党委、政府，切实将村镇规划建设管理纳入党委和政府的日常工作。加强村镇规划建设管理，关键是强化县乡政府的村镇规划建设管理职能，加强机构与队伍建设，配备精干的专业技术人员和管理人员，保证必要的工作经费。

创新基层村镇规划建设管理与服务机制。农村建设涉及范围广、环节多，实践证明单纯采用传统的政府管理模式行不通，有的管不了也管不好，有的成本还太高。必须立足各地实际，因地制宜探索符合农村建设特点的管理模式，加强基层村镇建设管理与服务。一方面，创新基层政府村镇建设管理模式，推行推进分局管理制，如大乡（镇）设分局、中等乡（镇）联片设分局、小乡（镇）巡回管理等，合理配置管理权限和管理力量。另一方面，积极制定优惠政策和完善相关制度，鼓励和引导专业化社会组织为农村建设提供规划、建筑设计、施工、建材、竣工验收、适用技术与设备等全方位服务，寓管理于服务，不断提升农村建设的组织化水平和科技含量水平。

第三，建立村镇规划建设民主管理机制。

　　村庄规划是农民自己的规划，广大农民的参与是保证规划顺利实施的前提。维护和保护好农民合法权益是村镇建设管理的出发点和归宿，必须建立和完善村镇规划建设管理农民参与制度，充分保障农民知情权、参与权、表达权、监督权，尊重农民的主体地位。编制过程中必须充分征求农民意见和建议，采取民主程序，由农民决定村庄整治的内容与方法，实行一事一议，由农民投票决定整治或建设项目。村庄整治、重要项目建设、宅基地分配与建房、农村集体经营性建设用地使用权转让等重大事项必须坚持公开、公平、公正原则，规划报批前履行公示和农民或农民代表大会同意程序。凡涉及农户自身利益的事项，如农房拆迁等，必须征得农户的书面同意。

　　遵循"从各地实际出发，尊重农民意愿"和"通过农民辛勤劳动和国家政策扶持"的原则，建立政府引导和农民自主参与的机制，突出农民主体地位，积极引导农民对直接受益的公益设施投资投劳。推进农民自我管理、自我服务，教育和引导农民，发挥自力更生、艰苦奋斗精神，通过辛勤劳动建设家园。引导农村"五老"（老党员、老干部、老教师、老退伍军人、老劳模）等热心公益事业、具有公信力和号召力的人士，成立民间村镇建设社会组织，积极参与村镇规划、公共设施运营维护管理等公共事务。比如，将环境治理、设施维护等内容编成"三字歌"、编入村规民约，强化农民讲卫生、爱护环境的意识，形成共同关心公共事务的氛围。要通过农民自立、村庄自治、村民自筹、上级补助、乡规民约管理、村民投票来确定村庄整治决策，公开账目，让农民相信社会主义新农村建设进程中的村庄整治完全是为了农民自身利益，为了农村、农民、农业的复兴，为了生态文明的建立。同时，通过农民民主决策，对道路、路灯、绿化、卫生等实行门前"三包"，依靠村容监管小组实施义务管理，通过理财小组对整治经费支出进行监督。通过民主的办法，实施农村公共设施的运行维护管理。

　　第四，建立健全公共财政支持村镇建设的制度，推动城乡公共服务均等化。

　　与城市一样，村庄内部和村庄之间的供水、道路、燃气、供电、环卫、公共活动场所、垃圾与污水处理等设施，一般都属于公共品或准公共品，无法由市场提供或无法完全由市场提供，需要政府的直接干预或通过其他公共组织提供。长期以来，由于缺乏政府公共财政等公共资金支持，农村人居环境公共设施十分落后。推进城乡经济社会一体化发展，实现建设社会主义新农村战略任务，改善农民生产生活条件，引导农民工返乡创业，启动农村消费，关键在于促进城乡公共服务均等化，完善农村人居环境公共设施。在小城镇和农村地区收取的城市建设维护税、建设配套费和市场管理费等，优先用于农村人居环境公共设施的建设与管护。必须建立城乡统一的公共设施建设公共财政投入制度，以国家专项税收、国债、土地出让收入等资金为支撑，综合运用公共财政的示范与调控作用，引导更多信贷资金和社会资金投入，保障农村人居环境公共设施建设有稳定、可靠的资金来源。

推进城乡公共设施共建共享。统筹城乡发展，最需要先行的是基础设施。改善农村公共设施配套水平，必须坚持因地制宜和差别化路子。在城市周边地区和城镇密集地区，要依据规划，统一建设一批覆盖城镇和农村的区域性公共设施，推动城镇公共设施向周边农村地区延伸，以城带乡，逐步实现农村供水、污水垃圾、公共交通、科教文卫等公共设施共建共享。在广大传统农业地区，按照城乡公共设施的分级配套与空间整合要求，优先配置关系人民群众安全和生存的基础设施项目。根据村落聚集的不同，因地制宜，既要建设一批相对集中、为周边村庄服务的片区型基础设施和公共设施，也要建设一批为分散村庄服务的独立基础设施和公共设施。公共财政要优先支持服务农村的共建共享的基础设施建设。已经安排公共财政支持的项目，要严格按照规划实施，保质保量完成。

第五，建立长期稳定的以奖代拨的城乡财政转移支付的投入机制。

要对村庄整治资金进行捆绑，引入竞争机制，奖勤罚懒，奖廉罚贪，以奖代拨，以补促投，以政府的补贴来促进社会的投资，发挥"四两拨千斤"的作用。《中共中央国务院关于推进社会主义新农村建设的若干意见》要求，政府应根据村庄人居环境治理目标，结合公共财政能力，提出并公开发布村庄建设和人居环境治理指导性目录，安排专项资金用于支持编制村庄规划。韩国"新村建设"中也出现了部分新村运动主席贪污腐败损害了运动形象的教训，但是韩国的村庄整治办法总体上比较有效。韩国人在新村建设过程中，不是从上而下确定整治项目，而首先是发放水泥等实物进行援助。根据农民的需求主要是先解决路难走的问题，每个村庄 300 袋水泥，村民自己决定建设用途，但是不能私分到户。第二年，再发 500 袋水泥，再发一点钢筋。1970 年到 1980 年，每村获得水泥 84 吨，钢筋 2.6 吨。而我国有些地方盲目进行村庄整治，不管农民需要不需要，都统统给他们建"活动室"或盲目进行"化"等等，这实际上是资源的浪费。

第六，完善村镇规划建设的多方参与制度。

城市支持农村，工业反哺农业，除了传统的筹资机制以外，应该鼓励结对帮扶。根据村庄整治的近期目标和农民的意愿，帮扶单位出钱、出力、出关系为农民解决实际难题，提供实际帮助。

但是结对帮扶一定要按照规划进行，不能认为结对单位擅长什么专业，农民就得要承受此类专业服务，一定要根据村庄整治的近期目标和农民的意愿，帮扶单位出钱、出力、出关系为农民解决实际难题，提供实际帮助，而不是"替"农民解决"问题"。同时要签订协议，明确帮扶职责，并公之于众，力戒"打一枪换一个地方"，防止短期行为。要通过村镇规划来协调各个渠道的资金和物资，投到农民最需要的公共服务项目中去，而不是"天女散花"或者体现部门的政绩。要运用规划统筹协调城乡公共品的提供和优化服务，比如说垃圾的收集、污水的处理、公共交通、医疗、教育。但是不能所有的项目都盲目地进行一体化的改造。比如，说能源供应模式，城乡应该是有区别的，城乡建筑的结构和模式也是有区别的。要注意城乡的差别，在差别的基础上来均等地提供公共品，而不是盲目平均地提供公共品。

近年来，国家和地方政府加大了对农村公共设施的投入力度，农民和集体经济组织也积极参加公共设施建设，建成了一批建在农村、服务农民的公共设施，存量资产不断增大。必须区分公益性和经营性，加强对这些公共设施的运行与维护管理，保证长期使用效益。能够引入市场机制的，要通过公开、公平、公正的方式，积极实施市场化管理，如自来水等设施。不能引入市场机制的，要及时建立民主管理制度，通过协调明确以公共资金或自筹资金的方式，解决好运行维护管理问题，如环卫保洁、绿化等。

当前，搞好村镇规划建设管理，除了要避免简单套用城市建设和工业发展的模式来推进城乡"同质化"建设外，还要认真探索和研究如何确立符合生态文明发展和有序城镇化原则的城乡互补协调的科学模式，树立乡村治理的正确方向和目标，把握城镇化发展高潮中村镇建设的机遇和成功应对面临的挑战，以全球的视野科学分析总结以往农村建设和乡村治理的经验和教训，理性地剖析当前村镇规划建设中存在的问题和产生的根源，从而有针对性地提出村镇建设的思路与对策，确立符合生态文明要求的村镇规划建设原则。在具体工作中，坚持"三先行"、"四底线"、"五重点"和"六机制"，提高村镇规划建设管理的科学性和可持续性，促进社会主义新农村建设的健康发展。

全国县委书记培训班

2008 年 11 月 17 日

城乡统筹与农村改革发展

稳步推进**农村土地**制度改革

徐绍史

讲座时间： 2008 年 11 月 16 日

作者简历： 徐绍史（1951—　　），男，浙江宁波人，经济学硕士。1969 年 4 月参加工作，曾担任地矿部政策法规研究室干部、部领导秘书，部办公厅副主任、主任、广东省地矿局副局长等职。1993 年 10 月起，任国务院办公厅秘书一局副局长、局长。2000 年 12 月任国务院副秘书长、机关党组成员。2007 年 4 月任国土资源部部长、党组书记，兼任国家土地总督察。2007 年 10 月当选为中国共产党第十七届中央委员会委员。

内容提要： 本文首先从六个方面详细梳理了城乡土地管理的进展和问题，指出农村土地存在产权不够明晰，使用权不够规范，收益分配不够公平的突出问题。然后，对党的十七届三中全会通过的《中共中央关于推进农村改革发展若干重大问题的决定》（以下简称《决定》）当中关于健全严格规范的农村土地管理制度，解读了其内涵、定位、原则和目标任务以及六项目标任务当中要做的一些事。最后提出用五条建议，包括红线不能碰、潜力在脚下、平台在手中、保障农民权益、稳步推进改革等，帮助学员破解县域经济发展面临的土地难题。

首先，我非常感谢学员们来参加我们的交流，我也要感谢中央组织部、中国浦东干部学院给国土资源部一个机会，来给大家就农村土地管理制度改革问题作一次交流。

　　我知道在座的县委书记们，学历都很高，年纪也很轻，而且你们的岗位也非常重要，你们对农村工作非常熟悉。我虽然也在农村待过，但是我所知道的跟各位比起来只是一些皮毛。我想我今天尽可能地努力，不要让大家失望。今天我就想利用这一个半小时时间，给同志们介绍点情况，谈一点学习党的十七届三中全会精神的体会，就贯彻三中全会《决定》特别是农村土地管理制度改革问题，提一些建议。如果有时间的话，我们再作一些探讨，目的就是希望引起我们更多的思考和探索。今天我给大家汇报三个问题。

第一个问题，要深入分析、正确认识城乡土地管理面临的形势

　　三中全会的《决定》提出了要健全严格规范的农村土地管理制度。这是中央根据农村土地管理的现状，农业改革发展的大局作出的一个战略决策。我觉得它意义重大，影响深远。我们改革开放30年来，农村的改革为整个经济社会发展，为工业化和城镇化作出了巨大的贡献。但是随着工业化和城镇化进程的加快，土地管理方面，矛盾是越来越集中。所以，国土资源部的系统，整个全国的国土资源系统，党中央、国务院也都是这么认为，土地问题，当前矛盾突出，今后压力很大，任务非常艰巨。

　　我想分六个方面，简单给大家介绍一下城乡土地管理的进展和问题：

　　（1）一方面，政府对土地开发利用的调控能力在不断地加强，土地的开发利用，有力地支持了经济和社会的发展，特别是工业化和城镇化的高速发展。这些年来，国务院利用土地这个闸门，从土地供应的总量、布局、结构、时序上来调控经济和社会的发展，应该说取得了很好的效益，而且保证了工业化和城镇化的发展。我们有个统计数据，1996年到2007年，我们农村为经济社会发展各项建设提供了5468万亩农用地，同期，我们的城镇化率也由30.5%上升到44.9%。但另一方面，土地的开发利用也积累了不少矛盾和问题，也隐含着一些隐患和一定程度上的不可持续性。

　　（2）一方面，国家对耕地保护政策措施不断强化，我们国家的耕地平衡也得到了改善。我们也有一些统计数据，1991 年到 1996 年平均每年建设占用耕地 441 万亩，1997 年到 2007 年非农建设占用耕地平均每年是 311 万亩。按年均来看，后 10 年比前五年要下降了 30%。与此同时，我们还努力地来补充耕地，1997 年到 2007 年，我们通过土地整理复垦和开发，平均每年新补充的耕地 390 万亩。所以，耕地的平衡得到了进一步的改善。但另一方面，耕地保护的责任机制和长效机制还不够健全、不够完善。所以，我们国家耕地的隐性流失还是比较严重的。

（3）一方面，市场机制在土地资源配置当中发挥着越来越重要的作用，它为各类建设提供了重要的资金来源。土地有偿使用，推进土地管理的建设使土地的价值充分地体现出来。2001 年到 2007 年全国土地出让总价款达到 4.17 万亿元，有力地促进了经济和社会的发展。现在不少地方，土地出让金占财政收入的比重有的要到 50%，多的可以达到 60% 还要多。所以这为经济建设作出的贡献也是非常大的。但同时，另一方面，由于制度不够完善和监管不够有力，集体的土地又不能直接入市，有些地方的政府过度地征地，侵害了农民的土地财产权益。

（4）一方面，明确界定和保护农民的土地权益，我们取得了重大进展。从承包来看，稳定了农民的承包权益，也就稳定了农业生产，确保了农民增收。征地制度的不断完善，又保证失地农民当前生活水平不降低，长远生计有保障。但是另一方面，承包经营的期限还不够长，在相当一部分地方，承包地的调整也比较频繁，所以农民经营承包地权益还保障得不够，我们的征地补偿制度还不够科学。所以，农民在农用地转用方面，没有充分受益，因此纠纷频繁，上访不断。

（5）一方面，土地管理的法律法规在不断地健全，以《土地管理法》为主干，《土地管理法实施条例》、《基本农田保护条例》为补充，再加上国务院的一些规范性文件，应该说土地管理的法律法规体系已经基本形成。而且从中央到地方，各级政府的法制意识在不断地强化，依法行政的能力在不断地提高，所以城乡土地管理总体的局面应该说是不错的。但另外一方面，我们的法律法规还不能完全适应新的情况，新的形势，而且一些地方法制意识淡薄，依法行政的能力还不够强。因此，土地的违法违规现象依然比较严重。2007 年 9 月到 2008 年 1 月，我们搞了一次全国土地执法的"百日行动"，针对着以租代征、擅自扩区设区和土地未批先用、未批先占这三个方面的违规违法问题，进行了全面的清理。最后清理出土地违规违法的宗数是 3.2 万宗，涉及土地面积是 336 万亩。在百日行动当中，追缴罚没各种款项将近 20 亿元，拆除各种建筑将近 2000 万平方米。那么，在这些违规违法当中，负有责任的领导干部也好，企业主也好，大部分都是我们一些公务人员和领导干部。我们全国往检察机关移送了 3800 人，有的已经触犯刑律所以向司法机关移送了 2700 人。如果按照 2800 多个县（市、区）算的话，一个县差不多两个人还要多一些。最近，我们又在搞第八次卫星遥感检查，对 86 个城市的土地利用情况进行检查，时间段是 2006 年 10 月到 2007 年 10 月。土地违法违规总体呈下降趋势，但是个别城市也出现了比较严重的反弹，这次清除土地违规违法的宗数是 8700 宗，涉及耕地面积是 27 万亩。现在土地违规违法出现四个特点，省、自治区、直辖市这一级，违规违法批地基本上没有；地（市）这一级，县（市）这一级，违规违法批地依然存在。这是一个特点。第二个特点是地（市）这一级默许纵容，有的甚至操纵让县和乡（镇）违规违法。第三个特点，违规违法用地逐步向下到乡（镇）、到村一级。第四，违规违法由东部地区向中西部地区蔓延。这四个特点非常明显。那么我们说土地违规违法危害是非常严重的，它危害了耕地保护的目标，也危害了宏观调控的实施，也危及国家法律的尊严，法律等于虚纸，还危及政府的公信力。现在政府是土地违规违法的主体。本来政府是应该依法行政，响应中央调控的号召，坚守 18 亿亩耕地，结果政府成了违规违法的主体，更严重的是我们毁掉了一批干部。所以，国务院对这个事情也是非常重视。

（6）一方面，我国的耕地资源十分稀缺，它承载着我们这个民族的生存和发展。我们国家的耕地，正如大家知道，18.26 亿亩。耕地的特点是"三少"：第一是耕地人均少。人均耕地少，人均只有 1.38 亩，只是世界平均水平的 40%。京津沪、浙江、福建、广东这六个省（直辖市）人均拥有的耕地已经低于联合国粮农组织划定的警戒线，联合国划定的警戒线是 0.8 亩。人均耕地少。第二是优质耕地少。18 亿亩耕地中优质耕地、高产田和中低产田大概是三七开。30% 的高产田大部分集中在东南地区，也就是这几年工业化和城镇化占得最多最快的。我们还有接近 1 亿亩耕地受到污染。第三是耕地后备资源少。我们国家理论上还有 2 亿亩的耕地后备资源，但是水土光热条件比较好的只占 40%，只有 8000 万亩。耕地的资源非常稀缺。为什么一定要保护 18 亿亩耕地呢？"十一五"规划就要求粮食年产量要达到 1 万亿斤。2008 年我们战胜严重的自然灾害，夏粮也好冬粮也好，都获得丰收，而且突破 1 万亿斤，这是个好消息。但是，从长远看，我们考虑到人口的增加、生活水平的提高和需求的变化，又综合考虑到单产提高、粮经比例和复种指数，把这六个因素一起考虑，我们人口高峰年要做到粮食基本自给，一定要有 1.4 万亿斤的粮食，这 1.4 万亿斤的粮食必须有 18 亿亩的耕地。所以同志们要清楚，它就是这么一个测算而算出来的。所以，耕地资源十分稀缺，但支撑着我们民族的生存和发展。这是一个方面。另一方面，我们土地开发粗放浪费。从城市来说，盲目地扩张，建设贪大求洋，人均城市建设用地现在已经到了 133 平方米，国家的标准是 100 平方米。城市的土地 40% 是低效利用，50% 闲置，土地闲置的现象非常严重，到 2006 年的时候全国闲置的土地有 400 万亩。工业用地的比例太高，一般的城市都要达到 20%—40%，国际上的经验数据，城市的工业用地最好不要超过 15%，否则这个城市的环境宜居程度就要受到影响；而且工业用地的产出效率很低，不是一般的低，非常低。从 1997 年到 2007 年，城市建设用地从 5.5 万平方公里上升到 8 万平方公里，上升了将近 50%，扩张得非常快而且使用非常浪费。从农村来看，农村的居住用地也在不断地扩大，空闲住宅、空心村，根据不完全的统计要达到 10%—15% 左右。农村的人均居住用地 1996 年的时候人均是 193 平方米，到 2007 年已经上升到人均 218 平方米。同志们也知道，1996 年到 2007 年农村有 1.23 亿人口转移到城市，但是农村的居住用地同期反而增加了 130 万亩，所以农村居住用地和农村人口的迁移成逆向发展。产生这些问题的原因很多：一方面是我们特殊的资源国情；另一方面我们正处于一个特殊发展阶段。当然，还有长期积累下来的一些深层次矛盾和粗放的经济增长方式，等等；也与我们的工作跟不上，改革跟不上有很大的关系。从农村

稳步推进农村土地制度改革

土地管理的进展和问题来看，也同样说明存在这么一种矛盾现象。农村三块地：承包地、宅基地、集体建设用地。承包地由于没有完整、长久而有保障的经营权，因此在大部分欠发达地区，土地流动不畅，农民也不怎么养地，承包也不够稳定；在经济发达地区特别是城乡结合部，承包地的流转在加快，但是也是流转不畅、流转不规范。宅基地的情况，因为宅基地是福利性分配的，一户一宅，而且各个省、自治区、直辖市都有自己的标准，农民的宅基地基本有保障。最近几年，由于建设指标的紧张，一些地方没有指标也出现了在自己的耕地上建住宅的问题。但是，宅基地更突出的问题是福利分配，不占白不占，能多占就不少占，标准也在不断地提高，而且宅基地也还没有退出机制，所以宅基地的管理也面临很突出的问题。集体建设用地首先要满足农村宅基地的需要，第二要满足农村的各种公益设施建设，第三发展乡镇企业。但是，现在集体建设用地的流转在发达地区也在加快，而且使用也很不规范，大量的以租代征都发生在农村集体土地上，所以大体是这么个情况。

那么问题在什么地方？我们感觉到就农村来看，农村集体土地存在着两个比较突出的问题：一个是农村的土地单向地向城镇转移，引起了耕地资源的流失和浪费，农民没有充分享受到土地有偿出让的增值收益，也没能完全在集体土地上直接从事非农生产，直接参与工业化和城镇化的进程。这是一个问题。第二个问题是农村集体土地产权不明晰和集体成员平等，因此造成地权分散，经营细碎。

农村的土地归根结底可以用三句话来概括，就是产权不够明晰、使用权不够规范、收益分配不够公平，核心在这个地方。就整个城乡土地管理来看，最突出的问题就是我们的土地制度、土地市场、土地的法律法规当中的二元结构问题没能完全解决，所以导致城乡土地管理中的这些问题。

第二个问题，要积极探索、稳步推进农村土地管理制度的改革

党的十七届三中全会的《决定》指明了农村土地管理改革的方向和重点，并且对农村土地管理制度的建设和创新作出了全面的部署。我们感觉到三中全会的《决定》对土地管理的要求更严了，对农村土地管理制度改革的要求更高了。所以，眼下最重要的就是要准确把握精神实质，积极探索改革路径，抓紧完善制度政策，稳步推进各项改革，要努力防止认识理解上的偏差及可能带来的问题，要避免工作指导上的偏离可能造成的后果。所以，三中全会《决定》发布之后，中农办的陈锡文主任举行过一次新闻发布会。昨天陈主任已经给大家讲课了。我们部经过国务院批准 10 月 28 日召开了一次全国的电视电话会议，邀请各个省、自治区、直辖市，各个地（市），具备条件的各个县（市），分管国土资源的政府负责人和秘书长出席。结果那次的电视电话会一共有 2022 个会场，出席会议的人数达到 11.5 万人，我们把我们对三中全会《决定》的一些理解、体会向大家作了次汇报，而且提出了一些要求。那么，我们现在最重要的任务就是很好地理解三中全会《决定》有关农村土地管理制度改革的一些精神实质。

第一，要准确把握农村土地管理的基本内涵。这个基本内涵实际就是三方面内容：一个它的定位，定位就是基础制度。《决定》讲得非常清楚，农村土地管理制度是农村的基础制度，它就确定了这个制度的基础地位，所以农村土地制度改革跟制度创新、建设创新的其他六个方面的制度都紧密相关，与整个农村改革发展的工作也紧密相关，所以这条建议大家把握住。

第二，就是原则。原则，《决定》也讲得很清楚，要按照产权明晰、用途管制、节约集约、严格管理的原则来完善农村土地管理制度。产权明晰、用途管制、节约集约、严格管理就是农村管理土地管理制度的四个基本的原则。这四个基本原则涵盖了农村土地管理制度建设和创新以及农村土地管理的整个过程，都必须按照这四个原则来办事。

第三，要大家把握的是目标任务。目标任务可以归结为六个方面：第一就是实行最严格的耕地保护制度，坚守18亿亩耕地红线。第二是要实行最严格的节约用地制度，严格控制城乡建设用地的总规模。第三要搞好土地的确权，登记颁证，加强农村土地的产权制度建设。第四就是要推进征地制度的改革，维护农民的土地财产权益。第五要逐步建立城乡统一的建设用地市场，加快城乡经济发展为一体化的建设。第六就是要抓紧完善相关的法律法规和相关政策，规范推进农村管理土地制度改革。它的目标是要形成耕地得到切实保护，各类用地得到基本保障，土地的资产效益充分体现，农民的权益得到有效维护这么一种土地管理的新的格局。为了便于同志们记忆，也考虑到农村的基本经营制度，大家可以这么记，第一是"两个严格"，严格的耕地保护制度，严格的节约用地制度。第二是"两个市场"，《决定》要求建立承包经营权的流转市场，建立城乡统一的建设用地市场。第三要保护"两个权益"，一个是承包经营权益，承包经营权的占有、使用、收益等权益。《物权法》颁布之前，农村土地承包经营权学界业界基本认为还是个债权；《物权法》颁布之后已经认定农村承包经营权是物权，还要保护农民宅基地的用益物权。"两个严格"、"两个市场"、"两个权益"。要做好土地的确权登记颁证工作，推进征地制度改革，抓紧完善制度政策，这就是《决定》在农村土地管理方面提出的目标和任务。

下面我非常简要地把这几项目标任务当中，我们在做和想做的一些事给大家汇报一下。

第一是落实最严格的耕地保护制度，坚守18亿亩耕地红线。回良玉副总理在全会期间对《决定》作了一个说明，对六个问题作了说明，其中就谈到耕地保护问题。他作这个说明是为了统一全党的认识，所以谈到耕地保护的时候，回良玉副总理讲了这么几句话："形势异常严峻，难度相当之大，没有任何退路。"他说要坚守这18亿亩耕地的红线，只有不折不扣地贯彻落实最严格的耕地保护制度。那么，在落实耕地保护制度方面大概有四个方面的工作要请大家关注一下：一个要强化规划的统筹和控制。现在各地正在修编土地利用总体规划，所以请各位县委书记一定要把耕地

城乡统筹与农村改革发展

中浦院

的保有量，把基本农田的面积都抓紧落实到规划当中去，而且要用土地利用总体规划来统筹城乡建设规划，铁路、公路、港口、民航，包括能源等各项基础建设规划。各项专项规划和城乡建设规划都必须符合土地利用总体规划。做规划的时候还要按照中央要求的那样，划定永久基本农田，建立保护耕地补偿的机制，要确保基本农田数量不下降，用途不改变，质量有提高。这是一项工作。第二，要严格耕地占补平衡。《决定》也讲得非常清楚，今后耕地的占补平衡，要先补后占，而且绝对不容许搞跨省、自治区、直辖市的占补平衡。第三，要继续推进土地的整理。《决定》也讲得很清楚，整理出来的土地首先要复垦为耕地，集体建设用地要满足农村公共设施建设的需要，还有富余的指标，可以在符合规划、纳入计划的前提下调剂到城镇去用。但是，土地的级差收益应该拿回来，反哺农村来改善农村的生产生活条件。第四，要严格考核落实共同责任机制。我们也正在和各地研究，要加强各地保护责任制的检查考核工作，这块工作还会继续推进，这是一项工作。

第二是落实最严格的节约用地制度，来严格控制城乡用地的总规模。这项工作主要也应该从规划标准、市场配置和评价体系等方面去推进。规划就是要严格按照规划来统筹来管控，同耕地保护是一样的，要统筹其他各类建设规划，特别是城乡建设规划。城乡建设规划一定要符合土地利用总体规划，各种基础设施建设、布局、规模也应该符合土地利用总体规划。还要完善节约用地的标准，严格地贯彻落实。现在对于工业建设和其他各项建设都有用地的标准，这些标准需要各级政府，包括企业严格予以遵守。

要深化有偿使用的改革。2008年国务院发了一个3号文，关于节约利用土地的一个通知。按照这个文件的精神，我们准备花5年，最多不超过8年，除了军事用地、特殊用地和保障型住房用地实行行政划拨之外，其他的土地都要逐步地实行有偿，来遏制过度征地，粗放浪费使用土地这么一种势头。要建立节约用地的评价考核制度。在这一次学习实践科学发展观活动中，我们也把土地耕地保护、节约用地的一些指标建议纳入地方政府的经济社会发展的综合评价指标体系里去，纳入地方考核指标里去。我们向中央相关部门提出了建议，现在也正在研究。这是最严格的节约用地制度。

第三项工作就是农村土地的确权登记颁证工作。那么，我们说农村的承包地、农村的宅基地、农村的集体建设用地都需要确权登记颁证，包括大量的林地、草地、园地，也都需要确权颁证，这个确权颁证就是集体所有权证和集体使用权证。那么，我们说土地的确权登记颁证，就跟身份证一样，承包经营权证、林权证和其他各种权属证件，就类似于我们每个人所持有的工作证一样。就是这块地属于谁的？是土地权证；这块地是干什么的？这个权是谁的，类似于工作证。所以，土地确权颁证工作希望得到各个县的支持。我们正在搞全国第二次土地调查，从2007年7月1日开始，用3年的时间，花130亿元要搞好土地调查。在土地调查过程中做好确权登记和颁证工作，特别要加强入市土地的确权登记和颁证，尤其需要注意土地承包经营权流转当中的"三个不得"：不得改变土地所有权的性质，不得改变土地的用途，不得侵害农民的权益。

第四就要推进征地制度的改革，征地制度的改革实际上党的十六届三中全会都已经提出了。征地制度的改革最核心是两个问题：一个问题是要逐步缩小征地的范围。所以这一次《决定》提出，在土地利用总体规划划定的城镇范围内，不管是公益性建设还是非公益性建设要使用农村土地，一律由国家征收，征收之后再进行开发经营。但是，全国土地利用总体规划划定的城镇以外的农村

城乡统筹与农村改革发展

集体建设用地，如果是公益性建设项目，继续由国家征收；如果是经营性项目，农民就有权利以多种方式参与经营和开发。试图用这个办法来逐步缩小征地范围。征地改革制度第二个要点就是要完善补偿机制。现在比较多的是单一货币补偿办法。农民当前生活水平不下降，长远生计有保障非常难。一般各地的做法都是这一块：土地前三年平均产值的 16 倍，最高一般不高过 30 倍，再加上青苗赔偿费，加上地上附着物的一些赔偿费。这些钱花完后，失去土地的农民的生活、社保很难再有着落，所以现在信访量比较大的，信访工作比较突出的也是补偿制度不够完善这个问题。征地制度改革还有一个很重要的就是要同地同价，要逐步建立城乡统一的建设用地市场。

第五，逐步建立城乡统一的建设用地市场。城市的建设用地现在的交易是比较规范的，除了少量的划拨之外，大部分是出让。出让分两种：一种是协议出让，还有一种就是招拍挂。我昨天到上海看，上海的土地交易中心操作非常规范。那么关键是农村集体土地流转，农村集体土地流转在东部地区，一些地方进度正在加快。但这项工作是非常复杂的一项工作，比如说项目的认定，这个建设项目到底是不是经营性的。项目的认定、审批的程序、信息服务、市场建设，特别是收益分配，都需要有规范的规定和做法。所以，我就想跟同志们说，这是一项非常复杂的工作，在农村集体土地流转这方面，一定要慎之又慎，这块搞不好，耕地也保不住。耕地对农民来说，既有生活保障的功能，也有社会保障的功能，所以问题就会比较严重。所以，集体土地流转请大家一定要在有了规范办法之后，再来稳妥地予以推进。

重点提示

关键是农村集体土地流转，农村集体土地流转在东部地区，一些地方进度正在加快。但这项工作是非常复杂的一项工作，比如说项目的认定，这个建设项目到底是不是经营性的。项目的认定、审批的程序、信息服务、市场建设，特别是收益分配，都需要有规范的规定和做法。所以，我就想跟同志们说，这是一项非常复杂的工作，在农村集体土地流转这方面，一定要慎之又慎，这块搞不好，耕地也保不住。耕地对农民来说，既有生活保障的功能，也有社会保障的功能，所以问题就会比较严重。所以，集体土地流转请大家一定要在有了规范办法之后，再来稳妥地予以推进。

稳步推进农村土地制度改革

第六，抓紧完善相关的法律法规和配套政策。规范推进农村土地管理制度改革，这里主要是"立改废"，跟大家的关系并不是很大，但是有一项工作要请大家支持，法律法规和配套政策的无非就是"立改废"三项，我们需要总结各地成功的经验，上升为制度，规范化。这项工作也请大家予以支持。

对三中全会《决定》当中关于健全严格规范的农村土地管理制度，我们要把握住它的内涵，就是它的定位、它的原则和它的目标任务以及六项目标任务当中要做的一些事。

第三个问题，要共同破解县域经济发展面临的土地难题

我想通过这个题目给大家提五条建议。县域经济非常重要，占到我们国家国内生产总值的70%还要多一些，生活在县城的人口也要占到我们国家总人口的70%。所以，县域经济实际上是国民经济的一个最基本单元，它也是城乡经济发展一体化的一个重要平台。这些年来，县域经济有了长足的发展，但也面临着一些困难和问题，尤其是受到了资源和环境的约束，建设资金也比较匮乏。所以发展县域经济难度也比较大，县委书记们压力也比较大。在土地管理方面主要面临着三个问题：一个是耕地保护的任务重，第二建设用地指标少，第三是维护农民的权益难。这既是大家所碰到的问题，也是我们国土资源部门面临的问题。所以，我想我们应该很好地协作配合，共同探讨，努力破解这些难题。

我的第一条建议，就叫红线不能碰。就是要依法依规批地用地，严格土地用途管制，坚守耕地红线。怎么才能做到红线不能碰？这里有四个方面大家可以来把握：第一就是要坚守四条线。这四条线就是土地利用总体规划线、土地年度计划线、耕地保有量和基本农田面积。这四条线同志们千万别去碰。第二项就是要严格土地用途管制。土地用途管制是国际土地管理的通行原则，就是农地农用，农地农民用。这个农民的外延可以稍微扩大一些，搞农副产品加工，搞种植业养殖业的一些企业，也是可以和农

城乡统筹与农村改革发展

民结合在一起，来用这些农地。农地要转为非农用，需要经过严格的审批。国务院规定，动用1亩基本农田，动用35公顷耕地，动用70公顷农用地，都需要由国务院批。所以用途管制是大家一定要予以关注的。第三就是要确保耕地的占补平衡。现在耕地的占补平衡很突出。我们县里面可能自己有些建设项目要占用耕地，省、自治区、直辖市甚至国家的一些重点建设项目要占用你们这个县的一些耕地，都应该做到占补平衡。现在是只占不补，占多补少，占优补劣，这个倾向比较严重。所以，县委书记们一定要把握好，要做到占补平衡。这不仅仅是保护耕地，也是保护农民的权益。第四就是要严格土地执法监管。你们都有县的国土局，国土局相当一部分都有执法队，土地的执法监管一定要搞好。早发现早报告早制止，不要等到违法用地既成事实之后再来拆，损失也大，还要处理人。不但要处理事，而且要处理人。那么国土资源部对土地的执法监管，我们是充分利用法律手段、经济手段、行政手段和科技手段。我们要在天上看，网上管，地上查。从2009年开始我们就有全国的一张卫星照片，再把土地利用总体规划、土地的年度计划、土地的利用现状，整合到这张图上面去，违规违法就会清清楚楚。网上打开一看，再由各个土地督察局，各个省市地方的土地执法队，在现场作一些核对。现在现场核对，我们正在逐步配备车载的GPS定位系统和手持的GPS定位系统。只要到违规违法用地的现场转一圈，回到网上一比对，就知道这块地到底经过批准没有，是不是违法用地。有些地方还采取了一种非常简便的办法，每个建设工地竖一块牌，把土地批准的文件，把建设所占用的这块地的实质范围，建设的法人一公布，老百姓都能监督。2008 年 5 月 29 日我们国土资源部跟监察部、跟人力资源和社会保障部，三部联合发布了一个部令，叫《违反土地管理规定的处分办法》，这里边对违规违法批地用地作出了严格的规定。还有一项是硬指标，如果这个县一年违规违法批地用地超过建设用地指标当中耕地面积的 15%，那就要问责。所以，土地的执法监管，也建议各位县委书记重视起。我们县的干部也好，乡镇干部也好，包括一些村干部，现在大学生当村长的也很多，都很年轻，都很能干，发展也很有前景，千万不要在耕地保护问题上面去撞这条红线。所以，我的第一条建议是红线不能碰。

第二条建议，要严格控制建设用地总规模，走节约集约用地的新路。这条建议也可以归结为一句话，叫潜力在脚下。土地利用的潜力非常之大，但是我们长期习惯粗放经营，外延发展。所以一要上点什么项目，首先想起来就要指标。实际潜力是很大的，大在什么地方呢？这里首要的也是要科学的规划并严格实施土地总体利用规划，用土地总体利用规划来控制城乡建设用地的规模，这是一个最大的节约。如果规划相互重复，规划超过土地利用的规模，规划又不遵守各项节约集约用地的标准，那这是从源头上浪费。所以要用规划来统筹和严控。这是第一。第二要盘活存量用地。我刚才说了闲置地、空闲地、批而未供地、供而未用地、用而未尽地，各地都不少。我们东南沿海有些管理水平比较高的省份，多的就这几类地，上百万亩，少的也有二三十万亩，都可以清理出来。昨天我到上海的南汇，南汇区作了一次清理，它都能清出 3.2 万亩，由于各种原因闲置在那儿没有及时开发或者开发没有到位的。所以这一块潜力非常大。第三就是一些废弃地和一些未利用地的开发。要把它开发出来，利用起来，特别是中西部地区，未利用地的潜力是非常大的，未利用地开发出来就受保护。还有废弃地，工矿、企业建设的废弃地。河北邯郸搞的千矿万亩工程，就是废弃矿的地。通过整理之后，有的用做耕地，有的作为建设用地。河南搞的平窑复垦工程，平掉了很多小砖窑，增加耕地十多万亩。而且扶植起用煤矸石造砖的一个产业。所以这个潜力也很大。第四就是土地的二次开发。我们各个县差不多都有些小的工业园区，这个土地的利用效率并不高。所以，凡是进工业园区的项目，除了要符合产业政策和供地政策之外，应该提高它的投入强度，提高建设容积率，提高产出效率，这样才能使土地发挥更大的效益。第五就是要善于利用新的空间。《物权法》颁布之后，土地的开发利用是地下、地表、地上三个空间。我们往往比较习惯于利用地表这一块，地上和地下就利用得不够，所以这个新的空间也请大家考虑。这是第二条建议，归纳地说就叫潜力在脚下。

第三条建议，要推进土地整理复垦开发，实施农村建设用地减少和城市建设用地增加的挂钩试点，来构建新农村建设和城乡统筹的新的平台。这第三条建议归纳成一句话，叫平台在手中。土地整理复垦和开发是国土资源部多年来抓的一个项目，它的资金来源主要是新增建设用地补偿。这个补偿费最近几年全国来说，一年500亿元，70% 留给地方，30%集中到中央，中央再根据耕地保有量、基本农田面积、灌溉水田面积和粮食主产区四个权重，再分回到地方上去，这是一笔钱。第二笔钱是国家规定的，土地出让金纯收益的15% 要用于农业开发，主要用于土地整理复垦开发。一些省就集中这些资金，在农村搞耕地的整理，耕地沟渠去弯取直，田埂的规范。一般耕地的整理经验数据，通过整理之后耕地可以新增5%—8%。完了搞宅基地和集体建设用地的整理，我们讲的叫田、林、路、水、村的综合整治。居住向中心村和中心镇相对集中，企业向园区集中，耕地向规模经营集中，通过宅基地和集体建设用地的整理，可以多出很多建设用地。首先应该把这些建设用地复垦为耕地，来增加耕地的面积。如果还有富余的话，先要满足农村的各种公益设施建设，一些卫生所、小学校、村委会、幼儿园。还有富余的指标就可以在符合规划，纳入计划的条件下，调剂给城镇去用。城镇拿到这些指标之后，土地出让有增值收益，增值收益再拿回来支持农村的建设，来改善农村的生产和生活条件。现在越来越多的省份就把这个作为新农村建设，作为城乡统筹的一个平台。把土地整治的费用、农业综合开发的费用、以工代赈的费用、农村扶贫的费用、水利建设、退耕还林、中低产田改造等等，把这些资金集中起来打包，把土地整理、复垦、开发作为一个平台，来推动新农村建设和城乡统筹。国土资源部为了更好地做好这项工作，配合了一项改革，叫农村集体建设用地的减少和城市建设用地的增加的挂钩试点。我们要加大这项工作的力度，使得你的建设用地指标流转到城市来，让它合法化。解决城市建设用地指标不够的问题，同时又解决农村的生产和生活条件改善问题，所以这项工作建议大家予以高度的关注，也是可以操作的。这个是第三条建议，平台在手中。

第四条建议，要保障农民土地财产权益，完善征地补偿制度。这条建议归纳为一句话，叫要保障农民权益。首先就是要依法依规的征地，征地要符合规划，纳入计划，农地的转用一定要经过审批。过度征地对农民的利益损害是最严重的，这是第一。第二是征地之前，一定要履行告知、确认、听证这些程序，确保农民的知情权、参与权、监督权和申诉权。第三就是要合理地确定补偿的标准。我们跟各个省、自治区、直辖市研究，提出了区片综合年产值的补偿标准。这个要比现在农地前三年平均产值的16倍，再加上青苗补偿费，附着物补偿费，要高得多。所以，由2009年开始，由各个省、自治区、直辖市政府决定陆续地来实施这么一个标准，来进行补偿。第四就是要按照《决定》的精神，要拓宽农民安置的渠道。货币安置可以不可以？也可以。但是，必须保证农民当前生活水平不下降，长远生计有保障。各地为了很好地解决这个问题，也作了积极的探索。农地被征用之后，比如说搞"农家乐"，给每个农户10平方米的面积，或者门脸，再花钱买一点，或者是住宿。那么农民通常不会自己要10平方米，10平方米就作为股份入到"农家乐"的企业里面，参加分红就可以了。有些地方就把一些经营项目的门脸店给失地农民来经营。还有些地方在征地的同时，划出一小块让农民自己来开发经营。都在作一些探索，就是要拓宽安置的渠道，最终就是要做到像《决定》所说的那样，在就业、住房和社会保障上，做到全面的保障。当然，这是个过程，但是我们县委书记们重视这个问题，这个问题就会解决得好一些。这是第四条建议。

第五条建议，要积极稳妥地推进农村土地管理制度的改革。如果归纳成一句话，要稳步推进改革。土地管理制度改革，特别是农村土地管理制度改革非常复杂。同志们都知道，构成一个国家需要三个因素，要有政府，要有公民，要有领土。但是土地又具有双重性，它既是一个国家的领

城乡统筹与农村改革发展

土，同时又是这个国家、这个民族生存发展的一个载体，它又是耕地。所以国家的三要素和土地的两重性，就构成了非常复杂的土地关系。任何一项土地改革都具有双重意义，它既有经济价值，又有政治意义。最终农民的土地收益问题决定了农民对我们这个党，对我们这个国家的向背。这就决定了土地管理制度的改革和变迁是一项非常艰巨复杂的任务。稳妥改革也建议大家从三个层面上来考虑：第一个层面，要处理好几个重大关系。首要是整体与局部的关系。耕地保护、粮食安全，这既是国家的任务和目标，也应该是我们每个地方的任务和目标。有的地方国内生产总值总量很大，财政收入也不少，说我少种点粮我去买粮吃。但我刚才讲了，如果要做到粮食基本自给的话，我们必须有 18 亿亩的耕地。道理不用多讲，就是整体与局部的关系要处理好，当前和长远的关系也要处理好。就是不能吃祖宗的饭，断子孙的路，要保证可持续发展。第三个关系是依法行政和改革创新的关系。我们改革开放 30 年了，基本上有了一套比较完备的法律法规。当然，它还存在缺陷，我们需要不断地完善改进。我们的改革也好，创新也好，从总体上来说，应该在法律法规的框架下进行。针对法律法规所存在的一些缺陷和不足，积极地探索改革创新。但是，这个改革创新绝对不是"上有政策，下有对策"。所以建议大家把这三个重大的关系处理好。第二个层面，就是要积极探索，稳步推进。农村土地管理制度的改革不能等，所以要积极探索。但是也不能急，因此要稳步推进。总体上看一些重大的改革应该先试点再逐步推开。第三个层面，要有序展开各项试点。我们国土资源部已经有部署。集体土地的流转、宅基地的管理，像这些工作已经在一些地方试点了有年头，有的已经两三年了。我们最近正在规范试点的一些做法，在年底之前就争取出台农村集体土地流转的暂行办法。所以国土资源部部署的这些试点还应该积极探索，大力推进。这是一个层面的试点。第二就是国家确定的综合改革配套试验区，西部有

稳步推进农村土地制度改革

重点提示

我们改革开放 30 年了，基本上有了一套比较完备的法律法规。当然，它还存在缺陷，我们需要不断地完善改进。我们的改革也好，创新也好，从总体上来说，应该在法律法规的框架下进行。针对法律法规所存在的一些缺陷和不足，积极地探索改革创新。但是，这个改革创新绝对不是"上有政策，下有对策"。所以建议大家把这三个重大的关系处理好。

重庆和成都，城乡统筹综合改革配套试验区。中部有长沙的长株潭城市群和湖北的武汉，它是"两型社会"的改革试验区。东部就更多了，天津的滨海新区的改革试验区，上海的浦东综合改革试验区，还有一些综合改革试验区。那么这些综合改革试验区在土地管理制度改革方面，我们部和当地的政府都有协议和备忘录。我们希望这些综合改革试验区积极地探索，推进试点工作，国土资源部是积极来配合的。第三就是其他地方。其他地方也应该积极地探索。它的原则就是要在法律法规的框架内，如果超出法律法规的要求，应该报批。而且应该是局部试验，封闭运行，结果可控。如果试出毛病来那也不要紧，因为是点上，点上到时候纠正就是了。总体上来说，感觉到一定要稳步推进，慎之又慎，特别是集体建设用地的流转。

重点提示

农村土地管理制度的改革，是一项内外交织、上下关联、涉及面广、政策性强的一项改革，一些深层次的矛盾消除尚需时日和机会。因此，这就需要我们有持之以恒的勇气、耐心和信心，要充分尊重农民的意愿，要切实保障农民的权利，还要充分相信和依靠广大农民。我们的农民是富有创造性的，他们有很多创意、创见、创造，要相信农民、依靠农民。

我给大家提的就是这五条建议。农村土地管理制度的改革，是一项内外交织、上下关联、涉及面广、政策性强的一项改革，一些深层次的矛盾消除尚需时日和机会。因此，这就需要我们有持之以恒的勇气、耐心和信心，要充分尊重农民的意愿，要切实保障农民的权利，还要充分相信和依靠广大农民。我们的农民是富有创造性的，他们有很多创意、创见、创造，要相信农民、依靠农民。我坚信我们广大农民一定会用他们的智慧把三中全会提出的健全严格规范的农村土地管理制度变成活生生的事实。

我就给大家汇报这些，不对的地方请大家批评指正。谢谢！

全国县委书记培训班
2008 年 10 月 24 日

建设与完善多层次的农村金融体系

宋洪远

讲座时间： 2009 年 5 月 26 日

作者简历： 宋洪远（1959—　　），男，汉族，河南省鹿邑县人。1983 年 7 月毕业于吉林大学经济系政治经济学专业，获经济学学士学位。1983 年 8 月参加工作，曾在国家统计局工业交通物资统计司、国家体改委中国经济体制改革研究所，从事经济分析和政策研究。1991 年 9 月起，任职于农业部农村经济研究中心，从事农村经济分析和政策研究。2008 年 1 月起任农业部农村经济研究中心主任。学术兼职有农业部软科学委员会委员、副秘书长，住建部城镇化专家委员会专家，中国农村劳动力开发就业试点项目指导小组成员等。

内容提要： 本文首先回顾和评价了 20 世纪 90 年代中期以来的农村金融改革过程；其次，分析了当前农村金融改革中一些主要问题和看法，如农村金融体系建设和发展方向的目标和要求不清晰、组织体系不健全、银行业金融机构支持"三农"的义务和责任不明确、非正规金融机构发育滞后、农村中小企业贷款难等；再次，就下一步如何建立与完善多层次的农村金融体系，从体系构建、金融体系自身改革、已有的金融机构如何落实支持"三农"以及担保问题等提出了自己的思考和看法。

大家下午好！围绕着建立和完善多层次的农村金融体系，我想和大家交流讨论三个问题。首先，简单回顾一下 20 世纪 90 年代中期以来的三次大的农村金融改革；其次，谈谈我对当前农村金融改革中几个主要问题的看法和认识；再次，对下一步如何深化农村金融改革谈几点我的观察和思考。

一 ｜ 20 世纪 90 年代中期以来的三次农村金融改革

第一次是从 1996 年开始的，其主要标志是 1996 年 8 月国务院印发了《关于农村金融体制改革的决定》。这次农村金融改革，针对各类金融机构相互间的关系没有理顺，未能建立起合理的管理体制和良好的运行机制；相当多的农村信用社失去了合作性质，背离了主要为农民服务的发展方向；农业银行领导管理农村信用社的体制，与其自身商业化改革在诸多关系上难以理顺；农业发展银行营业机构设置不适应业务发展需要，支持农村经济开发能力较弱等突出问题，提出了以改革农村信用社管理体制为重点，建立农村金融组织体系的要求和部署。

第一是建立和完善以合作金融为基础，商业性金融、政策性金融分工协作的农村金融体系。重点是恢复农村信用社的合作性质，进一步增强政策性金融的服务功能，充分发挥国有商业银行的主导作用。

第二是改革农村信用社管理体制。核心是把农村信用社逐步改为由农民入股、由社员民主管理、主要为入股社员服务的合作性金融组织；步骤是将农村信用社与中国农业银行脱离行政隶属关系，对其业务管理和金融监管分别由农村信用社县联社和中国人民银行承担，然后按合作制原则加以规范；主要措施有：加强农村信用社县联社的建设，强化中国人民银行对农村信用社的监管，县以上不再专设农村信用社的经营机构。

第三是办好国有商业银行，建立农村合作银行。中国农业银行要努力办成真正的国有商业银行，进一步发挥在农村金融中的主导作用。对中国农业银行在农村金融体制改革过程中遇到的困难，国家将给予适当的政策

城乡统筹与农村改革发展

支持。在城乡一体化程度较高的地区，已经商业化经营的农村信用社，经整顿后可合并组建成农村合作银行，按《中华人民共和国商业银行法》的要求设立。农村合作银行设在县及县级市，实行一级法人制度。

第四是增设中国农业发展银行的分支机构。在中国农业发展银行总行、省级分行设立营业部，在地（市）、县（市）设立分行、支行；地（市）、县（市）同在一地的，只设一个机构。

第五是逐步建立各类农业保险机构。逐步在农业比重较大的县建立农村保险合作社，主要经营种养业保险。创造条件成立国家和地方农业保险公司，主要为农村保险合作社办理分保和再保险业务。

第六是清理整顿农村合作基金会。凡农村合作基金会实际上已经营金融业务，存、贷款业务量比较大的，经整顿后可并入现有的农村信用社，也可另设农村信用社；不愿并入现有农村信用社或另设农村信用社的，必须立即停止以招股名义吸收存款，停止办理贷款业务。

经过多年的改革，以农村信用社为基础，农业银行和农业发展银行分工协作的农村三元金融体系已基本建立。农村信用社与农业银行脱钩，加强了县联社建设，恢复了农村信用社的合作性质，业务管理和金融监管工作交由县联社和中国人民银行负责；农业银行的商业化改革取得了新的进展，进一步加强了内部管理，实行资产负债比例管理和风险管理，基本建立了自主经营、自负盈亏、自我发展的机制；在一些城乡一体化程度较高的地区，已经商业化经营的农村信用社，经过整顿和合并已组建起股份制的农村合作银行；农业发展银行在地（市）和县（市）设立了分支机构，基本上实现了业务自营；农业保险开始起步；清理整顿农村合作基金会工作基本完成。

第二次是从2003年开始的，其主要标志是2003年6月国务院印发了《深化农村信用社改革试点方案》和党的十六届三中全会决定提出了"完善农村金融服务体系"的要求。这次农村金融改革，针对农村信用社的体制弊端和历史包袱不断暴露和积累，严重影响了为"三农"服务的能力；农业银行在商业化改革的过程中，机构网点收缩和贷款业务权上收；农业发展银行的政策性金融业务范围缩小，难以发挥政府金融支农的作用；邮政储蓄向邮政服务提供政策性补贴的机制尚未理顺，农村资金外流削弱了农村金融体系为"三农"提供金融服务的能力等农村金融体制中存在的突出问题，提出了以深化农村信用社改革为突破口，完善农村金融服务体系的要求和部署。

这次农村金融改革采取的主要措施包括：一是明确县域内银行业金融机构新吸收的存款主要用于当地发放贷款的要求，强化金融机构服务"三农"的义务和责任；二是深化农村信用社改革，以法人为单位，明晰产权关系，完善治理结构，将信用社交由地方政府管理；三是农业银行要创新金融产品和服务方式，拓宽信贷资金支农渠道；四是进一步明确农业发展银行的职能定位，扩大对农业农村服务的业务范围；五是积极培育小额信贷组织，鼓励发展信用贷款和联保贷款；六是探索建立政府支持、企业和银行多方参与的农村信贷担保机制，探索实行动产抵押、仓单质押、权益质押等担保形式；七是完善邮政储蓄有关政策，邮政储蓄银行要通过多种方式扩大涉农业务范围；八是发展政策性农业保险，鼓励商业性保险机构开展农业保险业务，建立健全农业再保险体系，逐步形成农业巨灾风险转移分担机制。

与第一次相比，第二次农村金融改革在强调完善农村金融组织体系的基础上，更加突出农村金融服务，在强化金融机构服务"三农"责任，创新农村金融服务方式，拓宽农村金融服务领域等方面都有新的探索。

自 2003 年以来，农村金融改革取得了重要进展：一是深化农村信用社改革取得明显成效；二是调整改革了农业发展银行职能；三是农业银行改革取得了突破；四是组

重点提示

自 2003 年以来，农村金融改革取得了重要进展：一是深化农村信用社改革取得明显成效；二是调整改革了农业发展银行职能；三是农业银行改革取得了突破；四是组建了邮政储蓄银行；五是多种形式农村小额信贷业务和组织的金融创新工作稳步推进；六是农业保险试点工作积极推进；七是农村地区信用体系建设逐步改善。同时，还出台了一些扶持农村金融改革的政策，如对信用社发行央行票据化解历史包袱、给予支农再贷款支持、实施较低的存款准备金率、实行优惠税收政策等，对农村扶贫贷款给予贴息，对农业银行实施不良资产剥离等措施。这些政策措施为促进农村金融机构健康发展和提高支农服务水平发挥了积极的作用。

建了邮政储蓄银行；五是多种形式农村小额信贷业务和组织的金融创新工作稳步推进；六是农业保险试点工作积极推进；七是农村地区信用体系建设逐步改善。同时，还出台了一些扶持农村金融改革的政策，如对信用社发行央行票据化解历史包袱、给予支农再贷款支持、实施较低的存款准备金率、实行优惠税收政策等，对农村扶贫贷款给予贴息，对农业银行实施不良资产剥离等措施。这些政策措施为促进农村金融机构健康发展和提高支农服务水平发挥了积极的作用。

第三次是从 2008 年开始的，其主要标志是党的十七届三中全会《中共中央关于推进农村改革发展若干重大问题的决定》（以下简称《决定》）提出"建立现代农村金融制度"的要求。这次农村金融改革，主要是针对农村金融供给不足、农村金融风险仍然偏高、农产品期货和农业生产保险发展不足等突出问题，提出了建设与现代农村经济相适应的现代农村金融制度的要求和部署。

这次农村金融改革采取的主要措施包括：一是创新农村金融体制，放宽农村金融准入政策，加快建立商业性金融、合作性金融、政策性金融相结合，资本充足、功能健全、服务完善、运行安全的农村金融体系。二是加大对农村金融政策支持力度，拓宽融资渠道，综合运用财税杠杆和货币政策工具，定向实行税收减免和费用补贴，引导更多信贷资金和社会资金投向农村。三是坚持农业银行为农服务的方向，强化职能、落实责任，稳定和发展农村服务网络。四是拓展农业发展银行支农领域，加大政策性金融对农业开发和农村基础设施建设中长期信贷支持。五是扩大邮政储蓄银行涉农业务范围。六是建立独立考核机制，落实县域内银行业金融机构新吸收的存款主要用于当地发放贷款的政策。七是改善农村信用社法人治理结构，保持县（市）社法人地位稳定，发挥为农民服务主力军作用。八是规范发展多种形式的新型农村金融机构和以服务农村为主的地区性中小银行。九是大力发展小额信贷和各种微型金融服务，允许农村小型金融组织从金融机构融入资金。十是允许有条件的农民专业合作社开展信用合作。十一是规范和引导民间借贷健康发展。十二是加快农村信用体系建设。十三是建立政府扶持、多方参与、市场运作的农村信贷担保机制，扩大农村有效担保物范围，依法开展权属清晰、风险可控的大型农用生产设备、林权、"四荒地"使用权等抵押贷款和应收账款、仓单、可转让股权、专利权、商标专用权等权利质押贷款。十四是发展农村保险事业，健全政策性农业保险制度，加快建立农业再保险和巨灾风险分散机制，鼓励在农村发展互助合作保险和商业保险业务，探索建立农村信贷与农业保险相结合的银保互动机制。

重点提示

与第二次相比，第三次农村金融改革在健全农村金融组织体系、完善农村金融服务的基础上，更加突出制度建设，在创新农村金融体制、放宽农村金融准入政策、加大农村金融政策支持力度等方面都有新的突破。

与第二次相比，第三次农村金融改革在健全农村金融组织体系、完善农村金融服务的基础上，更加突出制度建设，在创新农村金融体制、放宽农村金融准入政策、加大农村金融政策支持力度等方面都有新的突破。

综上所述，可以看出，三次农村金融改革是一个逐步深化、逐步完善的过程。从建立农村金融组织体系，到完善农村金融服务，再到建立现代农村金融制度，相互衔接，一脉相承，既保持了连续性，又有创新性。

二 | 当前农村金融改革中需要关注的几个主要问题

从操作层面看，落实当前的农村金融改革政策，还有一些问题需要分析和探讨。

第一，关于农村金融机构建设和发展的方向问题。如果仅从金融机构建设的角度来看，农业发展银行作为政策性金融机构，农业银行是商业性金融机构，农村信用社作为合作性金融机构。还有，我在前面介绍第二次农村金融改革内容时还忘记了一点，就是2006年银监会曾下发过一个文件，在全国选择一些县（市）开展村镇银行的试点，这样看来，农村金融组织的框架结构已基本建立起来了。但是，从建立完善的农村金融体系的角度来看，目前的农村金融体系还不够健全。正规银行业金融机构在农村是有了，但非正规金融机构发育还非常滞后，部分农村地区金融网点还出现空白。同时，村镇银行的建设进展也缓慢，设立村镇银行必须有1家以上（含1家）境内银行业金融机构作为发起人，这在一定程度上制约着村镇银行的发展。再有，农村虽然有了金融机构，但是业务范围比较窄，网点覆盖率比较低，竞争也不够充分，不能适应多元化的农村金融需求，农村中小企业贷款难、农户贷款难的问题还比较突出。

重点提示

从建立完善的农村金融体系的角度来看，目前的农村金融体系还不够健全。正规银行业金融机构在农村是有了，但非正规金融机构发育还非常滞后，部分农村地区金融网点还出现空白。同时，村镇银行的建设进展也缓慢，设立村镇银行必须有1家以上（含1家）境内银行业金融机构作为发起人，这在一定程度上制约着村镇银行的发展。再有，农村虽然有了金融机构，但是业务范围比较窄，网点覆盖率比较低，竞争也不够充分，不能适应多元化的农村金融需求，农村中小企业贷款难、农户贷款难的问题还比较突出。

进一步看，已有的农村金融机构，其功能和服务也存在一些问题。例如，农业发展银行的业务划转工作进展缓慢，主要业务只有粮棉油收购贷款，被人们称为"收购银行"，没有开展支持农业产业发展和农村基础设施建设的贷款业务，丧失了作为政策性银行的功能。比如，农业银行在商业化改革过程中，出现了贷款业务离农化的倾向，被人们形象地概括为"农业银行不姓农了，农业银行进城了"。再如，农村信用社在深化改革过程中，也开始商业化了，有的地方把名字都改了，叫"农村商业银行"了。

第二，关于银行业金融机构支持"三农"的义务和责任问题。从提出强化银行业金融机构支持"三农"的义务和责任，到明确县域内银行业金融机构新增存款主要用于当地发放贷款，政策要求逐步明确。但是，从操作层面看，还缺乏具体的实施办法，政策规定还不够具体。比如，多少算是"主要"，还没有一个明确的比例。用于当地发放贷款，发放的是什么贷款也没有一个明确的规定。不落实了怎么办？也没有建立起独立的考核机制。

分析起来，县域银行业金融机构新吸收存款主要用于当地发放贷款的政策难以落实，主要有以下一些原因：一是认为现行法规和政策规定有冲突。

《商业银行法》规定，任何单位和个人都不能对银行业金融机构进行指定贷款，这叫点贷。政策要求银行业金融机构从新吸收的存款中拿出多少在当地发放贷款，在银行部门看来就是点贷。所以，银行不执行政策看来也是依法办事。要想很好地落实政策，就必须解决政策规定与现行法规相抵触的问题。二是认为不同的银行难以执行一个比例。谁来制定这个比例？是银监会还是人民银行？不同的银行，比如农业银行与工商银行、建设银行、中国银行等金融机构资产负债状况不同，资金收益率差别较大，很难用一个统一的比例来衡量。三是认为缺乏基层网点机构执行这项政策。专业银行商业化改革之后，机构网点收缩了，农业银行还有基层网点，其他的银行只有县以上才有机构，想发放贷款下面也没有机构了。四是认为只强调银行支持"三农"的义务和责任，但却不给银行扶持政策。你不能光叫马儿跑不给马儿吃草，银行之所以愿意搞非农业务，不愿意从事农业贷款业务，是因为非农贷款收益率高，而农业贷款的成本又高。上述这些看法，听起来也有一定的道理。

第三，关于农村贷款抵押担保方式改革问题。目前，制约农村金融发展、导致农村中小企业和农户贷款难，除了农村金融供给不足外，还有一个就是贷款担保抵押方式不符合农村实际的问题。银行业金融机构在向农村中小企业和农户提供贷款服务时，通常要求的担保抵押物基本上就是三个：一个是土地产权证，一个是房屋产权证，一个是银行的存单。这三个抵押物对于农民来说，很多是没有的，有的甚至是无效的。例如，农民的承包地只拥有经营权，所有权是集体的。没有所有权也就没有产权证，而现行的政策法规又明确规定承包经营权不能作抵押。比如，农民的房屋是盖在集体所有的宅基地上面的，农户只有房屋所有权，房权和地权是分离的，农民也没有房屋产权证。再如，在农民看来，自己银行有存款取回来就可以用，再用银行的存单作抵押去贷款纯属多此一举。而且用存单作抵押，获得的贷款还少于作抵押的存款。找银行贷款还得付出人力和财力，最终还不一定能够获得贷款。所以农民认为，用银行存单作抵押，作这个规定的人不是有毛病吗？

从政策操作层面看存在的上述三个突出问题，归结起来看是认识和理念问题。

第一，在农村金融机构建设上要处理好大金融和小金融的关系。中国城乡差别比较大，农村的区域差别比较大，既需要发展可持续的、规范的大金融机构，同时更需要发展符合农村特点、满足农户需求的小金融。打个比方，打一次大的战役，面临着不同的作战地形，平原作战需要装甲车、坦克车、机械化的部队，山地作战的时候你发现坦克车、装甲车不灵了，游击队更适应这样的地形。所以，从整个战役看，既要有机械化部队，又要有游击队。可见，农村金融体系建设是一个系统工程。

第二，在农村金融发展上要处理好防范金融风险和改善农村金融服务的关系。在农村金融发展过程中，对金融机构要加强监管，对金融风险要注意防范，金融机构要完善和强化内部治理机制，但是不能以此为由忽视和放松对农村的金融服务。从当前的情况来看，农业和农村经济要发展，农民最需要的是金融服务。同时，对金融机构来讲，吸收存款和发放贷款都是基本业务，为了农村金融机构自身的发展，也要加强对农村的金融服务。

第三，对农民信誉状况的基本判断与建立农村信用体系的关系。在金融机构看来，要保证资金安全，就要在农村建立诚信体系。之所以不太愿意向农民发放贷款，是因为农村的信用环境不好，农民的信用意识不强，这会影响农村诚信体系的建设。但是，根据有关部门调查，农户的信用状况和信用意识是好的。比如，在农村爷爷欠的钱孙子都认账，逢年过节的时候即使还不上款还要跟对方说明一下情况，并承诺一有钱马上就还。

这三个认识是根本性的问题，解决和处理不好这些认识问题，农村金融改革很难有大的推进。

三 | 关于下一步深化农村金融改革的基本思路

总结以往农村金融改革的历程和经验，按照党的十七届三中全会的部署和要求，进一步深化农村金融改革，需要着重研究和解决好以下几个问题：

第一，继续深化已有金融机构改革。已有金融机构在改革过程中，已出现退出农村金融市场，导致农村金融服务缺失的问题。要加大农村金融机构改革力度，创新农村金融体制，完善金融机构公司治理和内部控制机制。当前的重点是完善农村金融服务网络，优化农村基层网点布局，加快建立合作性金融、商业性金融、政策性金融相结合的农村金融服务体系，解决农村金融服务不足的问题。农村信用社改革要进一步完善法人治理结构，保持县（市）社法人地位稳定，发挥为农民服务主力军作用；农业银行改革要坚持为农服务的方向，强化职能，稳定和发展农村服务网络；农业发展银行改革要拓宽资金来源渠道，扩大支农服务领域，加大政策性金融对农业开发和农村基础设施建设中长期信贷支持；扩大邮政储蓄银行涉农服务范围。

第二，着力发展新型农村金融组织。现代农村金融应当具备多层次的金融组织体系，应当为"三农"提供全面的金融服务。构建完善的农村金融组织体系，一要符合农村特点，二要满足农户金融服务需求，三要形成多样化的农村金融服务机构，建立适应"三农"特点的多层次、广覆盖、可持续、低成本的农村金融服务体系。从当前的情况看，农村金融组织的发展，突出的问题是多种形式的新型农村金融机构和小型金融服务发展滞后。今后一段时期，要放宽农村金融准入政策，加快发展多种形式的新型农村金融组织和以服务农村为主的地区性中小银行，大力发展小额信贷和

城乡统筹与农村改革发展

微型金融服务。加快培育村镇银行、贷款公司、农村资金互助社，引导农村民间借贷健康发展。支持有条件的农民专业合作社开展信用合作，允许农村小型金融组织从金融机构融入资金。

第三，强化落实金融机构支持"三农"的责任。强化落实责任，最重要的是落实县域内银行业金融机构新吸收的存款主要用于当地发放贷款的政策措施。当前，要研究制定促进银行业金融机构将其在本地区吸收的存款资金投入到本地市场的政策措施，明确比例要求，建立独立考核机制。加快社区再投资法的立法进程，明确义务责任，解决政策与法规不一致的问题。加大对农村金融的政策支持力度，拓宽农村融资渠道，综合运用财税杠杆和货币政策工具，定向实行税收减免和费用补贴，引导更多信贷资金和社会资金投向农村。

第四，改革创新农村贷款担保抵押方式。扩大农村有效担保物范围，依法开展权属清晰、风险可控的大型农用生产设备、林权、"四荒地"使用权等抵押贷款和应收账款、仓单、可转让股权、专利权、商标专用权等权利质押贷款。加快建立政府扶持、多方参与、市场运作的农村担保机制，鼓励有条件的地区由政府出资，农民和农村企业参股，成立担保基金或担保公司。发展农村保险事业，扩大保险范围和保险对象，健全政策性农业保险制度，加快建立农业再保险和巨灾风险分散机制，鼓励在农村发展互助合作保险和商业保险业务，健全再保险市场体系，探索建立农村信贷与农业保险相结合的银保互动机制。加快农村信用体系建设。

重点提示

扩大农村有效担保物范围，依法开展权属清晰、风险可控的大型农用生产设备、林权、"四荒地"使用权等抵押贷款和应收账款、仓单、可转让股权、专利权、商标专用权等权利质押贷款。

以上是我对建立和完善多层次的农村金融体系问题的一些观察和思考，不妥之处请大家批评指正。谢谢大家！

"加快推进农村改革发展"专题班
2009 年 5 月 26 日

建设与完善多层次的农村金融体系

新形势下的**农民工**就业与农民增收

崔传义

讲座时间：2009 年 5 月 27 日

作者简历：崔传义（1944— ），男，山东成武县张石店村人。上海复旦大学国际政治系毕业。曾在安徽省滁县地区工作 11 年，在那里参加了实行农业"大包干"的农村改革。此后调入安徽省人民政府办公厅。1987 年到中央农村政策研究室工作。1990 年转入国务院发展研究中心，现为国务院发展研究中心农村经济研究部研究员。兼任中国农村劳动力资源开发研究会副秘书长、中国村社发展促进会副秘书长等职。多次获得中国发展研究奖、中国农村发展研究奖和国家科技进步奖。

内容提要：授课人首先阐述了农民工就业、农民增收是以人为本，构建城乡经济社会一体化发展新格局的关键性问题。然后介绍了农民工流动就业的情况，农民为就业增收的流动，农民工群体的壮大和当前的特点。并且分析了农民工就业与农民收入增长之间的关系。指出受金融危机的影响、农民工受教育时间短，缺乏培训、农民工的劳动权益、社会保障和公共服务权利受到损害以及户籍制度的制约等，农民工就业出现的问题和趋势。最后介绍了农民工政策的转变和走向，包括城乡都需要重视的就业问题、培训问题、社会保险、公共服务、农民工的市民化问题等。

很荣幸受干部学院委托，让我来给大家交流。你们都是在"三农"一线靠前指挥的重要岗位上，我们到那里去调查你们都是老师，我们要向你们请教。这次一块来交流，我给大家汇报的题目是《新形势下的农民工就业与农民增收》。

我汇报的五个方面：一是以人为本，构建城乡一体化发展新格局的关键性问题。第二是农民为就业增收的流动，农民工的壮大和现阶段的特点。第三是农民工就业与农民收入的增长。第四是问题和趋势。第五是农民工政策的转变和走向。

第一，以人为本，构建城乡经济社会一体化发展新格局的关键性问题，农民工的就业、农民增收，就是这样的一个关键性问题。

我感到农民工的就业是所有农村人口的民生之本。农民工是我们国家一个特殊的社会转型期的概念，其身份仍然是农民，家里还有承包地，但是他已经转到非农产业和城镇来就业，以工资为主要收入了，是这样的一部分人。广义的农民工包括两部分：一部分是在本县域内从事乡镇企业、二三产业这样的一些农民工；另一部分是跨地区流动、进城就业的，我们叫外出务工人员。广义的农民工，这两部分加在一起，现在大概是2.3亿人，有的说是2.25亿人。这其中就近转移的这块，按照乡镇企业局的统计2008年应该是1.5亿人，但是统计局认为就近转移的是8500万人，这8500万人主要还是在沿海地区或城市周边地区。外出就业的这部分，2008年是1.4亿人，这1.4亿人主要是农村的青壮年劳动力，主要是从中西部地区向沿海发达地区和城市里流动，但是也已经多元化，包括在本省的流动，也包括向新疆，甚至向西藏这些地方的流动。2.3亿农民工连带着进城的比如儿童或者是其他人员以及留守的人，大概背后实际上直接关系到的是4亿以上农村人口，间接关系的是更多的农村人口的就业和收入问题。

就业是民生之本，为什么是民生之本？我认为不仅仅是说它收入来源是靠就业，很重要的是他只有就业才能够劳动创造，才能够得到社会的尊重，他才能够获得他生活的收入的来源，他自己才能够在劳动当中获得自身的发展。这是说农民工关系到所有农村人口的民生。

城乡统筹与农村改革发展

国际金融危机对农民工群体的就业伤害是最大的。陈锡文主任曾经说过，这次金融危机2008年受伤害的失业的农民工是在2000万人。当时很多人认为这个数字估计大了，但是实际上从农业部的固定观察点的调查，以及我们在春节期间请大学生，120多个大学生调查了他们自己家乡的105个村，这些调查都说明失业的农民工包括企业倒闭下来的，也包括工资大幅度下降而下来的，也包括不正常放长假的，这样子的是在2000万到2200万人。今年春节以后80%以上的返乡农民工到沿海去寻找工作。据人力资源和社会保障部的调查，到现在大概还有六七百万农民工没有很好地解决他们的就业问题，同时一部分农民工在家乡也没有很好解决问题。这可能是要有将近1000万的农民工仍然没有得到很好地解决就业问题。尽管认为他们是分散的，这种失业不是那么触目惊心，但是它对农民的就业或收入影响是严重的。

应该说，要解决农民的增收问题，就要解决农民工的就业问题，要解决"三农"问题也就要解决好农民工问题。现在应该说，农民工的平等就业问题仍然是我们现在政策和体制的一个薄弱环节。好比4万亿元的刺激经济，这方面的资金的使用，到底有多少用到了农民工的身上？这个是很少的。城市里的住房问题要解决，农村的危房要解决，但是就没有农民工的住房问题这方面的东西。应该说，农民工的住房是我们国家目前住房问题最突出的，是在城市里边缘化的，很多不是贫民窟，但是有一种贫民窟的现象，它就是农民工在这个城市里的地位的写照。教育，农村里免费义务教育了，城市里也免费义务教育，但是相当多的农民工没有免费义务教育，因为很多城市的农民工子女仍然是在民办学校，是他们自己拿钱，来租校舍，来雇老师，学校的运行是用他们自己的经费来进行的。所以，这仍然是我们政策或者是体制的一个薄弱环节。农民

重点提示

应该说，要解决农民的增收问题，就要解决农民工的就业问题，要解决"三农"问题也就要解决好农民工问题。现在应该说，农民工的平等就业问题仍然是我们现在政策和体制的一个薄弱环节。好比4万亿元的刺激经济，这方面的资金的使用，到底有多少用到了农民工的身上？这个是很少的。城市里的住房问题要解决，农村的危房要解决，但是就没有农民工的住房问题这方面的东西。应该说，农民工的住房是我们国家目前住房问题最突出的，是在城市里边缘化的，很多不是贫民窟，但是有一种贫民窟的现象，它就是农民工在这个城市里的地位的写照。

应该说，农民工的流动我们国家和任何国家都是一样的，工业化过程当中，都是伴随着农村劳动力向非农产业和城镇的转移。为什么世界上各个国家的工业化、现代化都有这样的一个过程？那就是因为经济发展越过了温饱阶段以后，经济再发展、收入再提高，用于消费于食品的这个东西是刚性的，增长是少的，但是其它的消费是不断扩张的。非农产品的消费需求的增长就引导着这种产业结构的变革，那就是要工业化，要适应这种非农产品的需要。这种工业化的发展、产业结构的变动，必然带来就业结构的变动，带来城乡结构的变动。

工的问题是关系农民的收入、民生的，同时也是比较薄弱的，我们要搞以人为本，要构建城乡经济社会一体化发展的新格局，一个关键性问题就是农民工的问题。

第二，我要汇报的是农民工流动就业的情况，农民为就业增收的流动，农民工群体的壮大和当前的特点。

先介绍一下农民为就业增收的流动是工业化、现代化进程中的新事物。农民工的流动是从 20 世纪 80 年代开始的，流动的潮水闸门是由农村实行家庭承包制，农民获得了对自己劳动力的支配权，它要解决富余劳动力怎么办的问题，是从这里开始的。一些地方农民是从办家庭小作坊，办乡镇企业、民营经济、就近转移开始的。在一些地方，农民不可能办企业，他的富余劳动力怎么办？结果就别妻离子走出农村，开始了外出就业的流动。乡镇企业开始也受到了一些非议，但是最受非议的是农民的外出就业。当时被说成是盲流，是犯罪潮、难民潮，是破坏了就业秩序，破坏了社会秩序，对它实行的是一种限制。直到新世纪，农民工才被说成是工业化进程中的新事物，是产业工人的重要组成部分。但是直到现在，我们的一些同志仍然把农民工作为城市里的暂时的边缘人口。要产业升级、城市升级，就要压缩你这些低素质的人的生存空间。农民工到底为什么要流动？实际上开始流动他们的目的是很简单的，就是就业增收。他在当地不能够获得就业，就必须要出去，要打工，要挣钱，就是这样一个简单的目的。他并不是要什么户口，并不是要什么社会保障，首先他要的是就业是收入，是打工是挣钱，再苦再累他都干，而且是冲破了重重的阻挠。这个农民工的流动是农民的利益的追求，同时也不仅仅是农民自己的追求，也是我们国家的经济社会发展的需要。因为，这种流动是发生在我国改革开放和工业化进展的一个时代背景下。应该说，农民工的流动我们国家和任何国家都是一样的，工业化过程当中，都是伴随着农村劳动力向非农产业和城镇的转移。为什么世界上各个国家的工业化、现代化都有这样的一个过程？那就是因为经济发展越过了温饱阶段以后，经济再发展、收入再提高，用于消费于食品的这个东西是刚性的，增长是少的，但是其他的消费是不断扩张的。非农产品的消费需求的增长就引导着这种产业结构的变革，那就是要工业化，要适应这种非农产品的需要。这种工业化的发展、产业结构的变动，必然带来就业结构的变动，带来城乡结构的变动。在这样的一个变动当中，劳动力流动就恰恰提供了一个动力。实际上，这种低收入的农村人口流到城市里去，只能是在这种廉价的劳动成本的基础上，企业能够得到较多的利润，这种利润被用来进行积累，投资扩大再生产，然后吸收更多的农村富余劳动力。这样的一个过程在不断地循环扩大，推动社会的转型。向工业化、现代化的转型，它的动力恰恰是来自于农村劳动力的转移，农村劳动力的转移恰恰是这样一个转变的核心问题。因为，只有在这样的一个转移过程当中，把农村的富余劳动力给掏尽了，农村的劳动生产力才能够提高，商品化程度才能够得到提高。同时，农业运用工业化的成果和现代科学技术的成果来改造自身，这样才能够使一个传统的农业农村社会与现代工商业并存的二元结构逐步转化成一元化的现代社会。它就是这样的一个规律。

就我们国家来说，农村劳动力的转变过程和工业化的过程在改革开放之前并没有结合起来，获得劳动力的很好的转移。因为，当时实行的是优先发展重工业的战略，是计划经济，是限制农民流动的。从农村低价收购农产品，来为工业化提供积累，同时限制农民流动。这样就在农村的土地上积累了将近1/3的1亿多农村富余劳动力。应该说在这方面，我们是欠了历史的账。农民的就业问题在农村积累下来，农民的收入得不到应有的提高，当

重点提示

这样的一个过程在不断地循环扩大，推动社会的转型。向工业化、现代化的转型，它的动力恰恰是来自于农村劳动力的转移，农村劳动力的转移恰恰是这样一个转变的核心问题。因为，只有在这样的一个转移过程当中，把农村的富余劳动力给掏尽了，农村的劳动生产力才能够提高，商品化程度才能够得到提高。同时，农业运用工业化的成果和现代科学技术的成果来改造自身，这样才能够使一个传统的农业农村社会与现代工商业并存的二元结构逐步转化成一元化的现代社会。它就是这样的一个规律。

然还有其他的体制方面的问题。

改革开放才改变了这样一个局面，应该说农民工的壮大，农民的流动，是改革开放的产物，是工业化发展的产物，也是农民自己对就业的追求，是他们首先自发搞起来的。因为，包产到户了，有了自己选择他的富余劳动力出路的可能了，再加上改革开放企业有了用工的自主权，同时引进了外资，这样在有需求、有供给的情况之下，流动得到了不断地发展和壮大。同时，城乡二元体制是农民工形成的制度根源。这是双重的。农村劳动力向非农产业和城镇的转移，是改革开放的产物，但是我们的改革是阶段性的，没有解决城乡二元分割体制的问题，农民在城里已经变成工人了，已经给那里作出贡献了，但是他们还是农民的身份，还不能够获得应有的各种权利，也不能够转变自己的身份，所以他们仍然是叫农民工。

30年的农民工发展大概经历了三个阶段：20世纪80年代是就近转移，以发展乡镇企业为主。改革前的1978年社队企业当时是2800万就业人员，到1988年，乡镇企业就业人员已经达到了9000多万，当然这里面可能也包括一部分外出就业。但80年代的转移主要还是通过乡镇企业就近转移，同时流动就业已经在那时暗暗地发展。一开始我们并不注意，大概到1983年左右是200万人左右，到1989年第一次"民工潮"的时候，已经达到了3000万人。就是在1989年农民工登上了历史的大舞台，受到了社会的关注。90年代乡镇企业的发展有点曲折，发展的速度趋缓，农民外出就业迅猛发展，成为转移就业的主要形式。在1992年、1993年，外出就业由1989年的3000万人增加到6000万人，到1996年开展第一次农业普查的时候，外出农民工就已经达到7226万人，然后大概到2001年达到了1亿人。所以，20世纪90年代农民的就业转移主要途径是外出就业。第三阶段是本世纪这一段，农民工的转移仍然在继续增长。供求关系发生了一定的变化，外出就业转移的增长速度有所放慢，由过去90年代年均增长15%下降到6%左右，不过一年转移的数量仍然不少，在600万人左右，大体上是这样一个过程。但是，到 2008 年下半年就发生了一个逆转，国际金融危机的影响使 2000 万农民工失业。

现在农民工就业的特点，这个特点是国际金融危机爆发之前的基本情况，我们把它分作六个特点。一个特点是劳动力供求已经发生了一些变化。虽然总体上仍然供过于求，但结构性矛盾已经很突出了。主要是年轻劳动力供不应求，有一技之长的更加供不应求。剩余主要是在农村的年龄大的季节性的剩余，以及新生长的初高中毕业生这一部分。第二个特点，外出务工仍然是农民转移就业的一个主要途径，新生代的农民工成为主体。新生代有的是说 80 年以后的，他们是从学校门直接进入城市进入工厂门的这样的一代，他们已经占了 60% 到 70%，这已经是主体。第三个特点是农民工流动的稳定性已经大大增强。2005 年农业部固定观察点的调查，外出农民工的稳定就业的已经占到了 57%，到 2008 年可能就是 60% 以上，是属于稳定就业的农民工。上海也有一个调查，5 年以上的已经占到了百分之三四十，希望在上海居住的是 36%。农民工的群体也是不断地分层、分化，并不都是一样的。说稳定都稳定，并不是这样的。可以分为三类：一类是基本上准城市化的一批人。据北京大学一位专家的计算，按照 2003 年农民工的收入，已经有经济能力在城市定居的是 1430 万人。已经过了 5 年了，而且 2004 年起农民工工资以年 10% 的幅度增长，现在有经济能力在城市定居的已远远超过 1400 万人。第二类是在城市有了稳定的就业，但流动性还比较强，主要是每年春节还要回家。这种"两栖人口"可能占大多数。第三类是季节性外出务工的，据我们调查不超过 15%。第四个特点就是制造业建筑业仍然是农民工就业的主要的行业，第三产业的就业比重在提高。第五个特点是农民工的流向仍然相对集中，向沿海或城市这方面来流动。

重点提示

一个特点是劳动力供求已经发生了一些变化。虽然总体上仍然供过于求，但结构性矛盾已经很突出了。主要是年轻劳动力供不应求，有一技之长的更加供不应求。剩余主要是在农村的年龄大的季节性的剩余，以及新生长的初高中毕业生这一部分。

重点提示

新生代的农民工成为主体。新生代有的是说 80 年以后的，他们是从学校门直接进入城市进入工厂门的这样的一代，他们已经占了 60% 到 70%，这已经是主体。

第六个特点是农民工回乡创业开始加快步伐。我们在 2007 年组织对 100 个劳务输出县的 301 个村做过调查，在那里回乡创业的人 65% 是近四五年回去创业的，这说明回乡创业的步伐在加快。回乡创业步伐加快的一个重要背景，是沿海地区要素成本的上升，劳动密集型产业向中西部地区的转移，农民工回乡创业是和这样的一个转移趋势相吻合的。

第三，介绍一下农民工对我国发展作出重大贡献，是农民收入增长的重要动力源。

这个贡献可以分几个方面，首先是对整个国家的经济，特别是发达地区工业化城市化的发展作出了不可磨灭的历史贡献。这个贡献是说通过什么样的机制来推动沿海地区工业化、城市化发展的？正是靠着这种源源不断地从中西部地区流向沿海发达地区和城市的农村劳动力转移。他们的工资是比较低的，工资的上升是比较慢的，可以说直到 2003 年之前，这个工资基本上没有太大变动。1994 年我们到江苏无锡县调查，他们当时就说得很清楚，农民工自己拿到的工资只是其劳动价值的一半，他们留在那里的是一半，这个一半里面包含对国家税收、地方税收的贡献，也包括企业的所得。所以，正是农民工的辛勤的汗水，使得我们的企业可以在技术比较落后的情况之下能够使自己的商品在国内外市场上有一个竞争力，能够开拓市场，逐步使我国变成了一个制造业基地，世界制造业的重要基地。正是因为有了这样勤劳又服从管理的劳动力，才吸引了大量外资，国际产业向中国转移。我曾经问过我们那里专门研究国际经济贸易的同志，我说现在到底有多少出口是劳动密集型的？他说，可以说 70% 到 80% 是劳动密集型的。为什么说是 70%、80%？不光是轻纺工业这类是劳动密集型的，而且包括电子工业。因为，电子工业的劳动密集的环节是在中国，赚钱的搞技术的那个环节不在中国，实际上我们出口的这种增长很大的是依靠我们的农民工在第一线进行生产。所以既有外资也有内资，这样才使我们从过去的出口在世界上微不足道，到现在成为名列前茅的出口大国。总起来说，我们沿海地区，包括整个国家的工业化、城市化的推进，是和农民工的血汗联系在一起的。

同时，农民工的外出就业也是带动"三农"问题解决的一个途径。沿海地区的农民能够在本地办企业，能够在本地就业。农民流动解决的就业，恰恰就是在本地不能够办企业的不发达地区农民的就业问题。这是他们就业的难点，是农村就业的难点，也是我们国家就业的难点。这个就业的难点是通过外出就业，通过流动，通过农民工来解决的一个大问题。在中西部地区，现在外出农民工非农就业也占到40%，甚至更多。主要还是通过外出改变的就业结构，才获得了一定的收入。同时才使我们的农村由封闭走向了开放，也使得一些人能够在外边得到了成长，又回到了家乡，它带动了中西部农村的发展。在我们国家实际上以工促农、以城带乡一个很大的纽带，是通过几亿农民工连起来的，来进行带动的。

新形势下的农民工就业与农民增收

农民工另一个很大的贡献是对市场经济体制的贡献。农民工的就业是他们自己和企业两者的结合，是一种市场就业。过去计划经济下的就业，主导决策权是在行政部门，农民工的就业决策权是在农民工和企业，这是决策主体的转变，也就是从计划经济的就业转向市场经济的劳动力的市场调配，这样一个大转变是通过农民工实现的。正因为农民工是一种打破了区域封闭，打破了行政分割的流动，它的要求就是和原来的城乡二元分割体制对立的，对它提出了挑战，对它提出了要变革的要求。它是我们国家从城乡二元结构、城乡二元体制走向一体化、一元化发展的推动力，推动力的源泉恰恰就是农民的外出就业，就是农民工这样的一个巨大的力量。

咱们交流的主题是农民工就业和农民收入的关系，农民工就业是农民收入增长的重要动力源，我分这样几个方面来给大家汇报：一是农民工就业已成为农民增长收入的重要来源。先是统计数字，统计数字是2006年的时候，农民工的外出就业及带回的收入，在农民收入当中所占的份额已经是38.3%，比1997年提高了十三四个百分点。2008年所占份额是38.9%，提高不多是受金融危机的影响。但统计局的数字与实际可以说是有一定差距的，这个差距在什么地方？因为住户调查是要有人在家里才能调查，没人在家里就不会调查了，很多农民工是举家外出的，这一部分人的情况是了解不到的。再就是只计算农民工寄带回的收入，没有计算农民工自己的消费，但是在计算农村人口的时候，又把农民工纳入农村人口里进行计算，所以统计和实际又有一定差距。二是不发达地区农民收入中接近五成，有的地方超过五成来自于外出就业。我们2009年2月对105个村做的调查，输出地来自于外出就业的收入占农民收入的48%。不发达地区很多地方农民的收入来源有三层，外出就业占48%，农业是老二，本地非农业最少。外出就业收入相当于本地农业收入的1.7倍，相当于本地非农就业收入的2.7倍，外出就业是他们收入的主要来源。三是不发达地区农民收入的增量部分50%到70%来自于外出就业。四川、贵州等很多省份都对这块作出自己的计算，当然不同的年份也是不一样的。四是1985年以来，农民脱贫的一半功劳应该记在外出就业上。我们国家改革之前是2.5亿贫困人口，到1985年下降到1.25亿人，这个1.25亿人的脱贫主要是靠农业大包干，农民获得了土地经营权、分配权，调动了积极性。1985年开始扶贫，到现在还有2000多万人，又减少1亿贫困人口。这个1亿人的脱贫，应该说各地政府在脱贫投入上做了大量工作，科技扶贫，其他的扶贫，都起了很重要的作用。但是，它的一半以上是靠外出就业，是农民自己在外出就业当中实现脱贫的。一人外出，全家脱贫，几户外出，或者是多少户外出，一个村就脱贫，就是这样改变了贫困面貌。对于外出就业在脱贫、农民增收上的作用，我们中西部地区的省级领导是最早重视的，像四川、甘肃，是在1986年省委作出了一些决定，成立了农民就业的领导小组，来支持农民外出就业。1987年胡锦涛在贵州当省委书记，对正安县妇女外出就业作出了批示。应该说农民的流动、农民工对于改变农民的贫困作出了巨大的贡献，或者说他们是为了这个目标外出就业。五是农民工务工经商为农村留在那里的农民腾出了土地，腾出了市场，促进了农民的增收，这也是对农民增收的一个贡献。现在外出农民工的土地情况，我们调查的105个村，78%的农民工的地仍然是他自家种的，是留守人员种的，只有22%的地是转移出去的，自家种是让留守人员扩大了种地面积，转出去是让别的务农的人扩大了耕地面积，增加了收入。同时，

城乡统筹与农村改革发展

农民工外出腾出了农产品市场。原来他们是在家生产农产品的，也是农产品的销售者。市场上卖出的粮食是一个相对固定的数，这个量不会有太大的变化，消费市场就是那么一个市场。现在，他们变成农民工，在城里从事非农就业了，由农产品的生产者变成了农产品的消费者，这样就把一块大的市场留给了在农村的劳动力，这样使当地农民的农业收入分子在扩大，分母在缩小，这也是一个农民增收的机制。六是农民工流动是一个大学校，使他们的素质得到了提高，加上人流以外还有信息流、资金流，这样为不发达地区农业、农村的发展提供了一个后劲，为他们的增收提供了一个潜在的支持力量。

第四，当前的问题及今后的趋势。

农民工就业面临的主要是四个问题：一是受国际金融危机影响，影响最大的就业群体是农民工。从这里面也显露由于多种原因农民工就业的脆弱性。受金融危机影响，2000多万农民工失业。根据105个村的调查，失业农民工包括两个方面：失业回乡的，占外出就业（出县）农民工的15.9%；失业但没有回乡，仍在城市找工作的，占6.1%。两者合计，占出县就业农民工的22%。按照这个比例推算，全国出县就业1亿多农民工中，有2000万到2200万农民工失业了。

为什么农民工会成为受国际金融危机伤害最大的群体？为什么这些人一下子就失业了？大体是三个方面的原因：第一，很多出口企业生产一线的主力是农民工，外需受到了压缩，没有定单了，造成农民工失业。第二个原因，是和我们的政策和体制

重点提示

为什么农民工会成为受国际金融危机伤害最大的群体？为什么这些人一下子就失业了？大体是三个方面的原因：第一，很多出口企业生产一线的主力是农民工，外需受到了压缩，没有定单了，造成农民工失业。第二个原因，是和我们的政策和体制直接相关。我们到常熟、昆山去调查，他们农民工的下岗实际上从2008年上半年就开始了，企业的倒闭从2008年上半年就开始出现了。除了汇率变化的原因之外，很重要的是一些行业的出口退税取消了，再就是对中小企业特别是轻纺工业不给贷款了，进行贷款限制了，甚至收缩贷款。我们在一段时间内要求产业升级，把中小企业、劳动密集型企业采取了一个挤压的政策，实际上是忽略了中小企业在就业上面的重要作用。中小企业的就业，大概占我们国家二、三产业就业的45%到50%，占就业增量的70%到80%。所以，对中小企业的政策，从金融危机影响就业上看，对我们是一个教训，是一个提醒。

直接相关。我们到常熟、昆山去调查，他们农民工的下岗实际上从 2008 年上半年就开始了，企业的倒闭从 2008 年上半年就开始出现了。除了汇率变化的原因之外，很重要的是一些行业的出口退税取消了，再就是对中小企业特别是轻纺工业不给贷款了，进行贷款限制了，甚至收缩贷款。我们在一段时间内要求产业升级，把中小企业、劳动密集型企业采取了一个挤压的政策，实际上是忽略了中小企业在就业上面的重要作用。中小企业的就业，大概占我们国家二、三产业就业的 45% 到 50%，占就业增量的 70% 到 80%。所以，对中小企业的政策，从金融危机影响就业上看，对我们是一个教训，是一个提醒。到金融危机爆发，影响到我们国家了，主要是 2008 年八九月份，中央领导到浙江、广东去看，就明确地提出了轻纺工业要继续发展，而不是要压缩、要限制的，中小企业要发展，不是要限制。轻纺工业生产的是日用品，到什么时候人们都要穿衣服，它本身有个产业升级问题，并不是说要把这些产业去掉。这是我们发展政策当中的一些薄弱环节，也包含着对中小企业的金融服务体系、技术创新服务体系存在的一些问题。另外就是和我们的体制有关。农民工缺乏社会保障，包括没有失业保障。在子女就学上，很多是自己在民办学校缴费上学的，而且农民工住房很成问题，40% 住在企业的宿舍，企业倒了，他们就没有在城市的立足之地。这些体制上的问题加重了农民工的负担，使他们在城市里得不到支撑，所以金融危机一来他们只能失业返乡。第三个原因就是很多农民工文化水平比较低，缺乏一定的专长，缺乏技能，所以他们就业也是比较脆弱的。这提出了金融危机暴露出农民工就业一些问题，我们不能看到农民工现在又回去就业了，他恢复了工作，就把这些问题忘掉，这些潜在的问题不解决，对他们的就业仍然是一个潜在的危险。

第二个问题就是农民工受教育时间短，缺乏培训。虽然现在农民工的文化水平整体上高于农村劳动力的平均水平，但是很多农民工受教育水平还是偏低的，一般是初中文化水平，没有经过培训，更没有进过职业学校。所以他们很多都是在打工中边干边学的，一天干十几个小时，也没有时间、没有精力参加当地的培训。由于农民工在城市没有稳定定居，流动性比较大，企业也不愿意对他们进行培训。于是，我们是始终建立在这样一个流动的缺乏培训的产业大军的基础上，这个问题既影响农民工的就业，也影响企业的发展。

第三个问题是农民工的劳动权益、社会保障和应该享受的公共服务，这些权利受到严重的损害。首先是劳动权益问题，国务院发展研究中心一位同志的调查是：2003年之前，农民工十几年只涨了五六十块钱，等于没有增长。2003年之后才有了较高的增长，在2006年、2007年大概是900块、1000块的平均工资。这样的工资水平，也是通过他们超时劳动所获得的。职业病、工伤事故多，受害者的主要是农民工。虽然有工会，但一些工会并未起到维护工人利益的作用，有些是雇主的工会，有的是并不参与农民工维护自己权利的这样一些活动，所以在这方面也没有形成有组织地与企业主进行谈判、协商，形成稳定的合理的工资增长机制，这使得他们的工资实际上仍然是偏低的。很多保护政策只是政府在做，但是没有来自农民工自己的维权，这样的工作很难长期、稳定地进行。其次是农民工没有办法平等享受城市的公共服务。对住房问题建设部做过调查，农民工的住房人均7平方米之下的仍然要占30%到40%，有些甚至在2平方米以下，那就是集体宿舍。这样的住房状态，严重影响了他们的生活质量，也影响了子女的教育。我们调查的105个村，农民工参加养老保险的在13%左右。已经参加养老保险的，由于养老保险不能够转移，也出现了退保的现象，结果退保农民工只能拿到自己交的一部分，企业给农民工交的那一部分就留在了城市，所以很多已经参加了养老保险的也等于没有养老保险。失业保险的比率更少，只在4.8%，参加医疗保险的比例也不多，比较高的是工伤保险，这块比过去有了较大提高。

第四个问题户籍制度阻碍农民工转户进城。农民工流动转移已经二三十年，到底有多少人迁移定居了？我们曾经在2007年作过一个调查，通过对100个劳务输出县的301个村所作的调查，结果是1.7%的农民工迁移定居。往往是因为在那里买房子，或者是结婚了，才实现了在当地的定居。98%以上的仍然是就业、劳动在城市，但被排斥在城市社会之外，不能安居乐业。虽然外出农民工的80%以上是常年在城镇就业，相当多是稳定就业，如农业部的调查接近60%是稳定就业的，但是他们不可能在那里迁移定居。国外劳动力的转移都是就业的转移和居住的转移同时进行，只有我们国家是把这两个东西分离开的，而且分离得相当严重。所以，我们国家是没有迁移的流动，这严重地影响了中国的工业化、城市化的进程。另外，农民工的民主权利缺失，往往在城市里能不能参加当地社会管理是按户籍划分，是本地户籍才能参加选举，不是本地户籍很难参加选举。他们既不能够很好地参加在农村的选举，这种选举实际上和他们在外出就业当中的权益关系相对较弱，同时他们又很难在流入地参加当地的民主选举，选举、管理、决策、监督，这方面的权利实际上是非常薄弱的。正因为这个，虽然一个城市它的一半劳动力是农民工，或者像东莞、像深圳，它的百分之六七十的劳动力是外地的农民工，但是这些农民工的合法的利益要求就不可能通过正常的民主渠道反映出来。所以，政府的决策就很可能是所谓的为民，那就是为有户籍的人，农民工的利益往往置之度外，或者是受到损害。比如，国家虽然明文规定，公办学校不准再收借读费，对农民工的就业不能够再收流动的费用，但是直到现在我们的有些城市公办学校仍然在收农民工子女的借读费，而且是政府部门有文件，到现在都没有改变；仍然在收企业使用农民工劳动力的调配费，农民工的正当利益的维护渠道缺少了民主管理的制度保障，所有这些从多方面影响农民工的利益。既然公务服务不给他们服务，他就要自己来承担这些重负，实际上增加了农民工的负担，减少了他们的收入，影响了他们就业的稳定性。

重点提示

这里重点地说农民工的迁移、农民工的市民化，这样的一个城市化的障碍，就是"城里不开门，农村不断根"。它既影响非农产业和城市化的发展，也影响农村的土地流转，不能从根本上减少农民、富裕农民。

这里重点地说农民工的迁移、农民工的市民化，这样的一个城市化的障碍，就是"城里不开门，农村不断根"。它既影响非农产业和城市化的发展，也影响农村的土地流转，不能从根本上减少农民、富裕农民。刚才已经说了真正迁移过去的只有1.7%，现在的农民工是95%以上都是保留着在家乡的承包地和他的宅基地，他们是在这个城乡之间来回地流动。它的危害我感觉有这样几个方面：一是农民工要付出往返流动的成本，如果他们定居的话，就不会是这样了。二是既长年在城里就业居住，又要在家里盖房子，盖了房子以后又长年不住，长年地闲置在那里，这个投资在全国计算起来到底有多少？农村村庄的空心化、人口的老龄化、农业劳动力的弱化，也是和这个问题直接相关的。第三是在外面稳定下来的农民工不可能把土地稳定地流转出去。因为，在那里没有获得正常的公共服务、必要的社会保障，又不能够在那里定居，所以他不得不在家里留着承包地。既然留着这个承包地不放，这个土地就不可能流转到在家乡务农的劳动力这里来，这样就不可能使农业来扩大规模经营，有很好的土地流转，这样就不可能提高在家务农的劳动力收入。这样发展现代农业、适当扩大规模经营，都做不到。如果务农的收入不提高，务农的收入仍然是低的，初高中毕业生就不可能留在家里务农，就必然是一出校门就继续走他父辈的老路，去外出打工。这样农村永远不可能有年轻人留下来，所以这个情况不可能改变。第四是农民工把他的青壮年的黄金时期献给了城市，献给了发达地区。到他成长的那一段，这个成本，包括受教育的那一段，我们叫养成阶段，也包括了他们的孩子，这些成本是农村支付的。到老了以后回家了，这个养老成本也是农村的。实际上是把人口的红利留在了城市和发达地区，而把成本留到了农村。这样城乡的差距将会随着工业化的发展继续扩大，而不是缩小。实际上，我们这些年来虽然经济在高速地发展，劳动力也在大批流动，转到非农产业上去了，但是城乡的差距不是缩小了，而是扩大了，这个趋势到现在都没有改变。第五是既然农民工不能够在城市里稳定下来，沉淀下来，城市里的企业就不可能有稳定的产业大军，这个产业大军就不可能不断地积累经验，积累技术，积累人力资本，产业升级就缺乏基础，缺乏基本的人的因素，第一线的因素。所以，对我们国家整个工业化的发展，对发达地区的企业成长也是十分不利的。有的说我要搞产业升级，我不要低素质的农民工，实际上产业结构的升级、产业的升级、企业的成长，不可能离开长年在你那里第一线的主体工人，如果离开主体的工人来谈产业升级，实际上只有依靠国外的资本。一个城市不可能都是大学生，必须是有第一线的工人，有多种要素，有多种人的组合。所以，对工业化、城市化的发展来看，如果不解决农民工进城、市民化的问题也是不可能的。现在不管是从农村发展、农业发展来看，还是从城市发展来看，这都是一个绕不过去的问题。

第五，介绍一下农民工的政策转变和基本走向。

这些年来应该说党中央、国务院高度重视农民工工作，特别是党的十六大以来，提出了统筹城乡发展，在工作上作了一些部署。2006年出台了国务院关于解决农民工问题的若干意见，是一个比较系统的。2008年党的十七届三中全会研究农村改革与发展，一个很重要的特点就是把解决"三农"问题与破除二元结构、走向城乡一体化发展这两者联系在一起，不是把它割裂开来的。正是在这个背景下，高度重视了农民工问题。农民工问题实际是"三农"问题很关键的一个部分，是在城乡一体化总体格局下解决"三农"问题的一个关键。所以，在这次会议上党中央决定强调统筹城乡就业，加强农民工的权益保护，逐步实现农民工与城镇居民享有同等的待遇，这里面列举了很多的同等待遇。使在城镇常年就业、居住的农民（他没有用农民工这个词，但实际是指农民工）有序转为城镇居民。应该说，这就是我们一个走出二元结构、解决好农民工问题的纲领性文件，大的方向已经十分明确。

下面介绍一下我们国家农民工政策是怎么发生转变的。可以说20世纪80年代到90年代，这十几年里面，对进城农民工的政策受到城乡二元体制的严重影响，包括计划经济体制的影响，我们把它叫旧政策。农民一开始流动的时候受到种种非议，当时我们的政策实际上是限制的，是严格限制的。到后来叫有序流动，实际上也是限制有余，保护不足。要用经济的、法律的、行政的手段来进行限制。当时是说要有用工指标，要有许可证，或者不再叫许可证，叫务工证，在家里办个卡，在外面再办个证，这个证是由行政机关来控制的，办证是要缴费的。没有证的，"三证"不全的就要清理，清理了不回去就要收容遣送。农民进城还没有打工就办了那么多证，就要缴费四五百块钱，农民本来就没有钱来打工的，一开始就要交那么多钱。甚至遣送的这个钱也要农民工自己出。严格说，我们在这一段做了很多对不起农民工的事。当时还是受计划经济体制的影响，还是受二元分割体制的影响，还是一种带歧视性的限制性的情况？这一段就是在这种情况下，农民工从开始的 200 万人增加到 1 亿人，在继续地流动，在继续地为我们工业化的发展，为我们城市的发展来做贡献，同时也获得一些收入。一开始的时候，农民工说吃了外面的，省了家里的，是这样子来打工的，到后来才有了收入的增长。当时的政策到底提出了哪些限制农民工流动的措施？办证办卡，清理罚款，收容遣送，一些地方提出行业工种限制，好的行业工种全部留下来给城市，农民工只能够去城里人不去的一些行业，这是当时的一些政策。

进入新世纪以来，农民工政策发生了根本性的变化。这个变化的原因我们感觉是两点：一个因素是农民工队伍不断壮大。他们在我们国家工商业发展，对外贸易，引进外资、外资企业，城市化的建设，从建楼房、道路到扫大街，他们的贡献越来越明显。可以说，这个政策变化是农民工用自己的实践贡献来推动的。第二个因素是我们国家确立了以人为本，统筹城乡，全面协调可持续发展的科学发展观，并且把解决"三农"问题作为了全党工作的重中之重。20 世纪 90 年代后期，农民收入连续四年没有超过 4%，农民的负担也很严重，城乡差距扩大。所以，当时提出来农业很危险，农民是最苦的，农村很穷，"三农"问题突出，就是李昌平给朱镕基总理的信中提出来的。由此到把农民工问题放在增加农民收入，解决"三农"问题，放在城乡统筹这个大局上来看待。所以就推动了农民工政策的根本性转变。这个转变中有几个大的文件：一个是 2002 年中央 1 号文件，讲到对农民进城务工要公平对待，合理引导，完善管理，搞好服务的方针。一个是 2003 年 1 月，国务院办公厅 1 号文件关于农民进城务工经商管理服务的通知，这个文件第一次提出取消对农民工就业的限制，取消企业用工审批，而且涉及农民工的工资问题，子女教育问题，培训问题，这应该是我们国家在农民工政策转变的一个重要的里程碑。一个是 2006 年国务院关于农民工问题的若干意见，更明确、更加系统，把农民工的地位放在了我们国家工业化发展当中，工业化、城市化进程当中的一个新兴的劳动大军，是关系改革发展全局的，关系解决"三农"问题，也关系工业化、城市化健康发展，是关系全局的。在这个指导思想下，一系列政策提出来了。一个是 2008 年党的十七届三中全会进一步从构建城乡经济社会一体化发展这样一个目标，提出了解决农民工统筹就业问题，权益保障问题，公平公共服务问题，以及他们变为城市居民问题这样纲领性、方向性、战略性的指导方针。十七届三中全会已经明确了解决农民工问题一些基本政策方向。

我们感觉农民工政策的要点有几个方面：第一是统筹城乡就业，促进农村劳动力持续向非农产业和城镇转移，就是要把农业人口转移和发展战略结合起来。我们过去是重工业优先发展战略，后来在市场经济下实际是一种比较优势发展战略，现在在发展战略当中，要把农民的就业、农民工的就业，结合到战略里面去，而不是我要升级就升级，只讲产业，只讲国内生产总值，而不讲人，不讲老百姓的民生收入。基于科学发展观的战略应该是把经济社会发展与老百姓的就业、增收、民生改善、人的发展这两个东西很好地结合起来。继续在产业上继续重视劳动密集型产业、服务业，重视中小企业，重视中小城镇的发展，重视沿海地区的劳动密集型产业向中西部地区的转移，这样为农民工的就业，为农村劳动力的转移提供载体，扩大空间。这是我们国家的国情所决定的。新加坡的中国研究所所长说，就连德国都没有说过要放弃任何产业，我们也不能够只考虑到自己的那一小块的发展，动不动把一些产业用行政的手段来逼迫它加速淘汰，把农民工赶出去。这个发展、结构的调整，应该是市场调节为基础，应该是以企业为主体，而不是以政府为主体。既然是一个国家，它就必然要考虑到整体的老百姓的就业问题、生活问题，不可能把发达地区和不发达地区截然分割开来，把城乡分割变成了地区分割，而且在地区分割、城乡分割之外又有城市内部的一个分割，这样子永远不可能有和谐社会。既然不可能有和谐社会，发达地区的发展也始终是存在着不稳定的因素。实际上像印度的发展、巴西的发展，这些发展中国家的发展都存在着这样的一些经验和教训。正因为这个问题没有解决，所以他们中一些国家在上了 3000美元以上之后，始终处于一种经济波动、社会震荡的状态，而且贫民窟占城市的 1/3 到一半。我们国家这种城市像欧洲，发达地区像欧洲，中西部地区很落后，如果是在农民工这个问题上，在就业这个问题上，不能够得

城乡统筹与农村改革发展

到很好地解决，这个局面也会继续延续下去，而不会得到改变。所以，我们在发展战略上一定要统筹就业，要把充分就业作为社会收入均等化、城乡发展一体化、逐步构建和谐社会的基础。

第二是要扶持农民工的回乡创业和当地的民营经济发展，主要是中西部地区。因为下一步的劳动力的转移一个是提高质量问题，已经转移的要提高转移的质量；另外一个没有转移的有不少是中西部地区 40 岁以上的中年人，是农业的季节性富余劳动力，如果他们不能够得到充分的解决，他们的收入始终不可能得到提高。这一部分人的就业，不可能流动出来，而是要在当地来进行就业，就是农业和非农业的结合来实现充分就业，这就有待于中西部地区当地民营小企业的发展，这就寄希望于当地的创业，也寄希望于农民工的回乡创业。这样才能够改变当地经济发展的格局，培养自己内在的力量，使当地民营企业由小草到灌木到乔木，使中西部地区得到经济的发展。农业的改善加上当地民营中小企业的发展，农产品加工流通的发展，这样结合起来，才能够使中西部地区农村的面貌得到改变，解决那些不能够充分就业的人的就业问题，为他们的收入增长奠定一个基础。

第三是坚持城乡劳动者平等就业，保护劳动者权益，推进公共服务均等化。加强劳动力市场建设、工会建设和劳动权益保护，推进工资集体协商，合理提高最低工资标准，促进农民工工资水平逐步提高。坚持公平对待农民工，把长期在城市就业、居住的农民工及其家庭对教育、医疗、住房、文化、安全的需求，纳入城市整体规划统筹考虑，保障他们享受就业地的基本公共服务。

第四是扩大农民工的社会保障的覆盖面，建立保险可转移的机制。总体上说，应该是农民工在城市干一年务工经商，就应该有一年的养老保险，走到哪里去保险应该是可以连续下来的，而不是走到哪里去就要去退保，退保以后企业给我交的又没有

新形势下的农民工就业与农民增收

重点提示

应该是农民工在城市干一年务工经商，就应该有一年的养老保险，走到哪里去保险应该是可以连续下来的，而不是走到哪里去就要去退保，退保以后企业给我交的又没有了。现在有各种方案正在讨论，基本上的意见还是要达到这样一个目的，能够有养老保险，保险权益不能够丢失，不能够受到侵害，能够把他个人交的或企业交的能够全部或者是绝大多数纳入他的个人账户，进入个人账户就可以转移接续。其它保险都应该逐步建立起来。

了。现在有各种方案正在讨论，基本上的意见还是要达到这样一个目的，能够有养老保险，保险权益不能够丢失，不能够受到侵害，能够把他个人交的或企业交的能够全部或者是绝大多数纳入他的个人账户，进入个人账户就可以转移接续。其他保险都应该逐步建立起来。养老保险有的说要分成几类进行，一种是基本城市化的，进入城镇的养老保险，一种常年务工但带有一定流动性的，建立低费率、基本进入个人账户、可以转移接续的养老保险。一种季节工，以农村养老保险为主。

第五是继续推进体制改革，促进农民工市民化。刚才咱们已经说了，"城里不开门，农村不断根"，既影响农村，也影响城市，也影响企业，所以要逐步在这方面进行改革。一方面是改变附加在户口上的那些不公平的公共服务制度。劳动保护制度、教育制度、医疗卫生制度、住房制度、参与社会管理的制度，都要缩小由户籍身份而造成的待遇差距。另一方面要推进户籍制度改革，从小城镇、中等城市到大城市逐步推进户籍制度的改革。现在说户籍制度改革中小城镇已经放开了，实际上放开的是对本地的进城农民工。比如常熟市，本地的农民进城了都有"三金"，户口迁移不受限制，而且本地人很多不愿意到城镇里去。但是，对外地的农民工这个问题没有解决，小城镇也没有放开，所以这方面的改革要继续推进。按照十七届三中全会确定的，要使在城镇稳定就业或居住的农民工能够获得同等的城镇居民待遇，转变为城镇居民。

最后一个是要保护农民工的土地权益。在维护农民工土地承包权上，政策执行是比较好的，绝大多数地方都没有轻易收回农民工的承包地，所以在这次金融危机造成大量农民工失业的时候，承包地虽然解决不了农民工收入上的大问题，但他总还有一个立足之地，所以对农民工应对失业起了一定作用，对国家也分担了风险，应该继续坚持这个政策。因为农民转移是一个长期的过程，从它本身来说，它是一个逐步站稳脚跟，逐步学习本领，逐步获得在城市立足资本的一个过程。在这样的一个过渡中，保留承包土地，使他们进退有据，预防风险。同时，承包土地是农民工的财产权利，别人没有权力侵犯，转移不转移、流动不流动，是农民工自己的权益，要由他们自己做主，我们没有权力让他们这样，让他们那样。有些违背农民工自愿原则的一些东西，可能会损害他们的利益。我们想得很好，可能这里面会有很多的毛病，只有在他们自愿的情况之下，再加上政府的引导，两者的结合、互动，才能够既不损害农民工的利益，又能够得到流转的效果，这是最好不过的。另外，即使是农民工在城镇定居了，它的土地也应该是有偿地退出而不是没收。同样的道理，因为这是他们的承包财产权益，所以应该是有偿的，而不是无偿的。在小城镇，在城市郊区，这种土地他不一定就要退出，也可以保留一定的土地，可以流转。这是很重要的，这样才能够保证农民工的流转、城镇化比较顺利地进行。

> **重点提示**
>
> 承包土地是农民工的财产权利，别人没有权力侵犯，转移不转移、流动不流动，是农民工自己的权益，要由他们自己做主，我们没有权力让他们这样，让他们那样。有些违背农民工自愿原则的一些东西，可能会损害他们的利益。我们想的很好，可能这里面会有很多的毛病，只有在他们自愿的情况之下，再加上政府的引导，两者的结合、互动，才能够既不损害农民工的利益，又能够得到流转的效果，这是最好不过的。

上述几项农民工政策、工作，有的城乡都要做，如就业问题、培训问题，有几个主要是城镇做，如他们的社会保险、公共服务、农民工的市民化问题。我们农村、不发达地区应该重点做好的工作，特别重要的是教育和培训，为农民工回乡创业和农民就近转移，为发展民营企业创造好的环境，保护农民工的土地承包权益，使它能够自愿合理流转，这三个可能是我们农村特别要重视的。

总的来说，农民工的背后是8亿农民，它的前头是产业工人和城镇居民，农民工在我们国家是在一个什么地位，就是8亿农民在我们国家是个什么地位，他们的问题不解决，就是"三农"的问题不可能得到解决。所以，我们要站在全局的角度，来对待农民工的政策，按照党中央确定的方向，来推进这方面体制的改革。应该说，现在还是存在着一些问题，有些政策已经明确了，但是就是没有落实，落实非常难。有的有了明确的政策方向，但是没有可操作的具体措施，缺乏体制和机制的保障。这里面的问题要进行专门的讨论，所以在这方面要我们继续进行探索，进行努力。我给大家就汇报这些，不对的地方请批评指正。

问与答

学员：感谢崔老师，第一次听崔老师讲课，对农民工的问题有了一个新的认识。有一个问题就是崔老师讲的最后一个问题，就是对在城镇已经落户的农民工，也要保留他们的土地承包权，这点上我觉得有些情况可以值得商讨。为什么呢？这个少数的在城里面已经落户了就说明他已经取得了城市的户籍，有固定的住所、固定的职业、固定的收入，如果再保留土地承包权可能对其他一些群体会造成一种社会的不公平。比如说，一个是我们城市的下岗职工，第二对未分配的大学生，还有农村，因为农村土地是集体土地，承包权承包地也是我们国家经过了两次：一次是承包地，第二次是30年不变，这个是在调整的，人口的不断变动，在调整每个人的土地所有权，那么这三方面人可能还有些没有想到的，可能会造成其他的不公平。这样如果保证保留了他们的权益，可以带着股权或者带着他们卖掉的土地权到城市居住，对这些人可能会造成一些在政策上的不公平，会不会形成这种情况？我就提这个问题，可能也不太成熟。

崔传义：这个问题提得很好，应该说是很实际的问题。到底如何对待农民工的土地承包权益，我讲的在城市已经落户的这一部分，说了两个意思：第一个意思就是要建立他们土地承包权益的退出机制，就是他要退出不是没收，他的土地承包权仍然可以出让出去，实际上出让他的长期的承包权是一种有偿退出机制。应该说，像中西部地区他已经到沿海定居了，他不可能在家乡保留土地，他可以有偿退出，这是一个意思。第二个意思就是在小城镇或者是在城市郊区定居的，他们可以有偿退出，也可以按照他们自己的志愿，保留土地承包权益。我们的一个前提就是土地承包权益是农民的，不是别人的，别人无权侵犯他们的土地承包权益，所以他们可以有偿地退出，也可以在这种郊区或小城镇的地方保留，保留他们可以入股，入股了实际上是共同的经营。在苏州、浙江、广东这些发达地区，基本上是这种形式。意思就是他们的土地是按照土地股份合作社的形式，来出租给工厂或者是自己建了厂房由工厂来使用。应该说，这是个现实存在，我们应该承认其合理性，而不一定要叫他们改变，你只要在城镇住了就要把土地退出来，如果是改变现在的这个政策，将会对沿海发达地区的农民，或进城的农民，造成很大的政策波动。另外，好像没有多少道理，要改变他们的土地入股和共同使用。就是说，政策要活一点，既可以有偿退出，也可以在郊区或小城镇那个地方保留让他们入股，保留他们的土地承包权益。

学员：城市包括农村都是，如果在发达地区你讲的这些没问题，在不发达中西部地区，去年我在中央党校学习，陕西的一个县委书记就讲了一个事，就是有的已经长期在沿海20年都没有回去了，这是不是三中全会讲的土地流转？

崔传义：对这个问题基本的政策还是这样，应该说是第二轮承包，当时就提出来30年不变；另外江泽民在1998年说的第二轮承包，就是承包期再延长30年不变，而且30年以后也没有必要再变，基本上是这样的一个政策思路。不需要人口一变动，马上土地就变动，这样的话，农村的土地永远是年年要变动。因为，人口是年年在变动，不光是农民工在变动，而且人口也在变动，所以这样不利于农业的发展。同时人到哪里去，今后的流向是既有农业也有非农业，既有本地的非农业也有外地的非农业，所以它的流向是多元的，不能够都在土地上来解决。基本上是这样一个思路。不主张人变了就要调地，也不主张农民工流动了，就要把它的土地重分过来。这次金融危机土地问题并没有成为大问题，就是因为各个地方基本上保留了农民工的承包权，出问题的就是把外出农民工的地拿来重分的这些地方。没有道理把他的地没收，因为权利是他的。已经落户的，至少是长期流动的，这部分也不应该收回，这是一个。第二个就是你说的他已经在那里定居了落户了，像这样的现在没有明确的政策，从我们自己想，还是要有偿退出，而不是无偿拿来分配。退出就是说他在上海定居了，家里这个地就要转出去了，转出去但是有偿的，大体是这个意思。我就说这些吧，我们还可以讨论。

学员：我来自广东，刚才崔老师在讲课谈了很多关于农民工在城市应该公平地对待，应该享受跟城市同等的权利，作为发达地区我们也确实经历了这样一个过程。改革开放确实是农民工为城市的发展特别是沿海地区的发展作出了积极的贡献。应该说现在广东是外来农民工最多的省份之一，目前可能是最多的，而且在我们的一些地区特别是像东莞、深圳这些地区，尤其非常突出。有的镇本地户籍人口只有几万人，但是外来务工的人员超过它的 10 倍超过 20 倍，甚至几十倍，就是带来的人口的问题，快速的外来人口的增长跟城市的配套资源的增长不相匹配。比如说，孩子的教育问题实际上成了一个很大的问题。这几年一直呼吁教育券的问题。我不知道中央对这个方面有没有进行一些研究，有些是从贫困地方来的，本来教育就是由中央直接转移时候支付的，但是他们流动到外地去以后，他们没有享受到中央的这个政策，我不知道这方面是不是有什么研究进展？谢谢！

崔传义：农民工的子女这样一个问题，确实在发达地区是比较突出的问题。2004 年中财办到广东去调查，同时到上海、浙江和北京调查，我也参加了这四个地方的调查。那个时候农民工子女就学问题已经作为一个突出问题来对待了。对这个问题，中央的政策很明确，就是一是要进入公办学校为主，二是要扶持民办学校。现在的政策基本上也是这样一个政策，而且更进一步，要逐步地走向同等待遇，当然这要有一个过程。在一个阶段里面，教育是以县级统筹为主的，不是由国家统包的，中央对地方的教育至少是在 20 世纪 90 年代都没有包下来，都是由当地搞的，没有一个中央的财政对他们多少的投入。正是因为这样的一个原因，所以，"普九"达标是造成中西部贫困地区乡村负债的主要根源之一，到现在这些债还没有解决，所以中央提出首先化解这一部分债务。中央当时并没有给中西部地区太多的教育投入，是农民自己来办学校，特别是小学，是农民自己拿的钱，所以它不可能要贫困地区再拿钱供应打工的人的子女到城市里来上学，这是当地不可能。我感觉这里面有两个考虑的地方：一方面农民工是在沿海发达地区或者城市，在这里作出了贡献，既然你那里 80% 的劳动力是农民工，那你的财政收入就有相当大的比重是农民工作出的贡献。中央、地方财政的分配，是按照比例进行分配，所以这些地区方按照比例来分配的这一部分财政收入，就包含着农民工的贡献，所以他就应该对他们提供应有的公共服务，子女教育就是公共服务的一个重要组成部分。第二个，发达地区也有可能来提供这种公共服务，如东莞一年城镇建设的投入是一百几十个亿，有的是 200 个亿，你拿出 10 亿元来投入农民工的子女教育，很多问题都解决了，所以也有可能来进行解决。这是我们 2004 年在那里调查的一个基本的想法。但现在，深圳的人大代表首先提出把中央给中西部教育的钱，以教育券的形式，由农民工子女带到打工地来。对这个问题，我们也没有作很好的研究，因为中央没有给中西部地区发教育的单独的经费，当然对中西部地区有很多的教育的支持，而且这种教育的支持是来自于发达地区，这也是发达地区对中西部地区教育通过转移支付作出了贡献。这是应该肯定的。至于今后是不是要把中央对中西部地区转移支付的一部分，再转到发达地区来，还是中央既依靠发达地区增加的财政拿出一部分来办好农民工的学校，同时中央也应该给发达地区农民工教育财政的支持，我认为是应该给予支持的。因为，这个东西毕竟在分税制的时候没有考虑这个因素，现在应该考虑这个因素。而且这个问题积累多少年了，不是一年积累下来，是过去就没有重视这个问题，现在重视这个问题，已经积累这么多了，只靠地方也有很大的难度，应该考虑这样一个问题。所以，我们对中央的建议也是这样，一方面继续执行以公办学校为主，让他们获得同等的义务教育；另外中央应该有特殊的、特别的投入，主要是用在建校或者是教师这方面。你这个考虑是合理的，中央也应该分担一部分。

学员：农民工在城镇定居以后，土地承包经营权的公平的问题、退出问题，我感觉这个事情总体上已经不从中央的政策来看，已经从过去追求那种简单的公平转到崔老师讲的更多地运用经济手段，来构建一个退出机制，从这个角度来考虑了。我记得有这样的话，你假如说户籍转移到其他省、自治区、直辖市，你这个承包经营权是要退出，但是它没有讲怎么退出，是有偿退出还是无偿退出，它没说。但是，我想从现在来理解应该是有偿退出，无偿退出农民不干。那么，在这里面我觉得就是下一步退出的话，除了承包经营权退出以外，还要考虑所有权问题。我承包经营权退出，但是我所有权没有退出，我还是这个集体经济的主人。假如说，从集体经济来说资产的话我都是有份的，所以这事情我觉得是一个比较大的问题，有许多法律上面还没有明确的规定，所以这个时候我感觉还是应该坚持目前政策导向，应该按照中央说的长期长久不变，从这个角度来考虑保障农民的土地权益；或者进城落户的农民土地承包经营权能够成为他进城落户的一个资本，我觉得从这个上面来考虑比较好。生产要素的土地资源的分配留给更多留任人员的使用，这个我觉得也是简单的。可以采取一些制约的制度，比如说你土地荒了两年，那你的承包经营权就取消了，逼着你流转；或者经营承包权流转，或者你就退出，这个退出机制还是比较容易建立的，这个制约手段还是有的。下一步恐怕法律上面还有更加全面地考虑所有权的问题，包括2008年全国人大常委会对我们浙江村民委员会组织法的修改问题。已经很明摆着有些人已经出去了，长期地出去了，可是他还是这个地方的人，还要来选举，这个事情跟以后工业化、城市化进程中人口迁移也是很矛盾的事情，我觉得这些问题值得考虑。第二个问题刚才崔老师从各个方面描绘了农民工政策趋向，我觉得非常完整。我感觉我们对农民工的政策已经进入到第二阶段，第一阶段是最初的经济上的融入，让他平等就业，第二阶段我们现在已经作出一个社会的融入，总的来说公共福利公共服务平等共享。但我觉得还是具体一个居住落户的问题，三中全会《决定》里面也讲了农民工的住房住购与城镇居民同等待遇。正如刚才崔老师讲的有些明确了框架但还没有操作，我觉得这个没有操作的东西，这个东西我觉得将来恐怕是中国的一个重大问题。还有，接下去第三个融入——文化融入，这是对农民工的人格的尊重，向上流动机会的这种平等，这里面一个是需要时间，但我觉得是社区建设问题。社区建设发展的一个本意就是农民进城以后城市是不是会无序，通过社区建设让它有序，本来就是社区建设把农民工包在里面的。从国外的情况来看，值得借鉴。可是，我们中国的情况主要是解决"单位人"变成"社会人"，"社会人"变成"社区人"这样一个过程，到现在为止并没有把农民工融入里面。所以，我觉得我们中国的社区建设已经走入歧途，而且一说社区就把它作为城市的管理，这是最大的误会。

崔传义： 你讲的比我讲的还前进了一步，还深刻。你特别讲到了农民工的政策已经进入了第二个阶段，包括从社会文化来融入，城市社会的问题，这个讲得非常好！同时，讲到土地的承包权的问题，要考虑农民的所有权的问题。实际上，像沿海地区既有农业流通加工服务的合作，也有土地的股份合作，实际上是集体资产的股份合作，有的叫"三大合作"，有的叫"五大合作"，这样把农民从各个方面组织起来，维护和增进他们的权益。农民工问题也需要适应市场化、工业化、城市化发展这样一个变动，很好地从体制上来加以解决。在这方面作出了很好的探索。这方面很多问题还需要继续实践，继续探索，把这些成功的经验上升为政策，固定为法律，而且在实践当中逐步地完善。应该说，最有发言权的还是我们各位，还是你们最了解下面的情况，而且是最了解基层的这些创新，而且是在不断地调查，不断地总结。我们敢说只要这样，我们农民工的政策、农民工的问题，城乡一体化的问题，就一定会不断得到推进。不怕有不同的意见，这是最好的，在不同意见的讨论中，不断地在实践、试验当中来解决。这个问题应该成为我们建设中国特色社会主义进程当中的一个很重要的组成部分，到那个时候我们还希望到各地去调查，学习你们的经验。

"加快推进农村改革发展"专题研究班

2009 年 5 月 27 日

责任编辑:张连仲
装帧设计:肖　辉
版式设计:陈　岩

图书在版编目(CIP)数据

城乡统筹与农村改革发展/余佶 编. -北京:人民出版社,2011.1
（中浦院书系·大讲堂系列）
ISBN 978－7－01－009586－8

Ⅰ.①城…　Ⅱ.①余…　Ⅲ.①城乡建设-中国-文集②农村经济-经济体制
　改革-中国-文集　Ⅳ.①F299.2－53②F32－53

中国版本图书馆 CIP 数据核字(2010)第 264958 号

城乡统筹与农村改革发展

CHENGXIANG TONGCHOU YU NONGCUN GAIGE FAZHAN

余 佶 编

人民出版社 出版发行
(100706　北京朝阳门内大街 166 号)

北京新魏印刷厂印刷　　新华书店经销

2011 年 1 月第 1 版　2011 年 1 月北京第 1 次印刷
开本:710 毫米×1000 毫米 1/16　印张:19
字数:280 千字　印数:0,001-5,000 册

ISBN 978－7－01－009586－8　定价:38.00 元

邮购地址 100706　北京朝阳门内大街 166 号
人民东方图书销售中心　电话 (010)65250042　65289539